"十四五"职业教育国家规划教材

消费心理学
（第3版）

臧良运◎主　编

刘振华　王　薇◎副主编

许传久　曲世卓◎参　编

钟立群◎主　审

北京大学出版社
PEKING UNIVERSITY PRESS

内 容 简 介

本书按照"理论·案例·实训"一体化的思路编写,内容包括打开消费心理学之门,走进消费者的内心世界,探知消费者的个性心理,掌握消费者购买过程中的复杂心理,熟悉文化、流行与习俗对消费心理的影响,正确区分不同消费者群体的消费心理,摸准商品价格脉搏实现利益最大化,追求卓越产品赢得消费者之心,做好商业广告吸引消费者购买,巧妙沟通消除消费障碍和跟上消费心理学的发展步伐。本书每个项目都结合热点案例对相关知识点进行阐述,并在正文穿插"课堂互动",以调动学生学习的积极性;自测试题、项目实训、课后拓展可对学生学习情况进行检验。

本书既可作为高职高专市场营销等相关专业的教材,又可供企业营销人员培训或自学使用,还可作为普通消费者的参考读本。

图书在版编目(CIP)数据

消费心理学 / 臧良运主编. —3 版. —北京:北京大学出版社,2023.8
"十四五"职业教育国家规划教材
ISBN 978-7-301-34443-9

Ⅰ. ①消⋯ Ⅱ. ①臧⋯ Ⅲ. ①消费心理学—高等职业教育—教材 Ⅳ. ① F713.55

中国国家版本馆 CIP 数据核字(2023)第 174745 号

书　　　名	消费心理学(第 3 版) XIAOFEI XINLIXUE (DI-SAN BAN)
著作责任者	臧良运　主编
策划编辑	蔡华兵
责任编辑	蔡华兵
数字编辑	金常伟
标准书号	ISBN 978-7-301-34443-9
出版发行	北京大学出版社
地　　　址	北京市海淀区成府路 205 号　100871
网　　　址	http://www.pup.cn　新浪微博:@ 北京大学出版社
电子邮箱	编辑部 pup6@pup.cn　总编室 zpup@pup.cn
电　　　话	邮购部 010-62752015　发行部 010-62750672　编辑部 010-62750667
印　刷　者	三河市北燕印装有限公司
经　销　者	新华书店
	787 毫米 ×1092 毫米　16 开本　13.75 印张　331 千字 2009 年 1 月第 1 版　2017 年 10 月第 2 版 2023 年 8 月第 3 版　2025 年 6 月第 4 次印刷
定　　　价	45.00 元

未经许可,不得以任何方式复制或抄袭本书之部分或全部内容。
版权所有,侵权必究
举报电话:010-62752024　电子邮箱:fd@pup.cn
图书如有印装质量问题,请与出版部联系,电话:010-62756370

第3版前言

PREFACE

随着我国经济的快速发展,消费者的收入大幅度提高、个性化需求越来越强,因而消费心理和消费行为发生了很大变化。党的二十大报告提出,增强消费对经济发展的基础性作用。对于企业而言,在大多数商品供大于求、市场竞争日益激烈的情况下,要让消费者能够接受其产品,就必须了解消费者的消费心理和消费行为,制定出符合消费者需求的市场营销策略,适时、适地、适当地将自己的产品推向市场;对于消费者而言,面对丰富的商品和企业的各种营销策略时,如何健康、理性、科学地消费,以提高自己的消费效用,同样具有重要的现实意义。

本书在第2版的基础上修订而成,优点是知识技能先后有序、知识积累循序渐进、教学体系严谨,符合职业教育的实际情况和当前生源的特点。目前,人们的消费者心理和消费行为正在发生变化,高等职业教育人才培养方案也发生了变革,课程改革对教材提出了更高的要求。为了适应新时代市场营销等相关专业的发展要求,本次修订基于以下几个原则。

(1)提高政治站位,突出立德树人。第一时间做好党的二十大精神进教材、进课堂、进头脑工作,大力推进全环境立德树人工作,在教材中融入党的二十大精神。

(2)符合高等职业教育人才培养方案。本书内容力求体现"以就业为导向,以能力为本位"的原则,注重专业基础课的应用性,立足学生技能的培养,突出对学生实际操作能力和问题解决能力的培养,强化基础课为专业课服务的特点。

(3)体例新颖活泼。本书每个项目构建的学习指导、导入案例、课堂互动、项目实训等板块,符合"工学结合"和"任务驱动"的教学理念,体例不拘一格,具有一定的可读性。

(4)贯彻一体化教学思想。本书在内容安排上将"任务"贯穿始终,通过案例思考和工作任务解析来阐述相关理论,利用课堂互动、自测试题、项目实训和课后拓展来辅助教学,以培养学生的应用能力。

(5)知识与时俱进。本书根据当前消费心理学和消费行为学的学科发展情况,结合市场营销实际工作需要,增加了"消费者消费心理与行为的变化"等新知识,对相关内容进行了调整,以加强与实际工作、生活热点的联系。

本书是集体劳动的成果,由多所高校教研市场营销等相关课程的一线教师共同编写。本书由贺州学院臧良运教授担任主编,负责拟定编写大纲、统稿和定稿;由陕西财经职业技术学院刘振华和唐山职业技术学院王薇担任副主编。具体编写分工为：项目1、项目2、项目3、项目4和项目11由臧良运编写；项目5、项目6由刘振华编写；项目7由江苏海事职业技术学院许传久编写；项目8、项目9由王薇编写；项目10由齐齐哈尔大学曲世卓编写；全书由唐山职业技术学院钟立群教授主审。

本书的出版得到了贺州学院领导和北京大学出版社的大力支持和帮助。本书在编写过程中参考了相关领域的文献。在此向对本书出版提供过帮助的人员和相关文献的原作者表示诚挚的谢意！

由于编者水平所限，书中难免存在不妥之处，敬请广大读者和专家批评指正，以期不断改进。

编　者

2023年2月

CONTENTS 目 录

项目 1 打开消费心理学之门 /1

    任务 1 了解消费行为与消费心理学 /2

    任务 2 掌握消费心理学的研究对象、内容、方法与意义 /8

    任务 3 理解消费心理学的课程性质 /14

    自测试题 /15

    项目实训 /17

    课后拓展 /17

项目 2 走进消费者的内心世界 /18

    任务 1 探索消费者的认知过程 /19

    任务 2 探究消费者的情感过程 /33

    任务 3 探寻消费者的意志过程 /37

    自测试题 /39

项目实训 /41
  课后拓展 /41

项目 3　探知消费者的个性心理 /42

  任务 1　理解消费者的个性心理 /43
  任务 2　掌握消费者的兴趣、气质与购买行为 /46
  任务 3　掌握消费者的性格、能力与购买行为 /51
  自测试题 /56
  项目实训 /57
  课后拓展 /57

项目 4　掌握消费者购买过程中的复杂心理 /58

  任务 1　熟悉消费者需求理论 /59
  任务 2　理解消费者购买决策 /64
  任务 3　掌握消费者购买行为 /70
  自测试题 /76
  项目实训 /77
  课后拓展 /77

项目 5　熟悉文化、流行与习俗对消费心理的影响 /78

  任务 1　认知社会文化与消费心理 /79
  任务 2　理解消费流行与消费心理 /82
  任务 3　掌握消费习俗与消费心理 /90
  自测试题 /93
  项目实训 /95
  课后拓展 /95

项目6　正确区分不同消费者群体的消费心理　/96

　　任务1　认知消费者群体　/97
　　任务2　熟悉不同消费者群体的心理分析　/101
　　任务3　掌握相关群体对消费心理的影响　/112
　　自测试题　/114
　　项目实训　/116
　　课后拓展　/116

项目7　摸准商品价格脉搏实现利益最大化　/117

　　任务1　认知商品价格　/118
　　任务2　掌握消费者的价格心理　/121
　　任务3　掌握商品定价的心理策略　/125
　　自测试题　/135
　　项目实训　/137
　　课后拓展　/137

项目8　追求卓越产品赢得消费者之心　/138

　　任务1　商品命名与消费心理　/139
　　任务2　品牌创立与消费心理　/142
　　任务3　商品包装与消费心理　/150
　　自测试题　/153
　　项目实训　/155
　　课后拓展　/155

项目9　做好商业广告吸引消费者购买　/156

　　任务1　理解商业广告　/157

任务2　了解广告设计与消费心理	/163
任务3　掌握广告媒体选择与传播策略	/166
自测试题	/172
项目实训	/173
课后拓展	/173

项目10　巧妙沟通消除消费障碍 　/174

任务1　了解营销服务	/175
任务2　熟悉营销关系与消费心理	/179
任务3　掌握拒绝购买态度的分析与转化	/186
自测试题	/189
项目实训	/190
课后拓展	/190

项目11　跟上消费心理学的发展步伐 　/191

任务1　了解消费心理与行为的变化	/192
任务2　理解电子商务与消费心理	/194
任务3　认知绿色消费与消费心理	/198
任务4　掌握消费者权益保护	/204
自测试题	/208
项目实训	/209
课后拓展	/209

参考文献　/210

项目 1 打开消费心理学之门

【学习指导】

学习重难点	学习重点	消费心理学的研究内容、研究消费心理学的意义
	学习难点	消费心理学的研究对象及研究方法
学习目标	知识目标	了解心理学的基本理论；掌握消费者行为，消费心理学的含义，消费心理与消费行为的关系，定性、定量研究消费心理的方法
	能力目标	掌握消费心理学的研究内容和方法，能指导后续学习并有效运用

【思维导图】

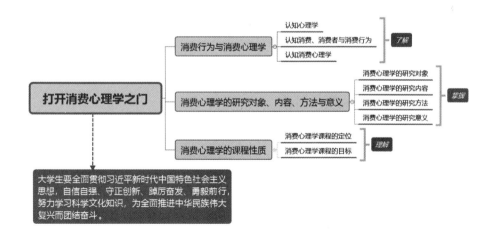

大学生要全面贯彻习近平新时代中国特色社会主义思想，自信自强、守正创新、踔厉奋发、勇毅前行，努力学习科学文化知识，为全面推进中华民族伟大复兴而团结奋斗。

【导入案例】

学过经济学的人都知道，经济学家常常假定市场中消费者的消费行为是理性的，然而，在现实生活中，消费者的理性远远不够。事实上，商业交易行为本质就是心理游戏。人类一些固有的心理倾向，根植在人的本性之中，对于人们形成决定有着重大的影响。请大家看下面两个案例。

案例一：5mL 的袋装洗发水，0.5 元一袋，消费者感觉不贵，每毫升 0.1 元；而 750mL 大瓶洗发水的价格 48 元，消费者感到很贵，实际上每毫升约 0.06 元。

案例二：大学生在购买商品时，首先考虑的是因素是价格和质量，因为他们的经济来源主要是父母的资助，他们自己兼职挣钱的不多。这样一来，大学生每月可支配的钱是固定的，而且这些钱主要用来支付饮食和日常生活用品开销。以前，由于消费能力有限，因此大学生花钱时往往十分谨慎，力求"花得值"，他们会尽量搜索那些物美价廉的商品。但现在，无论在校内还是在校外，大学生的各种社会活动较以前增加很多，加上城市生活氛围、朋友交往等因素的影响，他们不会考虑那些价廉而物不美的商品，比较注重自己的形象，也追求一些品位和档次，虽不一定买名牌，但非常关注商品的内容。

思考：

（1）站在企业营销人员的立场，除了产品、价格、渠道、促销等因素，还有什么因素会影响你的业绩？

（2）站在消费者的立场，你怎么看待"消费者通常都是不理性的"这一说法？

行为学、心理学等知识的长足发展，给商业和经济带来了新的认知角度。要想成为一名出色的市场营销人员或者经营管理者，就要多学一点消费心理学方面的知识，以获得更大的利润。

任务 1　了解消费行为与消费心理学

消费者表现的消费理念与实际消费行为相背离，使得企业精心制定的商品或服务的整体决策出现严重偏差。消费者言行不一的真正根源是什么？消费者的行为为什么难以捉摸？他们有什么样的消费心理？他们的消费心理发生了哪些变化？

消费者行为和消费心理学的研究构成了营销决策的基础，与企业的市场营销活动是密不可分的，这对于提高营销决策水平，增强营销策略的有效性有着极其重要的意义。对于消费者来说，如何提高自己的消费效用，同样具有重要的意义。

1.1.1　认知心理学

随着心理学知识的日益普及和现代人认知观念的逐步提高，"心理学"一词已经不再像过去那样陌生而神秘。但是，对于到底什么是心理学、心理学的研究内容及心理学的实质是什么等问题，还经常存在一些不正确或片面的理解：有人认为，心理学就是心理咨询；有人认为，研究心理学就是揣摩别人的所思所想，心理学家应该能透视眼前人的内心活动，和算命先生差不多；还有人认为，心理学是"伪科学"，是骗人的东西；等等。因此，我们在学习消费心理学之前有必要了解一些普通的心理学知识。

1. 心理学的概念

心理学的产生源远流长，不同时期对"心理学"有不同的界定。在哲学心理学时代，心理学被认为是阐释心灵的学问。在古希腊语中，心理学包括"灵魂"与"学问"两个方面的含义，后来被解释为"关于灵魂的学问"。

现代心理学认为，心理学是研究人的心理现象的产生、本质、作用及变化发展规律的科学，是一门自然科学与社会科学交叉的边缘学科。它从人的心理过程和个性心理两个方面来研究人的心理现象，如图 1.1 所示。

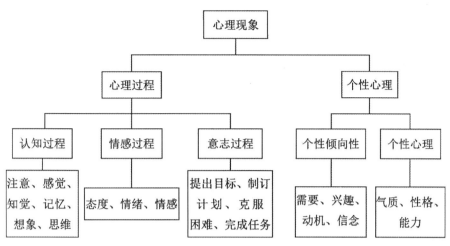

图 1.1　心理学的研究对象

2. 心理学的产生与发展

从原始社会人们关于灵魂与肉体的关系之争，到后来关于精神活动的物质器官是心还是脑的争论，人们对心理现象的认知逐渐趋于科学。在一个相当长的时间里，心理学像一个胚胎，蕴含在哲学这一母体之中，它日渐成熟，脱胎而出，逐渐成长壮大。

1874 年，德国心理学家威廉·冯特出版了《生理心理学原理》，在这本书中他发明了一个系统性的心理学来研究人的感知：感觉、体验、意志、知觉和灵感。这使得心理学从哲学中解放出来，成为一门独立的学科。1879 年，威廉·冯特在莱比锡大学创建了世界上第一个心理实验室，成为心理学发展史上的新纪元，标志着科学心理学的诞生。

一百多年来，随着社会经济发展的需要，心理学也在不断地发展和完善，而且科学技术的进步，不断提出新的课题并为解决这些课题提供了手段。现在，心理学已经发展成为一棵枝繁叶茂的科学大树。哲学是孕育其成长的沃土，普通心理学是其主干，其他科学作为其养分，应用心理学是其分支。教育心理学、军事心理学、管理心理学、旅游心理学、营销心理学、消费心理学等均如雨后春笋般得以发展。

3. 心理学研究的主要内容

人在生活实践中与周围事物相互作用，必然有这样或那样的主观活动和行为表现，这就是人的心理活动，简称"心理"。具体来说，外界事物或体内的变化作用于人的肌体或感官，经过神经系统和大脑的信息加工，就产生了对事物的感觉和知觉、记忆和表象，进而通过分析和思考，得出对客观事物认识的结论。另外，人们在同客观事物打交道时，总会对它们产生某种态度，形成各种情绪。人们还要通过行动去处理和变革周围的事物，这就表现为意志活动。

以上所说的感觉、知觉、思维、情绪、意志等都是人的心理活动。心理活动是人们在生活实践中由客观事物引起、在头脑中产生的主观活动，任何心理活动都是一种不断变化的动态心理过程。

每个人在认知和改造客观世界的过程中，都具有不同于他人的特点，心理过程都表现出或大或小的差异。这种差异与其先天素质、生活经验、后天学习和知识积累有关，这就是人的个性，也称为人格。

心理过程和人格都是心理学研究的重要对象。心理学还研究人的个体的和社会的、正常的和异常的行为表现。

在高度发展的人类社会中，人的心理获得了充分的发展。普遍认为，心理学是人类为了认识自己而研究自己的一门基础科学。

1.1.2　认知消费、消费者与消费行为

随着市场竞争越来越激烈，企业和营销人员面临的压力也越来越大，面对变幻莫测的市场，他们不仅希望知其然，而且希望知其所以然，并力图寻找到解决市场问题的强大工具或撬动市场的真正杠杆，直至找到打开营销困惑的"金钥匙"。

营销的真正基础是理解消费者，赢得市场的"金钥匙"就是要准确抓住顾客的心。因此，在营销管理的专业修炼中，消费者行为学是核心修炼课程。在营销实战中，只有能摸准市场脉搏并理解消费者心理的人才是真正的高手。人们相信，"解读消费者行为"是当前引领营销深入发展的新的驱动力，是创新营销的基本功。

1. 消费与消费者

人们为了生存和发展，一般都要从他人那里获得产品和服务，除了接受馈赠、抢夺，都要以货币为代价换取某种消费利益。这是一种交易行为，也是一种消费行为，实际上每个人都是消费者。

人类的消费行为与人类的生产活动相伴而来，是人类赖以生存和发展的最古老的社会活动和社会行为，是社会进步与发展的基本前提。从广义上，可以把人类的消费行为划分为生产消费和个人消费两大类。

生产消费是指生产过程中对原材料、工具、人力等生产资料和活劳动的消耗。在生产过程中，劳动者与其他生产要素结合创造出新的使用价值的活动，是生产行为的反映，而生产行为本身，就其一切要素来说，也是消费行为。因此，在生产过程中，对劳动力及其他生产要素的使用、消耗及磨损称为生产过程中的消费。这种消费包含在生产过程之中，是维持生产过程持续进行的基本条件。

个人消费是指人们为满足自身需要而对各种生活资料、劳务和精神产品的消耗。它是人们维持生存和发展，进行劳动力再生产的必要条件，也是人类社会最大量、最普遍的经济现象和行为活动。从社会再生产过程来看，它是社会再生产过程中"生产、分配、交换、消费"4个环节中的消费环节。个人消费是一种最终消费，所以"消费"一词在狭义上是指个人消费。

所谓的消费者，狭义上指的是购买、使用各种消费用品（包括服务）的个人，也包括企业、学校、政府机关和其他社会组织；广义上指的是在不同时间和空间范围内所有参与消费活动的个人或集团，泛指现实生活中的所有人。在现实生活中，同一消费用品的购买发起者、决策者、购买者和使用者可能是同一个人，也可能是不同的人。例如，在保健品市场上就存在一种"买的人不喝，喝的人不买"的现象，但无论是买的人还是喝的人，他们都是广义上的消费者。

法律意义上的消费者，是指为生活消费需要而购买、使用商品或者接受服务的个人和单位。消费者的法律特征有4点：一是消费者的消费性质属于生活消费；二是消费的客体是商品和服务；三是消费者的消费方式包括购买、使用（商品）和接受（服务）；四是消费者的主体范围包括公民个人和进行生活消费的单位。

消费者是区别于商品经营者的商品交换关系中的主体。在现代商品经济社会中，由于生产的发展、科技水平的提高等社会经济因素，生产经营者和消费者之间在经济条件、教育水平、议价能力等方面存在不平等，使得消费者经常处于弱者的地位，如不给予特别保护，其合法权益就难以保障。因此，国家有必要采取一定的强制措施，如要求商品生产经营者必须保证商品质量、提供必要的使用说明等。我国还专门制定了《中华人民共和国消费者权益保

护法》(简称《消费者权益保护法》),以保护消费者的合法权益。

2. 消费者行为

"消费者"这一概念对于我们每一个人来说,往往既熟悉又陌生。熟悉的是,我们每个人都是消费者,每时每刻都在消费,而且每次的消费行为看上去似乎都是那么简单、平淡;陌生的是,消费者的心理和行为又非常复杂,有时候一种心理或行为发生之后,连我们自己都无法明白为什么。这就是消费者或消费者行为研究的魅力所在,它激起了无数的社会学、心理学、人类学、经济学、营销学等学科领域甚至公共部门的专家和实际工作者的研究兴趣。

关于什么是消费者行为,目前学术界还没有一个统一的、被普遍接受的定义。

美国市场营销协会认为,消费者行为是感情、认知、行为及环境因素之间的动态互动过程,是人类履行生活中交换职能的行为基础。在这一定义中,至少有4层含义:其一,消费者行为是感情、认知、行为和环境因素之间交互作用的过程;其二,消费者行为是感情、认知、行为和环境因素之间交互作用的结果;其三,消费者行为是动态变化的;其四,消费者行为涉及交换。

一般认为,消费者行为是指消费者为了满足自身需求和欲望而进行产品与服务的选择、采购、使用与处置,所发生的内心上、情绪上及实体上的活动。消费者行为的基本范畴主要包括与购买决策相关的心理和实体的活动:心理活动包括评估不同品牌的属性、对信息进行归纳分析及形成内心决策等;实体活动则包括消费者收集产品相关信息、到购买地点与销售人员进行沟通和交流及产品的实际消费和处置。

如果你是一个理性的人,那么对你来说,不管是挣来的钱还是一笔意外之财,都是没有什么区别的。但对于有些人来说,他们可能会把自己辛辛苦苦挣来的钱存起来,而把意外之财爽快地花掉。这其实说明人们已在头脑里分别为这两类不同来源的钱建立了两个不同的账户,挣来的钱和意外之财是不一样的。由此可见,一笔相同的收入,其消费的行为、结果却大相径庭。

消费者行为虽然复杂多变,但并非不可捉摸。事实上,通过精心设计的调查,消费者的行为是可以被理解和把握的,这也是企业和学术界致力于分析消费者行为的根本出发点。消费者行为虽然多种多样,但在这些千差万别的行为背后,存在一些共同的特点。

(1)消费者行为是受动机驱使的。在现代社会经济生活中,由于购买动机、消费方式与习惯的差异,消费者的消费行为表现得各不相同。所有消费者行为都是因某种刺激而产生的,这种刺激既可能来自外界环境,也可能来自消费者的生理或心理因素。在各种刺激因素的作用下,消费者经过复杂的心理活动过程,产生购买动机。在购买动机的驱使下,消费者进行购买决策,实施购买行动,并作出购买后评价,由此完成了一次完整的购买行为,如图1.2所示。例如,我们买某一品牌服装的行为,除了生理上的需要,还受品牌、他人的评价等因素的影响和刺激,最后才决定购买。

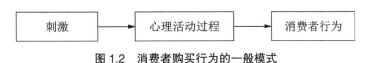

图1.2 消费者购买行为的一般模式

(2)购买者的广泛性。一项消费行为的参与者往往包括提议者、影响者、决策者、购买者和使用者。例如,儿子过生日时,爸爸提议给儿子买一把玩具枪,妈妈建议买一辆遥控车,在这一过程中,爸爸是提议者,妈妈是影响者,最后决定买什么,爸爸、妈妈、儿子都要参与决策，购买者可能是父母双方或其中的一人，而使用者只有孩子。因此，分析不同购买决策参与者所扮演的不同角色，弄清楚谁是购买决策的参与者，对于企业选择促销方式和手段具有非常重要的意义。

（3）需求的差异性。当今的市场结构已由卖方市场转为买方市场，消费者的需求更趋于多样化和个性化，消费者的需求不尽相同，甚至存在明显的差异。企业不可能通过一种产品或服务来满足所有的消费者，也不可能只凭自身的人力、物力和财力来满足整个市场的所有需求。因此，企业要想在市场竞争中求得生存和发展，就应当也只能满足消费者中的一类或几类特定需求。例如，宝洁公司的产品于20世纪80年代进入我国市场，当时消费者中头皮屑患者较多，宝洁公司针对这一细分市场推出具有去头皮屑功能的"海飞丝"洗发水获得成功。而后，宝洁公司又针对不同细分市场推出了"玉兰油"系列护肤品、"飘柔"二合一洗发水、"潘婷"洗发水等产品，为自身的发展壮大奠定了基础。

（4）消费者行为具有可诱导性。消费者有时并不能清楚地意识到自己的需求。此时，企业可以通过提供合适的产品来刺激消费者的需求，也可以通过有效的广告宣传、营业推广等促销手段来刺激消费者的购买欲望，甚至影响他们的消费需求，使他们改变消费习惯、更新消费观念。应当指出的是，企业影响消费者行为是以其产品或活动能够满足消费者某种现实或潜在的需求，以能够给消费者带来某种利益为前提的。有一些新产品虽然伴有大规模的广告与促销活动，但最终还是失败了事，从反面说明了产品应当适合消费者需求的重要性。

1.1.3 认知消费心理学

消费心理学主要是研究消费过程中消费者心理与行为的产生、发展及其规律，并探讨在市场营销活动中各种心理现象之间相互关系的一门学科。消费者心理与行为作为一种客观存在的社会现象和经济现象，同其他事物一样，有特定的活动方式和内在的运行规律。对这一现象进行专门研究，目的在于发现和掌握消费者在消费活动中的心理与行为特点及规律性，以便适应、引导、改善和优化其消费行为。

心理活动是人脑对客观事物或外部刺激的反应活动，是人脑所具有的特殊功能和复杂活动方式。它处于内在的隐蔽状态，只具有可以观察的现象形态，因而无法从外部直接了解。但是，心理活动可以支配人的行为，决定人们做什么及怎样做。因此，通过对一个人的行为表现的观察，可以间接地了解其心理活动状态。

同样，人作为消费者在消费活动中的各种行为，也无一不受到心理活动的支配。例如，是否购买某种商品、购买什么品牌的商品、什么时候购买、如何购买等，其中每一个环节都需要消费者作出相应的心理反应，并进行分析、比较、选择和判断。因此，消费者的消费行为都是在一定心理活动的支配下进行的，并通过消费行为加以外化。

> **与相关课程的联系**
>
> 消费心理学是学习其他市场营销专业课程的基础，市场营销学和市场营销策划中产品的设计、价格的制定、促销政策的实施等内容，都要针对消费者的消费心理有的放矢地开展。在广告、推销等课程中，更要针对不同消费者的消费心理制定相应的策略。

19世纪末20世纪初，资本主义经济进入繁荣发展阶段，随着机器大工业生产体系的确立和生产社会化程度的提高，生产力水平快速提高，劳动生产率迅速上升，产品数量大幅度增加。与此同时，市场的有限性使得企业生产经营的关键在于其产品的市场销售状况。为此，许多企业开始把注意力转向开拓市场的途径，了解消费者需求、引起消费者对商品的兴趣和购买欲望、促成其购买行为已成为他们关注的重点，这就促使人们对消费者心理与行为进行专门研究成为必然。

消费心理学从理论体系和框架的形成到逐步完善并最终形成一门独立的学科，大体上经历了以下3个阶段。

1. 萌芽阶段

1901年12月20日，美国心理学家沃尔特·D.斯科特在西北大学作报告时，提出了广告应作为一门科学进行研究，心理学在广告中可以而且应该发挥重要作用。人们认为这是消费心理学问题第一次被提出。1903年，沃尔特·D.斯科特汇编了十几篇广告心理学问题的论文，出版了《广告论》一书。一般认为，这本书的出版标志着消费心理学学科的诞生。

1912年，德国心理学家雨果·闵斯特伯格出版了《工业心理学》，在这本书中阐述了在商品销售过程中，广告和橱窗陈列对消费者心理的影响。同时，还有一些学者在市场学、管理学等著作中研究消费心理与行为的关系。比较有影响的是"行为主义心理学之父"约翰·B.华生的"刺激（Stimulate）—反应（Reaction）"理论，即"S-R"理论。这一理论揭示了消费者接受广告刺激物与其行为反应的关联，被广泛运用于消费者行为的研究。

由于此时消费心理与行为的研究刚刚开始，研究的重点是企业如何促进商品销售而不是如何满足消费者需要，加之这种研究基本上局限于理论阐述，并没有具体应用到市场营销活动中，所以尚未引起社会的广泛重视。

2. 发展阶段

从20世纪30年代到60年代，消费者行为研究被广泛应用于市场营销活动中，并得到迅速发展。

在20世纪30年代的经济大萧条时期，许多发达国家出现了生产过剩、产品积压的问题，这使得刺激消费成了应对危机的重要措施。了解消费者需求、提高消费者对商品的认知、促使消费者对商品产生兴趣、诱发消费者的购买动机等，已成为政府制定经济政策和企业生产经营活动的重要课题。这时，无论是政府的货币政策还是企业的经营措施，都是从消费者的心理与行为入手，来刺激消费和引导市场行为，从而大大促进了对消费者心理和行为研究的发展和深入。

1943年，心理学家亚伯拉罕·马斯洛提出需求层次理论；1953年，心理学家罗杰·布朗开始研究消费者对商标的倾向性；1957年，社会心理学家博登·P.鲍恩开始研究参照群体对消费者购买行为的影响；1960年，美国正式成立"消费者心理学会"；1969年，美国成立"消费者研究协会"。与此同时，消费心理学的学科体系也基本形成。消费心理学从此进入发展和应用时期，对市场营销活动的参与、影响日益明显。

3. 成熟阶段

20世纪70年代以来，有关消费者心理与行为的研究进入全面发展和成熟阶段。前人的研究成果经过归纳、综合，逐步趋于系统化，一个独立的消费心理学学科体系开始形成，有关的研究机构和学术刊物不断增多。除了大学和学术团体，西方国家的一些大公司纷纷附设专门的研究机构，从事消费者心理研究。有关消费者心理与行为理论知识的传播范围日益广泛，并且越来越受到社会各界的重视。纵观近年来消费者心理与行为的研究，可以发现以下新的发展趋势。

（1）理论进一步得到发展。许多学者把研究重点放在理论研究上，如对消费者决策程序的理论研究。

（2）重视宏观方面的研究。研究者能够从整个社会经济系统的高度去研究消费者的心理与行为，如消费者行为与经济心理学的研究。

（3）转向对因果关系的研究。即由过去单纯的变量关系描述，转向解释性的研究和对因果关系的探讨，如对消费者需求变化的影响因素的研究。

（4）与相关学科结合交织。即对本学科的研究进行跨学科的融合、渗透，如对消费流行时尚的研究与社会学密切相关。

（5）引入现代研究方法。即对心理学的基本范畴（如动机、人格等）用现代方法进行研究，如对消费者认知过程中的记忆用信息论的观点进行研究。

任务2　掌握消费心理学的研究对象、内容、方法与意义

消费心理学属于应用心理学的范畴，是一门研究消费者心理和行为的学科，具有很强的实践性。和其他学科一样，消费心理学也有其独特的研究对象、研究内容和研究方法。

1.2.1　消费心理学的研究对象

消费者心理是看不见摸不着的内心活动，我们只能依靠由它支配的消费者行为，即根据消费者的"所作所为"，去探究消费者的"所思所想"。

影响消费者行为的因素很多，比较简明的是图1.3所示的三大影响因素，即"三因素"论。

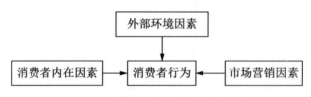

图1.3　消费者行为的三大影响因素

营销大师菲利普·科特勒又提出了影响消费者行为的4个因素：文化、社会、个人和心理，如图1.4所示。

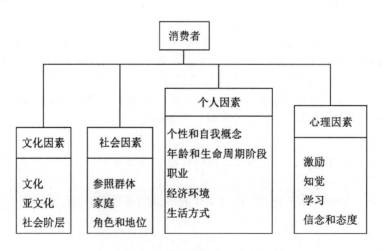

图1.4　影响消费者行为的4个因素

影响消费者行为的因素和理论还有其他观点，消费心理学的研究对象是复杂和多变的，它包括与消费者心理现象和消费行为相关的一切因素。

1.2.2 消费心理学的研究内容

作为一门独立的应用学科，消费心理学的研究内容主要包括以下4点。

1. 对消费者购买行为的心理过程和心理状态的研究

消费者购买行为的心理过程，是从消费者对商品的认知过程开始的，进而发展到情绪过程和意志过程，这个心理过程是每个消费者所共有的。心理学有关感觉、知觉、学习、记忆、需要、动机、情绪、情感的研究成果和相关理论，必能为解释人的消费行为提供帮助。心理过程和心理状态的作用是激活消费者的购买目标导向，使其采取某些行为或回避某些行为。因而，消费者购买活动的心理过程和心理状态必然影响购买行为的发生和进行。例如，一些消费者面对琳琅满目的商品，能够果断作出购买决策，而有的消费者犹豫不决，有的消费者浏览观望，有的消费者则拒绝购买，这些行为表现出消费者心理过程和心理状态的差异。消费者心理活动的普遍倾向，如追求物美价廉、求实从众、求名争胜、求新趋时、求美立异等，都会让消费者对商品的感觉、知觉、想象、记忆、思维、情感和意志等心理过程产生直接的影响。那么，如何控制和调节消费者购买的心理过程和心理状态，激发他们的购买行为，对于企业来说至关重要。因此，研究消费者的心理过程和心理状态，必然成为消费心理学的基本内容。

2. 对影响和制约消费者购买行为的个性心理特征的研究

消费者的心理过程和心理状态，是消费者购买行为中以特殊形式表现出来的一般心理规律。消费者购买的心理现象又是消费者个人的心理表现，必然被消费者个性心理特征左右，消费者购买行为中所产生的心理过程，表现出人心理活动的一般规律，但个性心理特征又反过来影响和制约消费者的购买行为。例如，有的消费者对商品的认知比较全面，可能购物能力较强；有的则比较肤浅，可能购物能力较差；有的对商品的情感体验比较热情积极，有的则比较冷淡消极等。这些现象都说明，消费者的心理现象存在明显差异，这些差异都是消费者购买活动中个性心理特征的表现。消费者的个性心理特征，还受到消费者个人知识、经验、成长的社会环境及心理需求、兴趣等因素的影响，并会在购买行为中表现出来。消费心理学研究消费者的个性心理特征，它可以帮助揭示不同消费行为的心理特点，以便企业采取相应的心理营销策略，促进消费者的购买行为。因此，消费者的个性心理特征是消费心理学研究的重要内容之一。

3. 对消费者的购买决策的研究

在由一系列环节和要素构成的消费者购买行为过程中，居于核心地位的是购买方案的选择、判断和决定，即消费者的购买决策。购买决策对购买行为的发生及其效果具有决定性的作用。影响消费者购买决策的因素很多，如消费者本身特征引起的内部因素，消费者生活、工作、学习等条件的差异形成的外部因素。此外，商品的效用、购买后的评价也是影响购买决策的重要决定性因素。

4. 对消费者心理与市场营销的双向关系的研究

不同的消费品市场以不同的消费者群体为对象，不同的消费者群体对消费品市场也有不同的心理需求，企业的营销策略会影响消费者心理的产生和发展；反之，不同消费者的心理特点，又会对市场营销提出特定的要求。消费者心理与市场营销存在双向关系，成功的市场营销活动应该是能够适应消费者心理要求和购买动机的营销，也应该是能够适应消费者心理变化而行之有效的营销方法。因此，消费心理学的研究既包括影响消费者的各种个体因素和社会、政治经济因素的研究，又包括商品生产设计、定价、广告、商店橱窗设计和服务营销等适应消费者心理需求的研究。

1.2.3 消费心理学的研究方法

方法是人们研究问题、解决问题并实现预期目标所必需的途径和手段。研究消费心理学，如果方法正确，就能收到事半功倍的效果。消费心理学是与社会科学、自然科学和哲学密切联系的科学，研究消费心理学离不开社会实践、自然科学原理和哲学方法。这些理论方法不仅为研究消费心理学提供了正确的理论依据，而且提供了科学的基本原则，人们在研究过程中必须努力遵循这些理论方法。

1. 消费心理学的研究原则

（1）客观性原则。人的心理是客观事物的反映，一切心理活动都是由外部刺激所引起，并通过社会实践活动表现出来的。消费心理也是由客观存在引起的，对任何心理现象，必须按它们本来的面貌加以考察，不能脱离实际去主观臆断。虽然心理学本身具有非常抽象的特点，但心理现象却是具体的、可以观察到的。对于消费心理，只能在消费者的生活和活动的外部条件中进行研究。例如，在价格体制改革中，每项物价调整政策出台后，消费者产生一些变异心理的现象是客观存在的，正确的方法是实事求是地加以宣传，引导消费者逐步适应物价变动，增强其心理承受能力。只有理解消费者的所想所说、所作所为，才能正确判断其心理特点。

（2）理论联系实际的原则。既要基于心理学和经济学的理论基础，又要与市场营销和消费实践活动相联系；既要考虑引起某一种心理现象的原因、条件，又要考虑与之相联系的相关因素的影响，不能孤立地研究，必须全面地进行分析，这就是联系性原则。例如，消费者在购买现场的心理活动会受购物现场的环境，商品的造型、色彩、包装、价格、质量，以及广告宣传、服务方式、服务质量、消费者心态等因素的影响，而且这些因素在不同时间里对同一消费者的影响也会有所差别。只有将各种影响因素用联系的观点，同时遵守客观性的原则加以分析，才能比较准确地把握消费者的心理状态。

（3）全面性原则。市场营销活动是社会实践活动的一部分，参加市场活动的部门、人员很多，影响消费者购买行为的因素也很多。消费者在无数次的购买活动中，无论实际的购买对象怎样，每个消费者总会保持独有的心理特质。例如，青年消费者购物带有浓厚的情绪色彩，冲动性购买行为较多；中年消费者购物时独立意识、判断意识较强；老年消费者购物更稳重、动作慢、询问多等。我们通过分析可以认识到个别消费者在不同的生活、活动条件下的心理活动，通过全面的研究有助于我们弄清大量个别心理表现之间的相互联系，从而找出表明消费者特征的那些稳定的东西，从而有的放矢地进行市场营销服务。

（4）发展性原则。一切事物都是运动变化的，市场风云变幻，营销活动千变万化，作为客观事物的反映，人的心理活动也必然有所变化和发展。坚持用发展性原则研究消费心理学，就是要用运动和发展的观点去认知问题。营销活动中人的心理活动是伴随着客观事物的变化而变化的，绝不能用静止的、千篇一律的眼光去认知心理现象。例如，进入21世纪，我国消费者的家庭生活方式正朝着物质更丰富、精神更愉快、生活质量更高的方向发展，因此我们要在发展变化中研究营销活动中的电子商务、绿色消费等心理现象。遵循发展性原则，不仅要阐明营销活动中已经形成的心理现象，而且要阐明那些潜在的或初露端倪的心理现象；同时，还要预测消费心理活动的发展趋向，这样才能真正把握消费心理活动发展变化的客观规律。

2. 消费心理学的研究方法

（1）观察法。观察法是指观察者在自然条件下有目的、有计划地观察消费者的语言、行为、表情等，分析其内在原因，进而发现消费者心理现象的规律的研究方法。随着现代技术的发展，观察法可借助视听器、摄像机、录音机、照相机等工具来增强观察效果。观察法可分为自然观察法和实验观察法两种形式：自然观察法是指完全自然的，在被观察者并不知情的条件下进行的观察；实验观察法是指在人为控制条件下进行的观察，被观察者可能知情，也可能不知情。

观察法大多是在消费者并不知情的条件下进行观察，由于消费者没有心理负担，其行为是一种自然的流露，所以通过观察所获得的资料比较直观、真实、可靠。此外，观察法在操作上比较简便，花费也比较少，所以无论是大型企业还是小型店铺都可以采用。观察法的不足之处在于其具有一定的被动性、片面性和局限性。首先，观察者在进行观察时只能消极被动地等待所要观察事情的发生；其次，观察者对观察对象的了解只能从其外部动作去考察，难以了解其内心活动；最后，要求观察对象数量大、涉及面广，因而为取得大量的资料所投入的人力和时间必然很多。但是，观察所得到的材料本身还不能区分哪些是偶然现象，哪些是有规律的现象。例如，漫步商场观察消费者的步态和目光时，可以发现大致有3种表现：一是脚步紧凑，目光集中，直奔某个柜台；二是步履缓慢，犹豫不决，看着商品若有所思；三是步态自然，神色自若，随意浏览。这3种表现说明进店顾客大致有3类：买者、可能买者、"逛客"。但仅从这些观察中还不能推算出进店顾客真正购物的概率，因为在消费者的行为举止中，还有很多偶然因素。

观察法可用于观察别人，也可用于观察自己，形成自我观察法。这种方法是把自己摆在消费者的位置上，根据自身的日常消费体验，去揣摩、感受消费者的心理。应用自我观察法研究消费心理有独到之处，在对价格心理、偏好转变及情感变化等较复杂的心理现象进行研究时，通常能收到满意的效果。

观察法在研究商品价格、销售方式、商标、广告、包装、商品陈列、柜台设置、品牌及新产品被接纳程度等方面，均可取得较好的效果。

（2）访谈法。访谈法是指通过一个经过训练的访问者与受访者交谈，以口头信息传递和沟通的方式来了解消费者的动机、态度、个性和价值观念等内容的一种研究方法。它可以在受访者家中或一个集中的访问地点进行，还可以利用电话等通信手段与受访者沟通。例如，在林荫绿地等宜人环境中，可以对受访者进行较长时间的深入面谈，目的是获得不受限制的评论或意见并进行提问，以便帮助研究人员更好地理解这些想法的不同方面及其原因。深度访谈在理解个人如何作出决定、产品被如何使用、消费者在生活中的情绪和个人倾向时，显得非常重要。对于新的概念、设计、广告和促销信息的决策，往往采用这种方法。

按交谈过程结构模式的差异划分，访谈法可以分为结构式访谈和无结构式访谈两种形式。结构式访谈又称控制式访谈，访谈者根据预定目标事先拟定谈话提纲，访谈时按提纲向受访者提出问题，受访者逐一回答。这种方法类似于问卷法，受访者不用笔答，而用口答。其优点是运用这种方法，访问者能控制访谈的重心，条理清晰，比较节省时间；缺点是这种方式容易使受访者感到拘束，产生顾虑，也容易使受访者处于被动的地位，使访问者只能得到"是"与"否"的回答，而不能了解到受访者内心的真实情况，因而访谈的结果往往深度不够，也不够全面。无结构式访谈又称深度访谈，它不拘形式，不限时间，尊重受访者谈话的兴趣，访问者与受访者以自由交谈的方式进行。其优点是受访者不存在戒心，不受拘束，便于交流，能在不知不觉中吐露真情实感；缺点是采用这种方式要求访问者有较高的访谈技巧和丰富的访谈经验，否则难以控制谈话过程，不仅耗费时间较长，而且可能影响访谈目标的实现。

按访问者与受访者的接触方式，访谈法可以分为个人访谈和小组座谈两种形式。个人访谈又称一对一访谈，由访问者对单个受访者进行访谈，可以采取结构式访谈，即询问一些拟定的问题，也可以采取无结构式访谈的形式。在一对一的访谈中，访问者不应有意识地影响受访者的回答，换言之，不能给受访者任何压力或暗示，要使受访者轻松自由地回答各种问题。一对一访谈适合运用于4种情形：一是要求对个体行为、态度或需要进行深入探究；二是讨论的主题可能具有高度私密性（如个人投资）；三是讨论的主题带有情感性或具有某种使人窘迫的性质；四是存在某种非常强烈的社会规范，采用小组座谈会对个体反应产生重要影响。小组座谈也称集体访谈，访问者以召开座谈会的方式对一组消费者进行访谈。标准的小组座谈涉及8～12名受访者，一般来说，小组座谈成员构成应反映特定细分市场的特性，要根据相关的样本计划被挑选出来，并在有录音、录像等设备的场所接受访问。小组座谈适用于7种情形：一是激发产品创意时的消费者基本需要研究；二是新产品想法或概念探究；三是产品定位研究；四是广告和传播研究；五是消费者参照群体的背景研究；六是在问卷设计的初始阶段需要了解消费者所使用的语言与词汇；七是态度和行为的决定等。

（3）问卷法。问卷法是指根据研究者事先设计的调查问卷，向被调查者提出问题，并要求被调查者书面回答问题的方式；也可以变通为根据预先编制的调查表请被调查者口头回答，再由调查者记录的方式进行调查，从中了解被调查者心理的方法。这是研究消费者心理常用的方法。问卷法根据操作方式可以分为邮寄问卷法、网络问卷法、入户问卷法、拦截问卷法和集体问卷法等。问卷根据内容可以分为封闭式调查问卷和开放式调查问卷两种。封闭式调查问卷就是让被调查者从所列答案中进行选择，类似选择题、是非题等；开放式调查问卷就是被调查者根据调查者所列问题任意填写答案，不作限制，类似填空题和简答题等。

正式的调查问卷主要包括3个部分：指导语、正文和附录。指导语主要说明调查主题、目的、意义及向被调查者致意等，这里最好强调一下调查者与被调查者的利害关系，以取得消费者的信任和支持；正文是问卷的主体部分，按照调查主题设计若干问题，要求被调查者回答，这是问卷的核心部分，一般要在有经验的专家指导下完成设计；附录主要列举有关被调查者的个人情况，如性别、年龄、婚姻、职业、学历、收入等，也可以对某些问题附带说明，还可以再次向消费者致意。附录可根据调查主题不同而增加内容，但注意结构上要合理，正文应占整个问卷的3/4或4/5，前言和附录只占很少部分。

问卷法的优点是同一问卷可以同时调查很多人，主动性强，信息量大，经济省时，简便易行，结果易于统计分析；其缺点是回收率低，问卷的回答受被调查者的文化水平等条件限制，并且不容易对这些材料重复验证。

课堂互动

上网搜索"大学生消费行为问卷"案例，了解大学生消费行为问卷的设计和有关内容。

（4）调查法。调查法是指在市场营销活动中采取多种手段取得有关材料，从而间接地了解消费者的心理状态、活动特点和一般规律的调查方法。根据不同的目标和条件，一般可以采用邀请各种类型的消费者座谈、举办新产品展销会、产品商标广告设计征集、设置征询意见箱、销售时附带消费者信息征询卡、特邀消费者对产品进行点评、优秀营业员总结经验等手段和方法，在此不一一叙述。

（5）试验法。试验法是指在严格控制下有目的地对应试者给予一定的刺激，从而引发应试者的某种反应并加以研究，找出有关心理活动规律的调查方法。试验法包括实验室试验和现场试验两种。实验室试验是指在专门的实验室进行，可借助各种仪器设备取得精确的数据。例如，研究人员可以给消费者提供两种味道稍微不同的食品，让他们品尝并进行挑选。此时，产品的不同味道是自变量，可以由研究者控制，而挑选结果则是因变量，至于其他能够影响挑选的因素如价格、包装、烹调的难易程度等，可以设计成完全相同。这样，经过试验得出的消费者的挑选结果就仅取决于味道的差别，而与其他因素无关了。在消费者行为的试验研究中，应该使试验环境尽可能与相关的现实环境接近，也就是说要尽可能排除不寻常或偶发条件下才出现的外部因素对试验结果的扭曲。现场试验是一种比较好的选择，一般在实际消费活动中进行。例如，测定广告宣传的促销效果，可以选择两个条件相似的商店，一个做广告，另一个不做广告，记录各自的销售量，然后进行比较和统计检验，以确定广告宣传效果的大小，而不是在实验室中播放两则广告，让消费者评价。由于营销活动现场的具体条件比较复杂，许多变量难以控制，所以现场试验会影响研究结果的准确性。

（6）投射测验法。投射测验法是一种通过无结构性的测验引出被测试者的反应，从中考察被测试者所投射的人格特征的心理测验方法。具体来说，就是给被测试者意义不清、模糊而不准确的刺激，让他进行想象、加以解释，使他的动机、情绪、焦虑、冲突、价值观和愿望在不知不觉中投射出来，而后从他的解释中推断其人格特征。投射测验法一般都具有转移被测试者注意力和解除其心理防卫的优点，因而在消费心理学的研究中常被用作探寻消费者深层动机的有效手段。

1.2.4 消费心理学的研究意义

消费心理学是在20世纪80年代中期从西方引入的，经过多年的发展，实践证明，在我国发展社会主义市场经济的过程中，深入开展消费心理学的研究具有极其重要的现实意义。

1. 指导设计新产品和改进现有产品

任何科学的企业管理，在开发新产品或在生产周期的起始阶段，务必明确该产品将服务于什么对象，即满足哪些消费者哪些方面的需求。新产品的开发源于产品创意，而许多好的创意都来源于对消费者需求和欲望的分析。企业通过研究消费者对当前产品的态度，可以确定消费者所需的特殊的产品特征，如果确认现有产品不具备消费者想要的特征，就需要找到开发一种新产品的机会。例如，高露洁公司认识到消费者需要更容易挤出的牙膏，于是就开发出了一种经济实惠且易于使用的抽吸式牙膏，在市场上大获成功。

2. 有利于有效地制定市场策略

研究消费行为可以有效地制定市场策略，包括市场细分、广告、包装、商标、价格、零售渠道等策略。"顾客至上"的原则是营销建立的核心，依据这一观点，消费者应成为营销工作的重心，即从消费者的角度看，营销就是全部交易。由于社会的运转越来越依赖于信息技术，对消费者需求信息的关注越来越重要，企业只有按市场的需求来生产适销对路、符合消费潮流、适应消费者消费水平的商品，提高市场营销活动效果，才能在激烈的市场竞争中占据优势，取得良好的经济效益。

3. 为政府部门依法行政提供科学依据

消费者在购买、使用商品和接受服务时，享有人身和财产安全不受侵害、知悉真实情况、自主选择和公平交易等多项权利，而保护消费者的这些权利，则是政府部门的重要职能。政府部门对消费者权益的保护，离不开对消费者行为的深入理解，建立在消费者行为分析基础之上的法律和政策措施，能够更加有效地实现保护消费者权益的目的。

研究消费心理学还可以帮助政府部门提高宏观经济决策水平，改善宏观调控效果，促进国民经济协调发展，是完整、准确、全面贯彻党的二十大报告中提出的新发展理念，坚持把发展经济的着力点放在实体经济上，推进新型工业化，加快建设制造强国、质量强国等战略的重要支撑。例如，制定工矿企业和交通运输中的噪声容许值标准、合理包装和标记的条例，设计符合消费者需要与愿望的交通网、文化中心、娱乐设施等。

4. 促进对外贸易服务的发展

研究消费心理学有助于推动我国尽快融入国际经济体系，不断开拓国际市场，增强企业和产品的竞争力。每个国家和民族都有各自不同的经济发展水平、文化传统、生活方式和风俗习惯，出口商品只有体现上述特性才可能占领国际市场。例如，红色包装在中国和日本是喜庆的象征，可是在瑞典和德国则被视为不祥之兆；八卦与阴阳图对西方人毫无刺激性，可是东方人却很容易把它跟道教联系起来等。这样的"跨文化"研究被包含在消费者行为的知识体系中，加强对消费者心理的研究，对我国进一步开拓国际市场和增强国际竞争力具有十分重要的意义。

5. 有助于消费者科学地进行个人消费决策

消费是以消费者为主体的经济活动，懂得消费心理学可以使消费者提高自身素质，科学地进行个人消费决策，改善消费行为，实现科学、文明消费。消费者的个性特点、兴趣爱好、认知方法、价值观念等，都会在不同程度上对消费决策的内容和行为方式产生影响，进而影响消费活动的效果及消费后的生活质量。在现实生活中，消费者由于商品知识的缺乏、认知水平的偏差、消费观念的陈旧、信息筛选能力不足等原因，很容易决策失误。此外，了解消费者行为的知识，还有助于识别一些容易使人上当受骗的销售手段。例如，一些商贩惯用"甩卖""便宜"的叫卖来引诱消费者消费以达到推销次货、陈货的目的；还有一些商贩雇用"托儿"，造成一种从众的气氛，引诱一些消费者上当受骗。消费者如果了解商贩的这些欺骗手段，就可以免受其害。

任务3　理解消费心理学的课程性质

消费心理学是从广告心理学发展而来的，早期的消费研究主要是从消费者处收集信息，以便制作更有效的广告；后来，研究重点转向产品设计前后消费者的意见和态度。随着社会的进步和技术的发展，与之相关的研究理论层出不穷，如营销心理学、消费者行为学等都是研究消费者心理现象和行为的科学。国外心理学的应用学科已发展到包括教育心理学、社会心理学、政治心理学、临床与咨询心理学、工业组织心理学、运动心理学及消费心理学等超过25个心理学分支学科。

近年来，随着商品经济的发展，市场竞争日益激烈，市场营销观念由生产者为中心转向以消费者为中心，对消费者行为的研究越来越受到市场营销研究者和心理学家的重视，许多商业机构都开展消费者行为尤其是消费者购买动机这一涉及消费心理学领域的研究。

与此同时，心理学和社会心理学的研究也有了很大的发展。当时，心理学界正是行为主义心理学的时代，以约翰·华生、伯尔赫斯·F.斯金纳为代表的行为主义心理学家围绕刺激与反应的问题进行了大量研究。另外，以卡尔·霍夫兰为代表的一批社会心理学家进行了关于说服方面的研究，也取得了丰硕的成果。这些与心理学相关的研究成果被大量应用到消费心理学的理论与实践中，从而丰富了消费心理学的内容，促进了消费心理学的发展。

随着科技的突飞猛进、经济的高速增长，心理学本身也发生了重大的历史性变革，一种新的心理学思想、一个新的心理学学科——认知心理学诞生了。认知心理学以其旺盛的生命力在短时间内取代了传统行为主义心理学的地位，渗透到了包括消费心理学在内的心理学的各个研究领域。

1.3.1 消费心理学课程的定位

消费心理学是市场营销专业的专业基础课，它是一门应用性较强的课程，理论与实际结合得非常紧密，也是国家职业资格考试中助理营销经理资格证、商务策划师资格证、市场营销师资格证等证书报考的内容之一。对于每个从事营销或销售的人而言，拥有足够的消费心理学知识和经验是从事这个职业的要求。

为了更好地学习和掌握有关消费心理学的知识，在学习本课程之前，要具备市场营销学、管理学基础、经济学基础、市场调查与预测等先修课程的基础。作为专业基础课，学习消费心理学后，学生可以系统地掌握消费者在生活消费过程中消费者个性的形成及其心理特征、消费者行为的心理过程及其变化发展规律，从而掌握消费者的心理活动规律、消费者心理与市场营销的关系，对其他的后续专业课程，如现代推销技术、广告理论与实务、连锁经营管理、销售管理、市场营销策划等提供帮助。

通过学习消费心理学课程，学生可以掌握相关知识，从而有利于了解消费者的需求，有利于胜任今后的岗位工作，为提高自身综合素质，适应市场经济奠定一个良好的基础。

1.3.2 消费心理学课程的目标

通过对消费心理学课程的学习，学生可以具备专业能力、社会能力和方法能力。

（1）专业能力。专业能力包括掌握消费者的消费心理和行为的基本规律，掌握不同消费群体的消费心理，掌握影响消费者消费心理的因素，掌握如何利用营销工具影响消费者消费心理和行为等。例如，学生应掌握具体运用所学的有关不同消费者群体划分的知识来细分市场的能力、具体运用所学的有关文化和社会阶层的知识来分析市场和预测消费者购买行为的能力。

（2）社会能力。社会能力包括使学生在未来营销或销售岗位上进行职业化定位，达到相关专业对学生的技能与职业的要求，强化学生的团队合作能力、人际沟通能力及发展和谐人际关系的能力。例如，学生应具有运用消费者决策的基础知识来分析和评价消费者购买决策过程的能力、运用所学的有关动机的理论来激发消费者的购买动机的能力、运用所学的有关态度的理论来形成和改变消费者态度的能力、运用消费者行为学的研究方法来分析和预测消费者行为的能力等，为培养高素质的职业人才奠定基础。

（3）方法能力。方法能力包括提高学生在营销或销售实践中的观察能力、判断能力、营销能力，学会如何辨识影响消费者消费的心理因素的方法，并学会通过对消费者心理进行分析以提高营销技巧与技能。例如，学生应根据所学的有关商店选址的知识和原理，具有分析某一具体选址案例的利弊的能力；运用所学的有关知识，具有一定的商标保护的意识、商品命名的知识与能力、从心理学角度来分析商品定价的依据的能力；同时，具有运用所学的有关公共关系的理论来处理企业危机的能力；等等。

自测试题

一、单项选择题

1. 人类消费行为的复杂多样性是基于（　　）。
   A. 需要的复杂多样性　　　　　　　　B. 动机的复杂多样性

【参考答案】

C. 消费品的复杂多样性   D. 生存环境的复杂多样性
2. 消费者消费行为的基础是（   ）。
A. 消费心理   B. 消费习惯
C. 消费保障   D. 消费文化
3. 采用试验法对消费心理进行研究应具备（   ）。
A. 自然条件   B. 严格控制条件
C. 人为条件   D. 消费者已知条件
4. 消费心理学研究的主体是（   ）。
A. 需求者   B. 使用者
C. 决策者   D. 购买者
5. 消费心理学的研究对象主要是（   ）。
A. 生产消费   B. 生活消费
C. 社会消费   D. 文化消费

二、多项选择题

1. 消费心理学研究应遵循的原则包括（   ）。
A. 主观性原则   B. 发展性原则
C. 客观性原则   D. 全面性原则
E. 理论联系实际原则
2. 心理的实质（   ）。
A. 心理是大脑的机能   B. 大脑是心理活动的器官
C. 心理是客观现实的反映   D. 心脏是心理活动的器官
3. 消费心理学的研究方法主要包括（   ）。
A. 观察法   B. 访谈法
C. 问卷法   D. 调查法
E. 试验法   F. 投射测验法

三、简答题

1. 什么是消费心理学？消费心理学的研究对象和内容是什么？
2. 研究消费心理学应该遵循哪些原则？常用方法是什么？
3. 消费心理学的研究经历了哪几个发展阶段？

四、论述题

论述研究消费心理学的意义。

五、案例分析题

百事可乐曾针对可乐行业霸主可口可乐发起了一次颇具杀伤力的广告策划——"口味大挑战"。在这轮广告攻势中，百事可乐对顾客口感试验进行了现场直播——在不告知参与者拍摄广告的情况下，百事可乐请参与者品尝各种没有品牌标志的饮料，然后要他们说出哪一种口感更好，结果2/3的参与者挑选了百事可乐。这次口味试验在当时引起了极大的轰动，成为百事可乐攻击可口可乐最尖刻的口实。然而几十年过去了，有一个问题一直引起研究者的兴趣：两种可乐的口味都没什么变化，但为什么可口可乐还是拥有更多不离不弃的忠实消费者？是消费者的口味发生了变化，还是那次试验有什么内幕？种种疑惑使人们不断探究其背后的真正原因。

后来，相关研究人员又做了一次试验，这次他们采用了最先进的核磁共振造影仪来监测记录受试者品尝无记名可乐（可口可乐与百事可乐）时大脑的活动状况。

结果显示，百事可乐倾向使大脑腹侧核产生更强烈的反应，而这个区域是大脑产生强化奖赏情感的区域。在试验初期，喝百事可乐的受试者大脑腹侧核的活跃程度是喝可口可乐的受试者的5倍。

接下来，相关研究人员又开始测量可乐的品牌形象影响力。这次，受试者被告知试验样本是可口可乐。形势随即扭转了，几乎所有的受试者都表示他们更喜欢可口可乐。非但如此，连他们的大脑活动也呈现出不一样的情形，他们的大脑中区前额叶皮层也有活动。而这个区域正掌握着大脑中高水平的认知能力。百事可乐却未能达到相同的效果，当受试者被告知品尝样本为百事可乐时，说更喜欢百事可乐的受试者相对要少得多。

这就是品牌的力量，借助核磁共振造影仪，品牌的竞争力得以被最直接地测量。相隔几十年的两次试验都证明，相比之下，可口可乐并不见得更好喝。然而，在现实世界里，口味并不代表一切，在人脑这样一个精确的神经认知系统中，特殊的品牌力量操控了人的味蕾。在消费者潜意识中，对品牌的情感偏好决定了其最后的选择。产品的好坏并不能最终决定什么，消费者内心的真实需求往往决定最终的选择。

分析：

1. 你更喜欢可口可乐还是百事可乐？为什么？
2. 请通过上述案例阐述营销效果与消费者心理的关系。
3. 你对消费者和两家企业都有哪些建议？

项目实训

1. 就你最近的一次大额（如消费500元）购买行为，从下述3个方面分析你作为一名消费者在这次购买过程中的行为特征。

   （1）你为什么要进行这次购买？

   （2）在这次购买过程中，你的同学、朋友和家人充当了什么样的角色？

   （3）你的购买行为都受到了哪些因素的影响？试列出3～5个。

2. 从下面4个不同的角度，谈谈你对于学习消费心理学知识的认识。

   （1）从一名市场营销专业大学生的角度。

   （2）从一名普通消费者的角度。

   （3）从一名营销经理的角度。

   （4）从一名中国消费者协会工作人员的角度。

课后拓展

1. 上网搜索消费心理学的相关案例，了解消费心理学对企业产品设计、市场营销所起的重要作用，激发学习消费心理学的兴趣。

2. 设计一份大学生消费状况调查问卷，在班级和学校进行调查，了解大学生一些不理性消费的现象，以减少自己的不理性消费。

项目 2
走进消费者的内心世界

【学习指导】

学习重难点	学习重点	感觉、知觉、记忆、注意、想象、思维,以及情感、意志的含义及特征
	学习难点	认知过程、情感过程及意志过程对购买行为的影响
学习目标	知识目标	掌握感觉、知觉、记忆、注意、想象、思维,以及情感、意志的含义及特征
	能力目标	掌握一般心理过程和消费者之间的个性心理差异,把握消费者对商品的认知、情感和意志过程,指导营销活动,并采取有效的营销策略

【思维导图】

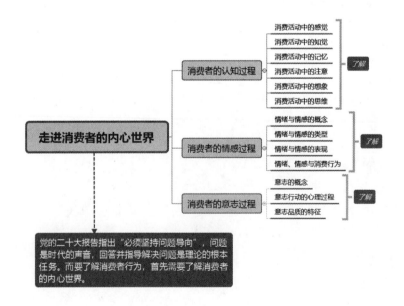

党的二十大报告指出"必须坚持问题导向",问题是时代的声音,回答并指导解决问题是理论的根本任务。而要了解消费者行为,首先需要了解消费者的内心世界。

【导入案例】

虽然大学生经常使用信用卡消费,但有些人并不了解信用卡的使用知识。下面罗列了关于信用卡的7个错误认知。

(1)信用卡额度越高越好,信用卡越多越好。信用卡额度越高,越容易给持卡人造成能毫无限度消费的假象;信用卡越多,越容易让持卡人忘记每张卡对应的还款时间。

(2)每一笔消费都有积分。事实上,各家银行对积分政策的规定都不一样,一般公益性消费、取现、分期,以及医院、学校消费都是没有积分的。

(3)信用卡可以与储蓄卡一样取现。信用卡取现不同于储蓄卡,因为信用卡取现不仅要收手续费,而且要收利息。

(4)不开卡就不收年费。一般来说,只有银行的普卡享受不开卡不收年费的政策,一些特别的卡片,如金卡、钻石卡、白金卡,不开卡也会收年费。

(5)每月只还最低还款额就好了。每月只还最低还款额虽然不会影响个人征信,但是会产生利息。所有的消费都要从消费之日起计算利息,而且银行的计息方式是按月复利,利息非常高。

(6)逾期了也没关系。逾期不可轻视,因为会被记录在征信报告上,问题严重的还会影响申卡、贷款。

(7)把卡借给朋友没什么大不了。把信用卡借给朋友是非常危险的,信用卡可以透支,一旦把卡借给别人,你将无法控制消费情况,这将极大地增加过度消费的风险,万一卡片遗失或者朋友恶意透支,损失都将由卡主自行承担。

思考:

(1)你在使用信用卡的时候,是否完全了解上述知识?想一想你在日常消费过程中,有哪些由于认知偏差导致的不当消费行为?作为消费者,你应该怎么做?

(2)在日常生活中,你有没有舍近求远,到你熟悉的超市、饭店消费过?你清楚造成这种现象的原因吗?

(3)作为经营者,如何才能留住忠实顾客?

消费者的心理活动过程是指支配其购买行为的心理活动全过程,是消费者不同的心理现象对客观现实的动态反映。在市场营销活动中,尽管消费者的购买行为千差万别,但消费者各种各样的心理现象都是建立在心理活动过程的基础上的,都是受其心理活动的支配和制约的。因此,研究消费者在购买行为中发生的心理活动过程,对企业了解消费者的心理变化,以适时采取相应的心理策略和心理方法有很大帮助。

任务1 探索消费者的认知过程

消费者的购买活动过程,首先是从认知商品开始的。客观世界中各种事物或现象,通过人的五官传入人的大脑,形成感觉、知觉,使人们获得对事物或现象的感性认知。消费者的其他高级心理过程,如记忆、注意、想象、思维等,也都是以感觉、知觉为基础的。消费者的认知过程就是其运用自己的感觉、知觉、记忆、注意、想象、思维等心理活动对商品的品质、属性及各方面的联系进行综合反映的过程。

2.1.1 消费活动中的感觉

1. 感觉的概念

感觉通常是指由一种感觉器官的刺激作用引起的主观经验,或者说感觉是人脑对当前直接作用于感觉器官的客观事物的个别属性的反应,是一种最简单的心理反应过程。例如,消费者选购商品时,用眼睛观看商品的外表,用手触摸商品的质地,用鼻子嗅商品的气味,用嘴品尝商品的味道等。通过这些活动,消费者初步获得了对商品的感性认知,了解了商品的形状、材质、气味等个别属性，从而产生了美观、新奇、香甜等种种感觉，进而引起积极的心理活动。尽管感觉是对商品个别属性的反应，但却是一切复杂心理活动的基础。没有这些感觉，就不可能进一步认知商品，更无法了解其功能。

感觉只反映客观事物的个别属性。不同的感觉器官接受不同的刺激，产生不同的感觉，如视觉只看到颜色，听觉只听到声音，嗅觉只闻到气味，皮肤觉只摸到硬软，而味觉只尝到滋味等。这些不同的感觉，使人们在认知事物时，能够从各个方面了解事物的属性、特点。

感觉是人们了解客观世界的各种事物和知识的基本条件，客观世界的各种事物则是感觉的对象，是各种心理活动的源泉。感觉不仅反映外界事物的属性，而且反映有机体本身的活动状况，如我们能感觉到自身的姿势和运动，感觉到内部器官的工作状况（如舒适、疼痛、饥渴等）。无论是对外界具体事物的反应，还是对有机体本身活动状况的反应，感觉都是对事物个别属性的反应，而不是对客观对象整体的反应。

2. 感觉产生的条件

感觉的产生要求刺激物和感觉器官相互作用，要符合一定的条件。

（1）感觉器官直接接触一定能量的刺激物。只有当客观事物的各种属性直接作用于人相应的感觉器官时，人们才会对它产生感觉，如顾客只有看到衣服、摸到衣服，才能对衣服的颜色、样式、质地有一个初步认识。不同的刺激引起不同的感觉，如超声波和次声波我们就听不到，感受不到它们的刺激。要产生感觉，必须有"适宜刺激"才可以。

（2）健全的感觉器官。人的五官、传入神经、神经中枢等感觉接受分析器官要健康，否则不能产生正确感觉。

感觉对直接接触事物的反应是瞬间产生的，不是对过去的或间接的事物的反应。客观事物出现在人们面前时，人们马上就对它有了感觉。例如，顾客在商店里看到一件衣服，也看到了它的颜色，这种感觉就是在顾客与衣服接触的瞬间产生的。又如，患有色盲症的人对色彩的反应就会出现障碍。

与相关课程的联系

在广告课中，广告创作的视听觉内容与形式要解决如何让目标受众感受到广告信息的存在并喜欢该广告的问题，在传播有关产品信息的基础上，通过某商品所传递的审美情趣来传播审美感觉，塑造品牌个性风格，达成品牌偏好。

3. 感觉的分类

感觉只有在客观事物直接作用于感觉器官时才能产生。心理学上把作用于有机体并引起其反应的因素称为刺激物，对刺激物施于有机体的影响称为刺激。一般来说，一种感觉器官对某一种能量形式的刺激感受性特别高。例如，眼睛对光波的感受性很高，可以感觉到外界的各种颜色、光线的明暗，而对声波则不起反应；耳朵对声波感受性很高，而对光波不起反应。各种不同的刺激物分别作用于跟它相适应的感觉器官，便产生了各种不同的感觉。根据感觉反映事物属性的特点，可以把感觉分为外感受感觉和内部感觉。

（1）外感受感觉。外感受感觉是指外界客观事物刺激人的感觉器官使人产生的体验，包括视觉、听觉、嗅觉、味觉和皮肤觉。它是接受外部刺激，反映外界事物属性所产生的感觉。根据刺激因素与感觉器官有无直接接触，外感受感觉分为距离感受作用和接触感受作用。

① 距离感受作用是指刺激物不与感觉器官直接接触而产生的感觉，如视觉、听觉、嗅觉等。看目标无须把眼睛盯在目标上，听声音无须把耳朵对着声源，闻气味无须把鼻子直接凑近味源。

视觉是我们获得外界信息的主要通道,是认知客观事物的重要途径,约83%的信息通过视觉获得。视觉是由光波作用于视觉器官——眼睛而产生的,但我们并不能对所有光波都产生视觉,只有波长在380～780nm的光波(可见光)作用于我们的眼睛时才会产生视觉。在可见光的范围内,不同波长的光波相应地引起不同的颜色。视觉就是一种颜色感觉,人眼能辨别出150多种不同的颜色,但主要的是红、橙、黄、绿、青、蓝、紫7种颜色。

听觉是仅次于视觉的重要感觉,约11%的信息通过听觉获得。听觉的感觉器官是耳朵,刺激物是声波。声源振动并在其周围的介质(如空气)中传播所产生的声波作用于我们的耳朵便产生听觉,但人耳只对频率在20～20000Hz的声音发生听觉反应,所听到的声音也有强弱之分。

嗅觉是另外一种距离感受作用,会和味觉整合并互相作用。嗅觉的感觉器官位于鼻腔顶部,称为嗅黏膜,这里的嗅细胞受到某些挥发性物质的刺激就会产生神经冲动,冲动沿嗅神经传入大脑皮层而引起嗅觉。

② 接触感受作用是指感觉器官与刺激物必须发生直接接触才能产生的感觉,包括味觉、皮肤觉,如味觉必须是舌头与刺激物发生接触才能产生。

味觉是可溶性物质作用于味觉器官而产生的感觉。味觉的刺激物是含有化学物质的液体,味觉感觉器官是舌头。味觉基本上有甜、酸、苦、咸4种,通常是多种多样的复合感觉,而且与嗅觉互相影响、互相配合。人们对味觉的偏爱往往受水土、气候、地理环境的影响。

皮肤觉是皮肤受到机械刺激所产生的触觉、温觉和痛觉等感觉的总称。这种感觉的感受器官在皮肤上呈点状分布,称为触点、温点、冷点和痛点。

(2)内部感觉。内部感觉是指接受机体内部刺激,反映身体位置、运动和内脏器官的不同状况的感觉,包括运动觉、平衡觉和内脏觉。

运动觉也称动觉,是人对自己身体的运动和位置状态的感觉。人常常要处于各种运动状态,如坐、卧、行走、跳跃、跑动等,这时人们也会有感觉。运动觉的感觉器官位于肌肉、肌腱、韧带和关节中。人们在凭借外部感觉来接收信息的过程中,差不多都有运动觉参与,它是整个感觉系统中仅次于视觉和听觉的一种感觉。运动觉常常伴随着人的外感受感觉与内部感觉一起发生作用,如在电影院看电影时,无论这部电影的情节多么吸引人,时间一长,人都会感到疲劳。

平衡觉又称静觉,是反映头部运动速率和方向的感觉。它的感觉器官是内耳的前庭器官。平衡觉与视觉、内脏觉有密切的关系,当前庭器官受到刺激时,视野中的物体仿佛在移动,使人眩晕,同时也会引起内脏活动的剧烈变化,引起恶心和呕吐。

内脏觉是反映人体内脏活动和变化的感觉。由于内脏器官的活动和变化,人便产生了饥饿、口渴、饱胀、恶心、喘息、疼痛等感觉。内脏觉的感觉器官是分布在内脏上的神经末梢。

课堂互动

上课时,请学生起立,手不要扶桌子,然后闭上双眼,抬起右脚。一分钟后,让大家睁开眼,再重复上述动作。请学生根据前后两次的感觉,回答对平衡觉有什么认知。

4. 感觉的特性

(1)感觉的感受性。并不是任何刺激都能引起感觉,刺激强度太强、太弱都不能引起人的感觉,因为人的感觉器官只有在一定刺激强度范围内才能产生各种反应。一般把能够引起感觉持续一定时间的刺激量称为感觉阈限,其中能够引起感觉的最小刺激量叫绝对阈限,能够引起差别感觉的刺激物的最小变化量叫差别阈限。

房间内喷洒少量的香水,人们是闻不到香味的,只有达到一定的量,超过了感觉阈限才有效果。差别阈限不是一个绝对数值,而是一个与第一种刺激相对应的相对数值。最初刺激越强,要感觉第二种刺激就越不容易。例如,售价几千元的耐用商品,提价一二十元并不被消费者注意,而作为日常生活所需的米、油、盐等商品,即使价格上涨几角钱,消费者也会很敏感。

(2)感觉的适应性。感觉的适应性是指刺激物持续不断地作用于人的感觉器官,从而产生相应的变化,使感觉阈限升高或降低。适应既可提高感受性,也可降低感受性。例如,白天人们刚走进电影院什么也看不清,过几分钟后就能看清了,这称为暗适应,是感受性的提高。又如,一个身上喷着香水的人很快就会觉察不到自身的香水气味,所谓"入芝兰之室,久而不闻其香;入鲍鱼之肆,久而不闻其臭",就是感受性的降低。

顾客面对新的商品最初有新鲜感,但时间长了,接触多了,对这种商品也就习以为常了,就不会再感到它有什么吸引力了。因此在市场营销活动中,厂商和营销人员要经常利用感觉的特性,运用各种手段增大商品对顾客的刺激,引起顾客对商品的注意,从而达到促进商品销售的目的。

(3)感觉的对比性。感觉的对比性是指同一感觉器官接受不同刺激物的作用而使感受性发生变化的现象。不同感觉器官之间的相互作用,会引起感觉的增强或减弱。例如,同样一个灰色的图形,在白色背景中显得颜色深一些,在黑色背景中则显得颜色浅一些。属性相反的两个刺激在一起或相继出现,在感觉上都倾向于加大差异。例如,吃糖之后接着吃有酸味的苹果,会觉得苹果更酸;白色对象在黑色背景中要比在白色背景中更容易区分;红色对象置于绿色背景中则显得更红。因此,在广告设计或商品陈列中,亮中取暗、淡中有浓、动中有静等手法正是对比效应的应用,它有助于吸引消费者的注意力。

(4)感觉的联觉性。感觉的联觉性是指某一感觉器官对刺激物的感受性会因其他感觉器官受到刺激而发生变化,这是一种刺激产生多种感觉的心理现象。例如,一个笨重的物体如果采用浅色包装,会使人觉得比较轻巧;轻巧的物体采用深色包装,会使人觉得比较沉重。冬天穿红色衣服使人感到温暖;夏天穿白色衣服则使人产生凉爽的感觉。因此,颜色也是商品包装和商品广告中最重要的元素之一,它不仅能强烈地吸引人的注意力,而且很容易引起人的联想和诱发人的情感,对人们的消费行为产生重要影响。

(5)感觉的相互作用。感觉的相互作用是指由于不同感觉器官活动的相互影响而使感受性发生变化的现象。人的感觉器官常常是相互联系、相互影响与相互制约的,各种感觉的感受性在一定条件下会出现此消彼长的现象。例如,在微弱的声响下,能提高人们辨别颜色的感受性;反之,如果声响过大,人们对颜色的辨别感受性会降低。在其他感觉影响下,听觉感受性也会发生变化。例如,人的听觉在黑暗中会得到加强,在光亮中则会减弱。人们常见一些盲人耳朵灵敏,这是由于盲人总是处于"黑暗世界",听觉的确比正常人要强。这就说明,对某一感觉器官的刺激加强,会引起另一感觉器官的感受性下降;反之,某一感觉器官的刺激降低,另一感觉器官的感受性就会增强。

当厂商需要向消费者传递某种信息时,要尽可能使消费者集中注意力来感受其所发出的信息,尽可能排除其他信息的干扰,否则会降低效果。此外,要使消费者接受新信息,应减少旧信息的影响。感觉相互作用的规律启发我们,可以通过改善购物环境,来适应消费者的主观状态,从而激发其购买欲望。

(6)感觉的实践性。实践活动可以引起感觉的变化,感受性经过训练可以得到提高,如品酒师的味觉、音乐家的听觉都是经过长期的实践和训练而发生变化的。

5. 感觉对消费者行为的影响

（1）感觉使消费者产生第一印象。第一印象在消费者购物活动中有着很重要的先导作用，是消费者认知商品的起点。第一印象的良好与较差、深刻与浅薄，直接影响消费者的购物态度和行为，往往决定消费者是否购买某种商品。对于商品的认知和评价，消费者首先相信的是自己的感觉，正所谓"耳听为虚，眼见为实"。正因为如此，对商品的生产厂商和经销商来讲，要有"先入为主"的意识和行为，在色彩、大小、形状、质地、价格、包装等方面精心策划自己的商品，第一次推出就要牢牢抓住消费者的眼光和感受。有经验的厂商在设计、宣传自己的商品时，总是千方百计地突出其与众不同的特点，增强商品的吸引力，刺激消费者的感觉，加深消费者对产品的第一印象，使消费者产生"先入为主""一见钟情"的感觉。

（2）信号的刺激强度使消费者产生舒适感。消费者认知商品的心理活动从感觉开始，不同的消费者对刺激物的感受性不一样，即其感觉阈限不同。有的人感觉器官灵敏，感受性强，有的人则承受能力强。企业做广告、调整价格和介绍商品时，向消费者发出的刺激信号强度应当适应他们的感觉阈限。如果刺激强度过弱，不足以引起消费者的感觉，就达不到诱发其购买欲望的目的；如果刺激强度过强，则使消费者受不了，走向反面。只有适当地刺激，才会达到预期的效果。

人的感觉都存在舒适性的问题，过强的灯光、过大的声响、杂乱无章的布置等均不会给人以舒适感。在商场内，如果高音喇叭声音不断，消费者在这种购物环境中长时间停留，就会感到非常不适。另外，商品的陈列也应考虑各类消费者的感觉阈限，如化妆品的陈列和摆放就应使女性消费者感受到舒适，以刺激她们的消费。

（3）感觉是消费者引发某种情绪的诱因。消费者的情绪和情感常常是行为的重要影响因素，而感觉又经常引发消费者的情绪与情感。客观环境给消费者施加不同的刺激，会引起他们不同的情绪感受。例如，轻松优雅的音乐，协调的色调，适当的灯光、自然光的采用，商品陈列的造型，营销人员亲切的微笑等，都能给消费者以良好的感觉，从而引起他们愉悦的情绪和心境。此外，商品的包装、广告的设计等都应使消费者产生良好的感觉，引导其进入良好的情绪状态，才会更多地激发起其购买欲望。

2.1.2 消费活动中的知觉

1. 知觉的概念

知觉是直接作用于感觉器官的事物的整体在人脑中的反映，是人对感觉信息的组织和解释的过程。消费者知觉是指消费者将由外部输入的各种各样的刺激加以选择，使其有机化并作为有意义的首尾一贯的外界印象进行解释的过程，即人对所感觉到的东西经过分析综合后的整体反映。例如，面对一名滔滔不绝地介绍保险业务的保险推销员，有人可能感到这名推销员的行为比较过分或不够诚实，而有人可能认为这名推销员的介绍有利于自己认知保险业务。

知觉的重要意义在于，消费者只有知觉到某一商品的存在，并与自身需求相联系，购买决策才有可能产生。研究表明，消费者凭表象喜欢某一事物，主要是知觉的作用。因此，善于经营的企业会很好地利用这一点，如精美的包装、漂亮的广告图片、优美的商品造型等都会引发消费者的好感，增强其购买欲望。同样，人的知觉的选择性特点也会使企业的广告宣传大打折扣。

2. 知觉与感觉的关系

知觉和感觉都是当前事物在人脑中的反映，两者都是感性认知统一过程中的环节，实际上是不能完全分开的。知觉在感觉的基础上形成，是感觉的深入、升华，是多种感觉所形成的一种综合认知和综合反映，是对感觉加工、认知的结果。感觉到的事物的个别属性越丰富、越精确，对事物的知觉也就越完整、越正确。但知觉不是感觉的简单相加，因为知觉还受过去经验的制约，是在过去知识和经验的参与下，经过人脑的加工，形成对事物正确解释的过程。我们正是依靠过去的经验和已经形成的概念，才能把感觉到的个别属性结合为整体形象，从而把当前的对象物知觉为某个确定的事物。

在日常生活中，人们以知觉的形式直接反映事物，感觉只是作为知觉的组成部分而存在于知觉之中，很少有孤立的感觉存在于人的头脑中。任何消费者进行消费活动时，都要事先对自己感觉到的商品的颜色、形状、气味、轻重等各方面属性进行综合分析，通过知觉活动对商品的认知又加深了一步，由对个别属性的认知上升到对整体的认知，才能决定是否进行购买。知觉的形成与否决定消费者对商品信息的理解和接受程度，知觉的正误偏差制约着消费者对商品的选择比较，经知觉形成的对商品的整体认知，是购买行为发生的前提条件。没有必要的知识和经验，就不可能对客观事物的整体形象形成知觉。因此，知觉是比感觉更为复杂和深入的心理活动，是心理活动的较高阶段。

3. 知觉的类型

（1）根据知觉过程中起主导作用的感觉器官活动，知觉可以分为视知觉、听知觉、味知觉、嗅知觉和触知觉等。当然，在有些知觉过程中，几种感觉器官的活动同时起主导作用，如看电影时，视觉和听觉同时起作用，形成"视—听"知觉。

（2）根据知觉的对象性质，知觉可以分为物体知觉和社会知觉。物体知觉是对各种事物的空间特性、时间特性和运动特性的感知，又可以分为空间知觉、时间知觉和运动知觉。空间知觉是反映物体的形状、大小、距离、方位等空间特征的知觉；时间知觉是对客观现象的持续性和顺序性的反映，即对事物运动过程的先后、长短及快慢等时间变化的知觉；运动知觉是人脑对物体位置迁移的反映。

社会知觉是对人的知觉，主要包括对他人的知觉、人际关系的知觉和自我知觉。对他人的知觉是指通过社会性刺激，如外表、语言、表情、姿态等，对别人心理及面貌的知觉。人际关系的知觉是指对人与人之间关系的知觉。自我知觉是指通过自己的言行、思想体验等对自己的知觉。

4. 知觉的特性

（1）知觉的整体性。知觉的对象是由许多部分综合组成的，虽然各组成部分具有各自的特征，但是人们不会把知觉的对象感知为许多单独的部分，而是把它们联系在一起作为一个整体来知觉，形成的是一个统一的整体或整体的形象，这就是知觉的整体性。如图2.1所示，虽然人看到的是零散的线条图形，但是知觉的整体性会让人判定它们是两个正方体。

消费者在对商品知觉的过程中，总是把商品的名称、包装、颜色、价格、质量等综合在一起，形成对商品的知觉。例如，消费者购买家具时，绝不会只注意家具的材料、颜色或款式，而是把多种因素综合在一起，构成对家具的整体感知印象。消费者的知觉直接影响其购买行为，如果被知觉的商品符合消费者的需要，能引起消费者的兴趣，消费者就会做出购买决定，产生购买行为。

（2）知觉的理解性。人们在感知客观对象和现象时，总是运用过去所获得的知识和经验去解释它们，这就是知觉的理解性。在知觉一个事物时，同这个事物有关的知识和经验越丰富，对该事物的知觉内容就越丰富。消费者看到图2.2的时候，就会理解这是计算机和松树。知觉的这种特性表现在消费者的购买行为上，就是消费者能够把知觉对象归纳到某类事物中去，将其辨认出来，并和自己过去经历的事物联系在一起。消费者在购买活动中，如果对商品已具有一定的了解或使用经验，就会知觉到更丰富的商品信息；相反，对于陌生的商品，消费者能够知觉到的信息是有限的。这就要求生产厂商和经销商在做广告宣传时，要引导消费者正确地理解商品，避免其出现片面的甚至错误的理解；介绍商品时把握要点、用词恰当非常重要，否则会影响消费者对商品的正确观察和理解。

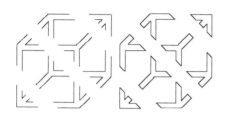

图 2.1　知觉的整体性

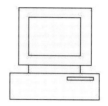

图 2.2　知觉的理解性

（3）知觉的选择性。人们在感知客观事物时，常常在许多对象中优先把某些对象区分开来进行反映，或者在一个对象的许多特征中，优先把某些特性区分开来予以反映，这就是知觉的选择性。例如，图 2.3 所示为知觉对象和知觉背景可以互相转换的经典例证。同一时间作用于人的感觉器官的刺激物是纷繁复杂的，而个体的接受能力却是有限的，不可能对作用于感觉器官的所有刺激物都产生反应，人只能在知觉目的的支配下有选择地知觉其中一些事物。这种选择性不仅与刺激物的特性有关，而且与消费者的兴趣、愿望、经验等有关。美国广告公司协会和哈佛大学曾联合进行了一次全国性的调查，希望了解消费者在半天内实际看到商品广告的情况。结果表明，大多数接受调查的消费者半天内只注意到 11～20 幅商品广告，而一般成年人半天内遇到的商品广告可能有 150 个。这表明看到广告和知觉到广告是两回事，因为消费者不能对所有的刺激都作出反应，而只对那些有价值的广告优先作出感知，对那些具有威胁性的刺激采取回避性选择。正因为有了选择性，人们才能够把注意力集中在少数重要的刺激物或刺激物的主要方面上，从而排除次要的刺激物或刺激物的次要方面，更有效地感知事物。

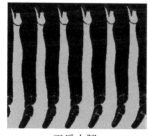

正反人腿　　　　　　　　人面和花瓶　　　　　　　　单人和双人

图 2.3　知觉的选择性

（4）知觉的恒常性。当事物的基本属性和结构关系不变，只有外部条件发生一些变化时，知觉的印象仍能保持相对不变，这就是知觉的恒常性。如图 2.4 所示，知觉的恒常性使人们总认为书下面是 3 支铅笔。知觉的恒常性是经验在知觉中起作用的结果。人总是凭借记忆中的印象，根据自己的知识和经验去知觉事物。知觉的恒常性可以保证人在不同的情况下按事物的实际面貌去反映事物，以适应多变的环境。例如，一个苹果放了一段时间腐烂了，但人们仍把它认作苹果。羽绒服的标签上都拴有一个装羽绒样品的透明小袋子，人们虽然不能看到羽绒服内的羽绒，但是能根据这个小袋子认定衣服是羽绒做的。这就是厂商利用了消费者知觉的恒常性特点。

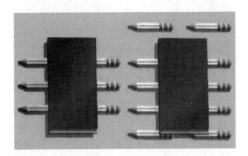

图 2.4　知觉的恒常性

（5）错觉。人们在知觉某些事物时，可能受背景干扰或某些心理因素影响，往往会产生失真现象，这种对客观事物不正确的知觉称为错觉。错觉是在特定条件下产生的对客观事物的歪曲反应，错觉现象在生活中十分普遍。消费者由于错觉，不能对商品进行正确的认知，导致错误消费，自身权益受到损害。但是，错觉可以帮助企业进行营销，如空间狭小的店铺可以在墙上挂一面镜子，让人产生宽敞明亮的感觉，这就是一种视觉错觉。

了解错觉对消费者感知客观事物的影响，掌握错觉原理并在广告宣传、包装设计、橱窗布置及货架排列等市场营销活动中加以运用，对于吸引消费者的注意，刺激消费者的购买行为具有重要作用。例如，用绿色或黄色瓶子装的啤酒，会使人产生清爽或富含营养的感觉。营业员在推销服装类商品时，运用错觉原理可以提高服务艺术，如向身材矮胖的顾客推荐深颜色、竖条纹服装会使其显得苗条些，向身材瘦高的顾客推荐浅色、横条纹衣服则会使其显得丰满些。

错觉可以分为视错觉、形重错觉、运动错觉、时间错觉等。

（1）视错觉。视错觉是指由于视觉的失真对图形大小等产生的错误认知。图 2.5 中是几种常见的视错觉，是人们很容易被自己的眼睛欺骗而产生的错觉。

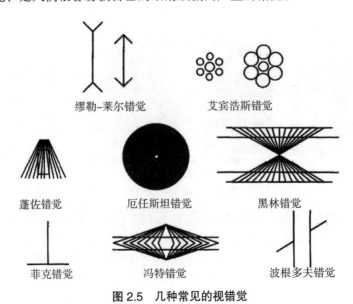

图 2.5　几种常见的视错觉

（2）形重错觉。形重错觉是指对于商品的形状和重量等的错觉，如习惯性地认为1kg铁比1kg棉花重。

（3）运动错觉。例如，坐在静止的火车上，看到相邻的火车开出车站，往往会认为是自己坐的火车开动了。

（4）时间错觉。例如，上不喜欢的课时，往往感到时间漫长；而和恋人在一起时，则感到光阴似箭。

> **课堂互动**
>
> 上网搜索关键词"错觉图形"，查看更多的错觉图形。

5. 知觉对消费者行为的影响

（1）知觉的整体性有利于消费者对商品的商标、广告的认知。知觉的整体性可以帮助消费者"窥一斑而见全豹"。消费者在购买商品时，对商品的知觉和印象不仅仅局限于商品本身，还会把商品与购物环境、售货员的态度及行为举止联系起来。如果购物环境光洁明亮，商品摆放整齐有序，人来人往，就会让消费者觉得商场经营有方、质量可靠等；如果购物环境光线暗，商品乱堆乱放，冷冷清清，就会给消费者留下商场经营差的印象，消费者会怀疑商品的质量，甚至不愿光顾商场，更不愿意到此购买商品。

（2）知觉的理解性能带动消费者做出购买商品的理性决策。知觉的理解性在消费者购买商品时起到了十分重要的作用。具有求实、求廉心理的消费者，在购买商品时关注的是商品的实际功能，同时也考虑商品价格与质量、性能之间的关系。这些消费者一般不会盲目追求高档、高价的商品，即使商品存在某些不足，如果其功能、质量仍能满足需求，而价格又较低，他们还是愿意购买这样的商品。

（3）知觉的选择性能引导消费者选择自己所需要的商品。有确定购买目标的消费者走进商场后，能很快地找到出售其欲购商品的柜台，同时能积极主动地在琳琅满目的商品中选出所要购买的商品，他们对知觉目的对象物的感知十分清楚。而货架、柜台中的其他商品，相对地成为知觉对象的背景，消费者对其视而不见或者感知得模模糊糊，这就是知觉的选择性在起作用。知觉的选择性特征可以运用于商业设计中，如在柜台布置上，为了突出名贵商品的价值，可以将商品背景衬以特殊的包装，强化消费者对商品的注意。

（4）知觉的恒常性能使消费者形成对商品的特殊喜爱。知觉的恒常性使消费者对质量优良的商品、名牌企业的商品形成良好的印象，这种良好的印象会转化为他们的购买行为。有时他们不仅自己购买喜爱的品牌商品，还为品牌商品做义务宣传，向亲朋好友、邻居推荐这些商品。

（5）利用错觉可以帮助企业提高推销效果。企业在店面装潢、橱窗设计、广告设计、商品包装、商品陈列、器具使用等方面，适当地利用消费者的错觉，进行巧妙的艺术设计，往往能达到一定的心理效果。例如，市场出售肉类的冷藏柜用橘红色灯光照射，能让肉显得更新鲜。

> **与相关课程的联系**
>
> 你知道什么是无公害食品、绿色食品和有机食品吗？如果让你推销这几类食品，你应该如何帮助消费者正确认知你的产品？除了推销课程，市场营销策划课程也要帮助消费者实现正确的认知，这样才能做好定位策划。

2.1.3 消费活动中的记忆

1. 记忆的概念

记忆是人脑对过去经历过的事物的反映，是人脑的一种机能。人们在日常生活和社会实践中，过去感知过的事物、思考过的问题、体验过的情感，经过一段时间后，都会在大脑中留下痕迹，以经验的形式在大脑中保存下来。这些痕迹日后遇到一定的条件，就会被重新"激活"，在大脑中重现已经消失的刺激物的印象。

记忆是一个复杂的心理过程，它从心理活动上将过去与现在联系起来，并再现过去经历过的事物，使人的心理成为一个连续发展的整体。记忆的心理过程包括识记、保持、回忆和认知4个过程。

（1）识记是指消费者为了获得对客观事物的深刻印象而反复进行感知，从而使客观事物的痕迹在大脑中保留下来的心理活动。它是记忆的前提。在购买活动中，消费者就是运用视觉、听觉和触觉去认知商品，并在大脑中建立商品之间的联系、留下商品的印迹，常常表现为消费者反复查看商品，多方了解商品信息，以加强对商品的印象。例如，消费者在购买笔记本电脑时，一般会先光顾多家商铺，然后根据记忆进行比较和选择，这就是有意识记的现象和行为。

（2）保持是指在识记的基础上，将已经识记的知识和经验在大脑中积累、储存和巩固的过程，使识记材料较长时间地保持在大脑中。例如，通过识记把商品的式样、颜色、规格、质地及相互间的联系储存在大脑中。

（3）回忆是指过去感知过的事物在一定条件下重新反映出来的过程。例如，消费者在购买某种商品时，为了进行比较，往往在大脑中重现别处见过或自己使用过的同种商品。

（4）认知是指感知过的事物重现在眼前时能识别出来的过程，即当过去感知过的事物重新出现时，能够感到听过、见过或经历过。例如，消费者在市场上看到一些商品，能认出是曾使用过或在电视广告中见过，感到似曾相识甚至很熟悉。

以上4个过程既紧密联系，又互相制约。识记和保持是前提，没有识记就谈不上对经验的保持，没有识记和保持就不可能对经历过的事物回忆和认知；回忆和认知是结果，也能巩固、强化识记和保持的效果。

课堂互动

作为一名营销人员，你能记住多少顾客的名字？在重视客户关系的时代，提高你的记忆力有什么实际意义？

2. 记忆的分类

（1）根据记忆的内容分类。

① 形象记忆。这种记忆能保持的不是具体形象，而是反映客观事物本质和规律的定义、定理、公式和法规等。它是以感知过的事物形象为内容的记忆。这些形象可以是视觉形象，也可以是听觉、嗅觉、味觉等形象。它是通过感觉器官感知，以便留下印象和记忆。例如，旅游者去北京故宫游览过，日后能够想起故宫的形象，就是感知形象记忆。

② 逻辑记忆。这种记忆是消费者对商品通过定义事物的意义、性质、关系等方面内容的记忆。消费者对商品广告的记忆多属于这种记忆。例如，曾经的"爱妻号"洗衣机，便运用丈夫关爱妻子的心理给商品命名，使人们很快就记住了它。

③ 情绪记忆。这种记忆是以体验过的某种情感为内容，运用情感打动消费者心理的记忆。例如，某女士到商店去买东西，虽然没有买到她想买的东西，但营业员热情周到的服务使她感到非常满意，于是下次再买东西时，她还愿意光顾这个商店。

④ 运动记忆。这种记忆是以过去的动作和运动为内容的记忆。例如，一个人多年前学会了游泳、骑车等，间隔一段时间仍然会游泳、骑马，就是运动记忆。

（2）根据信息储存时间分类。

① 瞬时记忆。当刺激停止作用后，感觉并未立刻消失，在很短时间内仍保持着印象，这称为瞬时记忆，又称感觉记忆。其特点是有鲜明的印象性，持续时间短，瞬间即逝。瞬时记忆在大脑中储存的时间为 0.25～2s，如我们看电影时，实际每秒由 24 幅画面组成的电影却不会给人间断的感觉，这就是瞬时记忆的结果。

② 短时记忆。短时记忆是指一次经验后能保持 2s～1min 的记忆。这种记忆一般以知觉的选择性形式出现。记忆痕迹有随时间推移而自动消退的特征，如果不复述，大约 1min 内储存的信息就会衰退或因受到干扰而消失。瞬时记忆中的信息如能引起主体的兴趣和注意，就会转入短时记忆阶段。

③ 长时记忆。长时记忆是指持续 1min 以上直至多年甚至终身的记忆。长时记忆是对短时记忆加工、复述的结果。只要有足够的复述，长时记忆的容量是相对无限的，但富有情感的事物由于印象深刻也能一次形成。由于市场上商品品种繁多，消费者对绝大多数商品的注意都只能形成瞬时记忆或短时记忆，很少能形成长时记忆。企业需要重复向消费者传递有关信息，建立和加深消费者大脑中的痕迹，使消费者从短时记忆阶段转入长时记忆阶段。

3. 记忆对消费者行为的影响

记忆在消费者心理活动中起着极其重要的作用，在消费者购买活动中具有深化和加速认知的作用，在一定程度上决定着消费者的购买行为。

（1）记忆在一定程度上是消费者是否购买的决定因素。消费者对商品品质、价格、购买渠道等的记忆，会直接影响消费者的再次购买。好的记忆促使消费者继续购买，成为忠实消费者；不好的记忆会导致消费者"一朝被蛇咬，十年怕井绳"，使其不会重复购买。

消费者通过反复地接触商品和广告宣传，自觉地利用记忆材料，对商品进行评价，全面、准确地认知商品，从而做出正确的购买决策。如果消费者没有记忆，也就不会产生购买行为。例如，一位消费者欲购一台数码摄像机，但他对摄像机产品知识知之甚少，因此他翻阅了有关书籍，并向相关人士请教，最终掌握了有关摄像机的品牌、型号、功能、质量、价格及使用注意事项等方面的知识。他把这些知识记下来，购买时就可以根据这些知识去选购中意的商品。

（2）有利于消费者的记忆，可以促进企业的销售。对于不熟悉、不经常接触的商品，消费者能否记住它们的某些特性，直接关系消费者的购买决策和购买行为。企业在商品设计和包装方面要符合消费者的形象记忆，商品的排列和柜台的布置要有利于消费者的逻辑记忆，营销人员的推销技术、服务态度要迎合消费者的情绪记忆。

对生产厂商和经销商来讲，在商品的造型、色彩、商标、命名、陈列、宣传等方面采取强化记忆的手段，是十分有必要的。例如，新颖的造型，鲜艳的色彩，简明易记的品牌、商标，形象生动的商品广告，都会给消费者留下深刻的印象，起到加深认知的良好作用。

2.1.4 消费活动中的注意

1. 注意的概念

注意是指消费者对外界事物的目标指向和精神集中状态。它是伴随着感觉、知觉、记忆、思维等心理过程产生的一种心理状态。注意的指向性表现为人的心理活动总是有选择、有所指向地进行着。

例如，消费者在选购商品时，总是把符合自己需求的商品当作感知的对象，而把其他商品和周围环境、声音等当作感知的背景。注意的集中性不仅是指在同一时间各种有关的心理活动聚集在其所选择的对象上，而且是指这些心理活动深入这些对象的程度。人们通常所说的"注视""倾听""凝神"就是指人的视觉、听觉和思维活动深入地集中于一定的对象。消费者的购物行为一般以注意为开端，在心理过程开始后，注意并没有消失，而是仍伴随着心理过程，维持心理过程的指向。没有注意的"参加"，无论哪一种心理过程都不可能发生、发展和完成。

如果消费者没有注意到某一商品的存在，就不会考虑该商品对自己是否有用，当然也就不会购买。

2. 注意的分类

根据产生和保持有无目的和意志努力的程度，注意可分为有意注意和无意注意。例如，消费者想到商店购买甲商品，浏览中无意看到乙商品，觉得不错，便产生对乙商品的注意，就属于无意注意；而消费者在嘈杂的商店里精心挑选自己想要的商品，就属于有意注意。从两者的关系来看，两者既相互联系，又相互转换。

有意注意是人们自觉、有目的的，需要消费者做出一定意志努力的注意，受到人的意识的自觉调节与支配。例如，一位年轻的母亲想给自己的孩子买一个生日礼物，她就会特别注意儿童用品广告及儿童用品柜台的商品。

无意注意是消费者没有明确的目的和目标，不需要做意志努力的注意。例如，商场正在做促销活动，敲锣打鼓，路过的消费者就会不约而同地把目光转向它，以了解正在发生什么事情。

3. 注意的功能

（1）选择。人在同一时间内不能感知一切对象，只能感知其中少数对象。选择功能担负着感官中精密选择的任务，它从所有面临的刺激中挑选那些对行为有意义、符合活动需要的部分并予以利用，避开和抑制那些与当前活动不一致、与注意对象产生竞争的部分。

（2）保持。保持功能是指注意对象的印象或内容在主体意识中保持，直到达到并延续到认知活动或行为动作的目的时为止。

（3）调节和监督。调节和监督功能是指在同一时间内，把注意分配到不同事物上或同一事物的不同方面上，排除干扰，提高活动强度和效率以保证活动的实现。

4. 注意对消费者行为的影响

正确地运用和发挥注意的心理功能，可以引发消费者的消费需求，引起消费者的注意。在策划一些公关手段或广告创意时，利用注意原理吸引人们的注意，是一个最基本的原则。

（1）商品的包装设计要突出形象，引起消费者的注意。

（2）零售商业企业用多角度的经营调节消费者购物时的注意转换。

（3）商品广告成功的基础在于能否引起消费者的注意。企业可以利用增大刺激的强度、加大刺激物之间的对比度、加大刺激物的感染力、力求刺激的新异性和集中、反复地出现某种事物等手段，来加强消费者的注意力，提升广告效果。

与相关课程的联系

注意在广告、推销、市场营销策划、销售管理等课程中都具有重要意义。进行营业场所的安排与商品布局、广告设计与策划、营销手段和公关策略的策划等工作，都要利用消费者的注意。

2.1.5 消费活动中的想象

1. 想象的概念

人们在日常生活中，不仅能够感知和记忆客观事物，而且能够在已有的知识和经验的基础上，在头脑中构成自己从未经历过的事物的新形象，或者根据别人口头语言或文字的描述形成相应事物的形象，这就是想象。例如，一位女性消费者见到一块布料，想象将它做成一条裙子穿在自己身上一定非常漂亮，必然产生愉快的情绪，也就可能产生购买行为。

2. 想象的分类

（1）无意想象。无意想象是指没有目的、不自觉的想象，也称不随意想象。它是想象中最简单、最初级的形式，如做梦就是无意想象的极端情况。无意想象主要由具体事物或事物的具体属性激发，出现前没有预定的目的和特殊的意向，带有自发性，并且可以转化为有意想象。营销人员可以利用无意想象来促进销售，如设计好商品的摆设和陈列，可使消费者接触后产生无意想象而即兴购买。

（2）有意想象。有意想象又称随意想象，是根据一定的目的自觉进行的想象。在进行有意想象时，人们先给自己提出想象的目的，再按一定任务进行想象活动。有意想象按其独立性、新颖性和创造性的不同，又可分为再造性想象和创造性想象。

① 再造性想象。再造性想象是指依据语言文字的描绘或条件的描绘（如图样、图解、符号记录等）在头脑中形成有关事物的形象的过程。例如，当读者看过《三国演义》的小说后，头脑中会构成刘备、关羽、张飞、曹操等人物的形象。

② 创造性想象。创造性想象是指不依赖现成的描述，而是独立地创造出新形象的过程。例如，作家对典型人物进行塑造的创作活动，就需要创造性想象。丹麦作家安徒生笔下的美人鱼就是创造性想象，因为生活中并没有美人鱼的存在，这个典型形象是作者创造出来的。幻想是创造性想象的准备阶段和一种特殊形式。所谓幻想，就是一种与生活愿望相联系，并指向未来的想象。幻想分为消极的幻想与积极的幻想两种：消极的幻想就是空想，脱离现实，毫无实现的可能；积极的幻想就是理想，以现实为依据，指向行动，经过努力最终可以实现。例如，拥有私人别墅，对于有的人来说是空想，难以实现；对于有的人来说则是理想，能促使其提高工作热情，成为其积蓄金钱的力量源泉。

3. 想象对消费者行为的影响

想象能提高消费者购买活动的自觉性和目的性，对引起情绪过程、完成意志过程起着重要的推动作用。消费者在形成购买意识、选择商品、评价商品的过程中都有想象力参加，想象能激发消费者的再造过程。例如，消费者看到漂亮的衣服，想到穿着漂亮的衣服被人称赞后感到愉快与满足；购买一台计算机，消费者会想象网上冲浪的感受，同时还想起它给学习和工作带来的方便。通过想象，消费者可以深入认知商品的实用价值、欣赏价值和社会价值，其结果是增强商品对消费者的诱惑，激发其购买欲望。

企业在运用想象时，可以引发消费者的美好联想，激发消费者的购买动机，一般可以遵循以下方法。

（1）品牌名称选用言简意赅、寓意吉祥、友善的词句，如百事可乐、步步高等。

（2）广告语用消费者熟知的形象来比喻商品，如山西省推出的旅游广告"晋善晋美"等。

（3）商品包装富有特色，用形状、画面激发想象，如农夫山泉茶 π 系列等。

与相关课程的联系

> 人们一天接收的广告信息非常多，能记住的却寥寥无几。要提高广告效果，就要设计出有吸引力的广告，引起消费者的注意，使消费者记住并想象购买后产生的效果，从而决定是否购买。

2.1.6 消费活动中的思维

1. 思维的概念

思维是指通过分析、概括，对客观事物的本质进行间接反映的过程。也就是说，通过思维，人们对客观事物的认知不再停留在感知和记忆的水平上，而是利用已经感知和记忆的材料进行分析、综合、抽象、概括等思考活动，把感性认知升华到理性认知阶段，从而获得对事物的本质和内在规律的认知。例如，人们可以利用过去的经验推算某种商品更新换代的速度和价格走势，以确定是现在购买还是以后购买。有关这些方面的知识，人们单凭感知是得不到的，必须借助所积累的丰富经验，通过大脑的思考代替对客体的实际体验来完成。

2. 思维的分类

（1）常规思维。常规思维又称习惯思维或再现思维，是指利用已获得的知识和经验，依照原有模式进行回忆与重演的思维。

（2）创造思维。创造思维是指将过去的知识和经验各抽取一部分，重新组合成具有流畅、独特、变通和创新特点的思维。

（3）辐合思维。辐合思维是指遵照统一模式求同地解决问题的思维。

（4）发散思维。发散思维是指多方面、多通道、以求异方式解决问题的思维。

其中，创造思维和发散思维都是良好的思维品质，具有变通性、敏捷性和创造性等特点，对开展市场营销活动具有积极的作用。

3. 思维的特性

（1）概括性。概括性是指人在思维时是通过对同一类事物的共同特性、本质特征或事物之间规律性的联系来认知事物的，不像感知那样，只对个别事物或个别属性发生反应。例如，消费者在购买过程中多次感知价格与质量的关系，从而得出"大商场的东西要比在地摊购得的东西质量可靠"的结论。

（2）间接性。间接性是指思维以其他事物为中介来反映客观事物，即借助已有的知识和经验来理解和把握那些没有直接感知过或感知、认知无法直接把握的事物。例如，消费者对手机的内在质量往往不甚了解，但可以通过对外形是否美观、铃声是否优美、信号是否灵敏、功能是否齐全进行了解，并借助已有的知识和经验，间接地认知其内在质量性能。

（3）制约性。人的思维还有受社会实践制约的特点。实践是人的思维活动的基础，也是检验思维正确与否的标准。消费者要善于思考和总结，通过现象看本质，从而获得对商品内在性质的深刻认识。例如，一种商品设计出来以后，在中心城市试销和推广引起消费热潮后，就会自然地逐步扩散到周边城市，形成消费热潮。如果在中心城市都没有达成共识，这种商品就很难在周边城市流行。

4.思维的形式

（1）概念。概念是人脑反映客观事物共同的本质特性的思维形式。例如，对于"产品"这个概念，现代市场学认为，它是指能提供给市场，用于满足人们某种欲望和需求的任何事物；还有一种说法，认为产品是指各种实物、服务、场所、组织、计策或思想等。

（2）判断。判断是人们对思维对象有所断定的一种思维形式，是人们认知事物的工具，是组成推理的基本要素。

（3）推理。推理是从一个或几个判断中得出一个新判断的思维形式。推理不是可以随意编造的，也不是人们先天固有的，而是人们在长期社会实践中，根据客观事物相互关系的反映，从已有知识中推出新知识的一种方法。

5.思维对消费者行为的影响

（1）分析过程。分析是指人们在头脑中把整体的事物分解成各个部分、个别特性和个别方面。反复地分析能够使消费者比较全面地认知商品的外观、性能、质量等个别属性，在这个基础上确定购买目标。

（2）比较过程。比较是依据一定的标准以确定事物异同的思维过程。因为有些商品很难通过对商品的外观、性能、质量等个别属性的认知做出正确的判断，所以初步分析确定购买目标之后，消费者可以借助比较来进一步鉴别商品质量的优劣、性能的好坏和价格的高低。比较的依据可以是当时购买商品中的同类商品，也可能是消费者曾经使用过的商品，这些比较对于消费者更好地认知商品具有重要意义。

（3）评价过程。消费者在确定购买目标之后，要运用判断、推理等思维方式，综合多种信息来排除各种假象的干扰，并在此基础上对商品的内在属性和本质进行概括，为确定购买决策做好心理准备。

在营销过程中，要认真分析消费者的思维模式，将市场营销活动和消费者的思维结合起来，以便有效地改变消费者的思维习惯。

与相关课程的联系

市场营销定价策略中的撇脂定价、推销中对价格异议的处理，都是利用了消费者"便宜没好货，好货不便宜"的思维习惯。概念营销也是通过对消费者思维的改变而获得成功的。

任务2 探究消费者的情感过程

消费者完成了对商品的认知过程，并不等于就必然采取购买行为，是否购买还要看商品能否满足其要求。如果满足，消费者就会产生积极的态度，如满意、喜欢等；反之，消费者就会产生消极的态度，如不满、烦恼等。消费者对客观事物是否符合自己的需求及满足的程度而产生的一种主观体验，就是消费者的情感过程。消费者的情感过程包括情绪和情感两个方面。

2.2.1 情绪与情感的概念

1.情绪的概念

情绪是指人们对认知内容的特殊态度，是以个体的愿望和需求是否得到满足而产生的心理体验。情绪包含情绪体验、情绪行为、情绪唤醒和对刺激物的认知等复杂成分。

情绪是身体对行为成功的可能性乃至必然性在生理反应上的评价和体验，包括喜、怒、忧、思、悲、恐、惊。行为在身体动作上表现得越强,就说明人的情绪越强,如喜会手舞足蹈、怒会咬牙切齿、忧会茶饭不思、悲会痛心疾首等就是情绪在身体动作上的反应。

情绪一般由以下 4 种成分组成。

(1) 情绪涉及身体的变化,这些变化是情绪的表达形式。
(2) 情绪是行动的准备阶段,与实际行为相关联。
(3) 情绪是有意识的体验。
(4) 情绪包含认知的成分,涉及对外界事物的评价。

2. 情感的概念

情感是人对客观事物是否满足自己的需要而产生的态度体验。情感一般是指长时间内与人的社会性需要(社交的需要、精神文化生活的需要等)相关联的体验,是人所特有的常以社会事件的内容和意义为转移,与情绪相比较为稳定。情感是在情绪的基础上产生的更高级的心理体验,如道德感、理智感、美感等。

3. 情绪与情感的关系

情绪与情感是两个既有区别又有联系的概念。情绪和情感都是人对客观事物的态度体验及相应的行为反应。情绪和情感由独特的主观体验、外部表现和生理唤醒 3 种成分组成。

情绪和情感统称为感情。情绪一般指感情过程,具有较大的情景性、激动性和暂时性。情感一般指具有稳定的、深刻的社会意义的感情,具有较大的稳定性、深刻性和持久性。一方面,消费者的情绪总是受个人的情感所制约;另一方面,个人的情感又总是体现在个人的情绪之中。情绪一般有较明显的外部表现,持续的时间短;而情感的外部表现很不明显,持续的时间相对比较长。例如,某企业的商品质量好、信誉高,在消费者心目中树立了良好的形象,消费者对它产生了信任感、亲切感,当消费者买到这种商品并在实际使用中需求得到满足时,就会产生喜悦和满意的情绪。在日常生活中,人们对情绪和情感并不进行严格的区分。

情绪和情感都具有适应功能、动机功能、组织功能和信号功能。

2.2.2 情绪与情感的类型

1. 按情绪的性质与程度划分

情绪、情感的表现形式多种多样,根据其性质、发生的强度和速度、持续时间的长短和外部的表现来划分,可以划分为以下 5 种表现形式。

(1) 心境。心境是一种微弱而平静、持续时间有时长有时短的情绪,如心情舒畅或郁郁寡欢等。心境会影响人的消费行为,良好的心境能使消费者发挥主动性和积极性,容易引起对商品的美好想象,易导致购买行为。而不良的心境则会使消费者心灰意冷,导致抑制购买欲望,阻碍购买行为。消费者的心境好,对店容、服务、商品的感觉也好,实现的购买率就会较高。

(2) 热情。热情是一种强有力的、稳定的、能把人完全控制住的情感。热情表现为主体被一种力量征服,以坚定的信念去达到某个目的。热情虽不如激情强烈,但比激情深刻而持久。它有时虽不如心境那样广泛,但比心境强烈而深刻。消费者往往在热情推动下,积极参与市场的经济活动。企业要想方设法了解消费者的心理、兴趣和爱好,利用各种营销推广手段,唤起消费者的热情,培养其购买动机。

(3) 激情。激情是一种人在一定场合爆发出来的,能把人控制住的逐渐增强的强烈情绪,一般维持时间短暂,如狂喜、暴怒、绝望等都属于这种情绪状态。激情出现的时候可以对消费者行为造成巨大的影响，甚至可以改变消费者的理智状态。特别是消费者在抢购风潮中会出现类似激情情绪的状态。对生产商和经销商来讲，要尽可能地避免对消费者的强烈的不良刺激，削弱消费者的对抗情绪，引导消费者产生积极的激情，使其愉快地进行购买活动，争取营销活动的成功。

（4）应激。应激是指出乎意料的紧张情况所引起的情绪状态。营销人员有时会出现应激状态，当柜台前拥挤混乱或与情绪不佳的顾客打交道时，他们必须在这些困难条件下实现销售。一般来说，应激会因手忙脚乱而不利于工作，但有时正好相反，会因工作节奏加快而提高工作效率。

（5）挫折。挫折是指人在实现目的的过程中遇到障碍，但又无法去排除、克服的心理状态，其典型表现是懊丧、怨恨、消沉、无动于衷。挫折有时表现为自责，有时表现为迁怒于人。例如，有的消费者买不到紧俏商品时，对营销人员发脾气、泄怨气。

2. 按情感的社会性划分

情感是在情绪体验的基础上产生的更高级的心理体验，可以分为道德感（善与恶）、理智感（是与非）和美感（美与丑）3种。

（1）道德感（善与恶）。道德感是指个人根据社会道德准则评价自己或别人行为时所产生的情感，是对人的行为、举止、思想、意图是否符合社会道德产生的判断从而引发的体验。如果自己的思想意图和言行举止符合社会道德准则，就会产生肯定、积极的情感，感到心安理得；反之，则感到坐立不安。

（2）理智感（是与非）。理智感是指人的求知欲望是否得到满足而产生的高级情感，是在人的智力活动过程中产生的体验。理智感与人的求知欲、好奇心、原则性等相关联，它不是满足低级的生理本能需求，而是满足高级的社会性需求，是一种热烈追求和探索知识与真理的情操。例如，消费者在挑选商品时，如发现商品价格很便宜，会产生怀疑感；对一些高档商品不知如何挑选，会产生苦闷感；对自己比较了解的商品，在选购时会产生欢快感等。

（3）美感（美与丑）。美感是指人对美好事物的体验，是人根据审美的需求，按照一定的评价标准，在创作或欣赏美的事物过程中产生的情绪体验。审美标准因主体美学修养、爱好情操、社会地位的影响而有所差别，但在同一群体中往往持有基本相同的审美标准。例如，消费者对时尚、新潮商品的追求，说明同一群体成员有着近似的美感。

2.2.3 情绪与情感的表现

情感过程是人对客观事物与人的需要之间关系的反映，是人对事物的一种好恶的倾向，主要是通过人的神态、表情、语言和行动变化表现出来。消费者的情感表现程度在购买活动中主要表现在以下3个方面。

（1）面部表情。面部表情和姿态是表现情感的主要手段，人的喜、怒、哀、乐、爱、憎等各种情感都能通过不同的面部表情与姿态表现出来。例如，当消费者买到自己喜爱的商品时，会高兴得手舞足蹈；当消费者与营销人员因退换商品而发生争吵时，会面色苍白或涨红脸。在购买活动中，各种复杂的心理感受、情绪变化都会通过不同的面部表情和姿态反映出来。因此，一名优秀的营销人员不仅要善于根据消费者面部表情的变化去揣摩消费者的心理，而且要注意运用自己的表情姿态去影响消费者，沟通买卖双方的感情，促使消费者的情感向积极的方向发展。

（2）声调表情。人说话的语调、声音强弱及速度的变化，往往反映出情感的变化。一般来说，快速、激昂的语调体现了人的热烈、急躁、恼怒的情感，而低沉、缓慢的语调则体现人的畏惧、悲哀的情感。即使是同一语句，由于说话人在音强、音速、音调上存在差别，也会表达出不同的情感。例如，在商店购物时，大多数消费者会遇到这样一句话"您买什么？"由于语调的强弱和速度不同，这样一句话可以反映出亲切、真诚的情感，也可以表现出厌烦、冰冷的情感。

（3）动作表现。动作表现明显的有呼吸器官、排泄系统和循环系统的变化。例如，当消费者购买衣服时，遇到其满意的衣服，常常表现出点头、赞不绝口、跃跃欲试的动作；反之，则会表现出不屑一顾的神态，匆匆而过。当消费者看到寻觅多时的商品时，往往呼吸、心跳、脉搏加快。

总之，在消费者购买活动中，情感的外显是多方面的，也是比较复杂的。有时，一种外显的情感表达了多种心理活动。例如，消费者在选购商品时，有时表情紧张，可能是担心商品质量或性能有问题，唯恐吃亏上当，也可能是担心买不到商品，还有可能是担心买回去后家人不喜欢等。

与相关课程的联系

> 推销学认为，推销员要给顾客留下良好的第一印象，只要让顾客认可了自己、认可了公司、认可了产品，销售就一定能成功。推销员要善于察言观色，根据顾客的表情等信号，积极促成交易。

2.2.4 情绪、情感与消费行为

1. 情绪、情感的极端性与消费行为

在不同的情况下，消费者的情绪和情感的表现会出现肯定或否定的极端状态，积极的情绪与情感会成为行为的诱因，而消极的情绪情感会成为行为的阻碍。例如，消费者高兴、兴奋、愉快时，往往会买很多东西；而悲伤、生气或低落时，可能会看什么都不顺眼，不能很好地完成消费。当然，也存在例外，如有的消费者用购物来冲淡自己悲伤与消极的情绪，买了一大堆无用的东西。

2. 影响情绪、情感的主要因素

（1）购物场所的物理条件。购物场所的物理条件主要包括空间、温度、音乐、色彩、照明、气味等，这些条件的好坏会直接影响消费者的情绪。购物环境如果宽敞明亮、干净整洁、温度适宜、乐曲欢快，消费者就会感到愉快、舒畅，就会产生美好的情绪体验，有利于促成购买。

（2）商品的特点。影响消费者情绪和情感的商品特点有商品的质量、性能、价格、包装、造型、广告、售后服务等。商品的特点如果满足了消费者的需求，消费者就会产生好的情绪。

（3）消费者的心理准备。消费者因自身因素，如不同的兴趣、爱好、目的等，也会产生不同的情绪和情感体验。消费者对商品的预期正确，就会产生愉快的情绪，反之就会感到沮丧。

（4）营销人员的表情与态度。营销人员的服务态度、表情好坏都直接影响消费者的情感。营销人员的优质服务会使消费者产生信任感、安全感，会有利于消费者购买。

3. 情绪、情感对消费者行为的影响

（1）改善影响因素，提高消费者的忠诚度。根据消费者的大脑记忆与情感遗忘程度曲线来看，在没有任何提醒的情况下，每隔3个星期的时间，消费者对商品与品牌的记忆度与情感度就会下降2～5个百分点，所以要适当进行广告发布或与消费者进行情感交流。要改善商品、购物场所及营销人员能够给消费者带来的情绪因素，商品要明码标价，物有所值，尽

可能创造出优美的购物环境，提供优质服务，做到一视同仁，让每一位消费者购物时心情愉快。

（2）通过公共关系，建立良好的情感联系。注意树立企业的形象，及时解决投诉问题，注意形象宣传，把企业良好的形象印在消费者的心目中，使他们能够长久地对企业怀有良好情感。

（3）加强诚信建设，取信于消费者。要始终如一地坚持消费者就是上帝的理念，只要赢得消费者的良好情感，企业也才能常盛不衰。

课堂互动

上网搜索一些国内外的情感营销案例，并与大家分享。

任务3　探寻消费者的意志过程

消费者在经历了认知过程和情感过程之后，是否采取购买行动，还有赖于消费者心理活动的意志过程。即消费者在购买活动中不仅要通过感知、记忆、思维、注意等活动来认知商品，伴随认知产生一定的内心体验和态度，而且要通过意志过程来确定购买目的，并排除各种主观因素的影响，采取行动实现购买目的。因此，研究消费者的意志过程和特点也是分析消费者购买行为的重要前提之一。

2.3.1　意志的概念

1. 意志的概念

意志是指自觉地确定目的，并根据目的来支配、调节自己的行动，克服各种困难，从而实现目的的心理过程。由意志控制和支配的行动，称为意志行动。在现代社会实践的各个方面，人的意志到处都在起作用。例如，消费者为了买到满意的商品而不辞辛苦地走遍大大小小的商店，购房者贷款购房后为了还贷而长年艰辛劳作、节衣缩食等。党的二十大报告提出"三个务必"，要求全党同志务必不忘初心、牢记使命，务必谦虚谨慎、艰苦奋斗，务必敢于斗争、善于斗争，都需要我们有坚持的意志品质做保障。

2. 意志过程的特征

在消费者意志过程中，具有3个主要特征。

（1）具有明确目的的心理活动。消费者购买商品是为了满足自己的需求，先要经过思考而明确购买目的，然后有意识自觉地调节购物行为。购买活动始终是在有目的的意志过程支配调节下进行的，消费者的购买目的越明确，完成购买活动也就越迅速、越坚定。例如，有的消费者省吃俭用就是为了购买一套盼望已久的商品房；有的消费者为了满足集邮的爱好，把大部分工资用于购买邮票；准备结婚的青年男女大量购买结婚用品等。为了明确购物目的，消费者还要根据自己的主观条件加以确定。例如，同样是购买彩电，是购买大尺寸还是购买小尺寸，就需要消费者根据自己的居住条件作出决定。

（2）克服困难的心理活动。在购买活动中，消费者的意志行动是有明确目的的，而目的的确定和实现会遇到种种困难，消费者需要为实现购买目的而采取意志行动。在购买活动中，由于阻碍、干扰和困难程度不同，以及消费者意志品质的差异，消费者表现出的购买商品的意志过程，有的较为简单，有的则很复杂。在现实生活中，常常出现这种情况：在同一时期内，消费者同时有多种需要，就会产生多种购买动机。例如，在挑选商品时，面对几种自己都喜爱的商品，或者自己对商品的内在质量难以判断，就会导致购买信心不足。这时必须考虑重新选择和物色购买目标去实现自己的购买目的，这就要求消费者在比较的基础上做出理智的购买决定，而能否克服这种压力和困难，则取决于消费者的意志。

（3）采取行动，实现既定购买目的的心理过程。进行购买是真正表现出消费者意志的重要环节，它不仅要求消费者克服内部困难，而且要排除外部干扰，通过意志的努力，实现既定的购买目的。在消费者的购买过程中，如果营销人员热情接待，则会强化消费者的购买决定，使之满意地买下商品。企业精心策划的购物环境，也能强化消费者的意志。在购物活动中有多种因素的影响，有的可能引起积极的情绪反应，有的可能导致消极的情绪反应，这就有赖于意志行动的心理过程。

2.3.2 意志行动的心理过程

意志行动的心理过程是一个极其复杂的过程，消费者购买商品时意志行动的心理过程包括决策和执行决策两个阶段。

1. 决策阶段

采取决定阶段是意志行动的开始阶段，是对未来行动进行酝酿和抉择的过程，它决定着意志行动的方向和行动计划。在这个阶段，主要是克服个人心理的冲突，战胜内部困难，及时做出购买决定。任何消费行为都是由一定的需求、动机引起的，但在同一时间内，如果消费者同时有多种需求，也会同时产生多种购买动机。消费者必须依据购买目的，比较权衡，分清轻重缓急，进行动机取舍，恰当地选择出主导动机，以此来确定行动的方向。消费者在购买动机确定之后，还有一个具体购买对象的确定问题，因为同类商品会有质量、档次、价格等方面的差异。消费者选择、确定购买对象的过程，就是把市场上现有的商品与自己的要求进行比较的过程。消费者购买对象确定之后，还要制订购买行动计划，保证购买目标的实现。例如，购物时间的确定、购买场所的选择、经济开支有多少、所需物品哪些先购哪些后购等，这些都需要在意志行动的参与下进行。

2. 执行决策阶段

执行决策阶段是消费者意志过程的完成阶段，是把主体意识变为现实的购买过程，或者说是把人的主观目的转化为客观结果，把观念的东西转化为实际行动的过程。消费者在这个阶段的主要表现就是根据既定的购买目的采取行动，把主体意识转化为实现购买目的的实际行动。消费者从做出购买决定过渡到实行购买决定，不全是一帆风顺的，往往要克服主观和客观上的各种困难，即为实现购买目的，需要付出一定的意志努力。这一阶段是真正表现意志的中心环节。例如，顾客要达到购买住房的目的，就要多看、多问、多跑，了解市场行情，排除一些不利因素，最终实现购买目的。

2.3.3 意志品质的特征

意志的品质是指消费者在消费活动中，其意志过程所呈现出的基本特征。消费者在购买商品时，购买行为常呈现出明显的意志特征，表现为意志坚强或意志薄弱等。坚强的意志品质是克服不利因素及困难、完成购买决策的重要心理机能保证。意志品质的特征在消费者身上的表现有所不同，归纳起来主要有以下4种类型。

1. 意志的自觉性

意志的自觉性是指消费者对将要进行的购买活动有明确的目的，能主动认知、了解所要购买的商品，通过综合考虑制定购买决策，并意识到购买后的实际意义和行动的结果。意志自觉性强的消费者能充分认识到采取何种购物行为是正确的，也有强烈的自我意识驱使自己采取正确的行动。他们在执行购买决定时能正视现实，自觉、主动、独立地调节和控制自身的购买行为；在遇到困难时会运用理智分析，自觉修改购买方案；在目标指引下勇于克服困难，承受外界压力，完成预订计划，这就是意志自觉性强的表现。许多消费者购买价格昂贵的大件耐用消费品时，一般习惯到大店、名店去购买，通常有较为明确而周到的购买计划，不会草率、鲁莽行事，因而可以获得较满意的结果。

2. 意志的果断性

意志的果断性是指消费者在购买商品时能迅速地分析所发生的情况，能果断地做出正确、合理的决策，并能毫不迟疑地执行决策，体现了意志品质的良好素质。这类消费者在购物时反应敏捷，善于捕捉机遇，能积极思考，有较为丰富的购物经验，评价判断商品的能力较强，或者有强烈拥有某种商品的需求与愿望，能迅速分析出购买行为对自己的意义大小，不失时机地做出决策。例如，中国加入世界贸易组织后，大家都明白国外汽车品牌必然会对中国汽车产业带来巨大的冲击，都期待着汽车价格的大幅下降，大多数人在等待观望，但有些人却能适时做出购买决定，而不是从众犹豫。意志果断性强的消费者在购买活动中能积极开展理智的思维活动，购买成功的可能性很高；而意志果断性较差的消费者则常常迟疑不决，坐失购物良机。

3. 意志的坚韧性

意志的坚韧性是指消费者在购买活动中呈现出来的不畏困难、坚持到底的顽强精神。有的消费者在购买活动中能以充沛的精力和坚忍不拔的毅力去克服遇到的困难，排除干扰，取得最后的成功。例如，有的集邮爱好者为了收集到一枚自己缺少的邮票，不辞辛苦，常年坚持到各大邮票市场搜寻，此举便表现出了坚韧的意志。

4. 意志的自制性

意志的自制性是指消费者在消费购物行为中善于支配自己、控制自己的情绪、约束自己的言行，以求得到满意的购买结果。他们在购物时表现出较大的耐心，避免在购买活动中发生某些不愉快的事情。由于购物环境、商品供求关系、质量性能等诸多因素较为复杂，有时难免会出现矛盾、不愉快甚至冲突的情况，自制能力强的消费者能冷静地对待，控制自己的情绪与言行，尽量不讲激化矛盾的话，不做引起冲突的事。这类消费者能依据主客观因素的变化当机立断，保证购买目标最后能够实现，而不是一意孤行。

意志品质的4个主要特征共同影响一个人的意志行为。良好的意志品质对消费者的消费活动与购买行为非常重要，能促使消费与购买活动得到理想的效果。除了消费者需要努力提高自身的意志品质，企业也应努力促进与帮助消费者建立良好的意志品质，利用各种途径与措施宣传好自己商品的性能和质量，努力提高企业的服务质量和水平，以取得消费者和企业双赢的效果。

自测试题

一、单项选择题

1. 消费者知觉的选择性取决于知觉的（　　）。
   A. 防御性　　　　B. 整体性　　　　C. 主观性　　　　D. 对比性
2. 由消费宣传的刺激作用引起的主观经验是（　　）。
   A. 感觉　　　　　B. 知觉　　　　　C. 想象　　　　　D. 联想

【参考答案】

3. 对储存于脑中的事物进行进一步的加工与存储，使之较长时间保存在头脑中的过程是（   ）。
   A. 识记   B. 保持   C. 回忆   D. 认知
4. 感觉是由感觉器官的刺激作用引起的（   ）。
   A. 客观反映   B. 主观经验   C. 变化   D. 反应
5. 刺激对感受器持续作用而使感受器发生变化属于（   ）。
   A. 适应   B. 感觉的相互作用   C. 错觉   D. 知觉

二、多项选择题

1. 知觉是影响消费者行为的重要因素，它的主要特性是（   ）。
   A. 知觉的主观性   B. 知觉的整体性
   C. 知觉的风险性   D. 知觉的选择性
2. 在购买活动中，消费者的情感表现主要包括（   ）。
   A. 面部表情   B. 心理活动
   C. 声调表情   D. 动作表现
   E. 购买欲望
3. 根据对商品认知程度的不同可将消费者能力划分为（   ）。
   A. 盲目型   B. 不确定型
   C. 知识型   D. 略知型
   E. 无知型
4. 消费者感觉形成的生理基础是（   ）。
   A. 感受器   B. 传入神经
   C. 中枢神经   D. 传出神经
   E. 运动神经
5. 消费者意志品质的表现包括（   ）。
   A. 自觉性   B. 果断性
   C. 坚韧性   D. 自制性

三、简答题

1. 什么是感觉？举例说明感觉的种类。企业如何运用感觉规律开展市场营销工作？
2. 什么是知觉？举例说明知觉的种类。知觉对消费者行为有何影响？
3. 什么是错觉？错觉在市场营销中有哪些应用？
4. 什么是情绪和情感？两者的区别是什么？
5. 什么是意志？意志有什么特征？

四、论述题

1. 试述消费者意志品质对购买行为的影响。
2. 结合曾发生的中日钓鱼岛事件导致日本汽车在华销售量大幅下降的情况，论述情绪和情感对消费行为的影响。

五、案例分析题

一天晚上，一对老夫妇正在进餐，电话铃响了，老妇去另一个房间接电话。回来后，老先生问："谁的电话？"老妇回答："是女儿打来的。"又问："有什么事？"回答："没有。"老先生惊奇地问："没事？几千里地打来电话？"老妇呜咽道："她说她爱我们。"二人顿时相对无言，激动不已。

这是一则电话公司的广告。

分析：

1. 这则广告利用了人们的什么心理？
2. 该电话公司的成功之处在哪里？

项目实训

1. 访问 10 位网游爱好者，了解他们学会网游的原因、现在对网游的依赖程度、对网游危害的认知、是否戒过网游、现在仍然玩网游的原因。

2. 调查 10 位同学，要求他们列出知道的所有手机品牌，以及每位同学为什么选择所使用的手机品牌、喜欢哪些品牌、不喜欢哪些品牌、以后更换手机准备选择什么品牌。论述你的结果对市场营销有什么意义。

课后拓展

1. 上网查找一些企业利用消费者认知程度低进行欺骗性营销的案例。
2. 上网查找消费者认知错误的案例，提高科学消费的能力。
3. 收集资料，在班级讨论如何提高消费者、自己的认知程度，以更好地进行科学消费。

项目 3
探知消费者的个性心理

》【学习指导】

学习重难点	学习重点	个性及个性心理对消费行为的影响
	学习难点	个性心理对购买行为的影响
学习目标	知识目标	掌握个性、气质、性格和能力的含义及特征
	能力目标	能够对消费者的个性、气质、性格和能力进行分析，根据消费者不同的气质、性格和能力等个性心理表现在市场营销过程中有针对性地作出相应对策

》【思维导图】

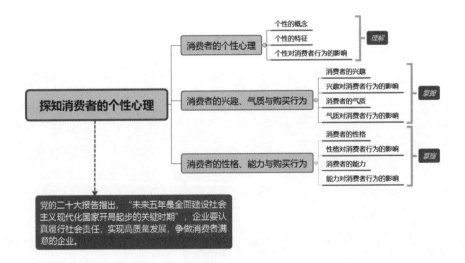

项目3 探知消费者的个性心理

【导入案例】

王某是李某的大学同学，也是同寝室的好朋友，周末两个人约好去商场买换季的衣服。走进商场，王某马上兴奋起来，带着李某到处乱转，李某则静静地陪着王某逛。王某看上了一件红色的连衣裙，立刻找到营业员问尺码，营业员热情地拿出了一条适合她的裙子，她穿在身上喜滋滋地征求李某的参考意见。李某声音轻柔地说："颜色是不是太鲜艳了？这样太招眼了吧。"王某对着镜子看了看说："红色热烈，我喜欢这样的颜色。"于是，王某立刻买下了这条裙子。王某性格活泼外向，朋友很多，在班级中是个活跃分子。王某又陪李某转了好久，李某才选了一件白色的学生裙，拿着这件衣服，先看看价格，又看看质地，再看看尺码，最后才让营业员拿了一件试穿，左看右看，始终拿不定主意。这时王某说："就这件吧，挺好看的。"李某才犹犹豫豫地付了钱。李某平常文静内向，朋友圈子不大，喜欢看书，听听轻音乐，她就喜欢这样简单安静的生活。

李某和王某显然有着截然不同的性格，兴趣爱好也很不一样，因此在选择衣服时，她们会有不同的偏好，这就是消费者不同的个性心理所带来的不同消费需求。从整个消费过程来看，消费者对消费对象的认知、情感和意志过程是人们共有的心理现象，体现了消费活动的一般心理规律，从而使消费活动具有某些共性。可是，人与人之间除了共性以外还有很多不同的特性存在，在能力、气质和性格上都有各自的特点，所以在消费过程中，每个个体的消费活动都具备自己的特点。

"人心不同，各如其面。"这是每个人个性不同的经典写照。在日常生活中，不同的消费者有不同的个性心理和行为差异。在购买实践中，消费者的目光、挑选商品的表情、讲话的速度、决策的快慢各不相同，消费者在这些方面的差异都是由不同的个性心理引起的。研究消费者的个性心理，有助于揭示构成不同消费行为的内部原因、预见和引导消费者的购买行为。

思考：

你在日常消费中，你对哪些商品感兴趣？你购买商品时，是果断还是犹豫不决？对于不熟悉的商品，你是如何购买的？你的性格对你从事营销工作、进行消费决策有哪些帮助？作为普通消费者，你认为应该具备哪些消费能力？

在日常生活中，不同的消费者有不同的个性心理和行为差异。在购买实践中，消费者的目光、挑选商品的表情、讲话的速度、决策的快慢各不相同。消费者这些方面的差异，都是由其不同的个性心理引起的。

任务1 理解消费者的个性心理

心理学中把个体身上经常稳定地表现出来的心理特点的总和称为个性。个性的心理结构是复杂的，它包括个性心理倾向（如需要、动机、兴趣、理想、信念、价值观、世界观等）和个性心理特征（如气质、性格、能力）。人的性格特征是由人的行为方式表现出来的，消费者个性心理特征的差异则是通过不同的购买行为表现出来的。因此，研究消费者的个性，不仅可以解释消费者当前的购买行为，而且可以在一定程度上预测消费者未来的消费趋向。

3.1.1 个性的概念

个性又称个性心理，是区别于他人的、在不同环境中显现出来的、相对稳定的、影响人的外显性和内隐性行为模式的心理特征的总和。个性内涵非常丰富，是人的心理倾向、心理过程、心理特征及心理状态等综合形成的系统心理结构。

心理学中"个性"的概念与日常生活中所讲的"个性"是不同的。在日常生活中，人们对个性也容易产生一些误解，往往认为一个"倔强""要强""坦率""固执"的人就是有个性，而"文雅""平和""斯文""柔弱"的人没有个性。这种看法是不对的，至少说是不全面的。日常生活中提到的所谓"个性"，实际上是心理学中个性心理特征之一的性格，而不是个性的全部内容。

个性心理作为整体结构,可以划分为既相互联系又有区别的两个系统,即个性倾向性(动力结构)和个性心理特征(特征结构)。

(1)个性倾向性。个性倾向性是个性中的动力结构,是个性结构中最活跃的因素,是决定社会个体发展方向的潜在力量,是人们进行活动的基本动力,也是个性结构中的核心因素。它主要包括需要、动机、兴趣、理想、信念、世界观、自我意识等心理成分。其中,需要是个性积极的源泉;信念、世界观居于最高层次,决定着一个人总的思想倾向;自我意识对人的个性发展具有重要的调节作用。

(2)个性心理特征。个性心理特征是个性中的特征结构,也是个体心理差异性的集中表征,它表明一个人的典型心理活动和行为,包括能力、气质和性格。

个性倾向性和个性心理特征相互联系、相互制约,从而构成一个有机的整体。个性对心理活动有积极的引导作用,使心理活动有目的、有选择地对客观现实进行反映。个性差异通常是指人们在个性倾向性和个性心理特征方面的差异。

3.1.2 个性的特征

个性是通过心理过程形成的,并在心理过程中表现出来,又制约着心理过程。个性作为反映个体基本精神面貌的本质的心理特征,具有整体性、稳定性、独特性、可塑性、社会性等基本特征。

1. 个性的整体性

个性的整体性是指消费者主体的各种个体倾向、个性心理特征及心理活动过程。它们互相协调、有机地联系在一起,形成个性的整体结构,以整体形式表现在具体的人身上而不是彼此分割、相互独立。例如,一个处事谨慎的人,在工作中严肃认真,那么购买商品时也会认真仔细,绝不草率从事。一个人的精神风貌,会通过工作和生活,完整、鲜活地展示在世人面前。

2. 个性的稳定性

个性的相对稳定性是指经常表现出来的表明消费者个人精神面貌的心理倾向和心理特点。偶尔的、一时的心理现象,不能表明消费者的全部个性特征和面貌。这种稳定性是在家庭、社会和学校教育潜移默化的影响下及个人实践活动中逐渐形成的,人们常说习惯决定人生,养成良好的习惯对一个人很重要,甚至决定其事业的成败。但稳定性并不意味着一成不变,在一定条件下是可以改变的,并非绝对"江山易改,本性难移"。

3. 个性的独特性

个性的独特性是指在某一个具体的特定消费者身上,由独特的个性倾向性及个性心理特征组成的独有的、不同于他人的精神风貌。消费主体在社会实践中对现实事物都有自己一定的看法、态度和感情倾向,体现出人与人之间在能力、气质、性格等方面存在差异,正所谓"世界上没有两片相同的树叶"。例如,从消费习惯的区域性来看,四川等潮湿地区的居民素有吃辣椒的嗜好,而北方较寒冷地区的居民喜欢饮烈酒。正是这些独特的精神风貌,使不同消费者的个性存在明显的差异性。

4. 个性的可塑性

个性的可塑性是指个性的心理特征随着主体的经历而发生不同程度的变化,从而在每一阶段都呈现出不同的特征。个性具有稳定性,并不意味着个性是一成不变的,稳定性和可变性是对立统一的。随着环境的变化、年龄的增长、意外的发生、消费实践活动的改变,个性也是可以改变的。正是个性的可塑性特征，才使得消费者的个性具有发展的动力，也为消费者的思想品德培养提供了理论依据。

5. 个性的社会性

人既具有生物的自然属性，又具有社会人的社会属性。人的自然属性是个性形成的物质基础，影响个性发展的道路和方式，影响个性行为形成的难易程度。但不能把个性完全归结于先天的或遗传的，因为每个人都是社会的一员，都处于一定的社会关系之中，并逐渐掌握了社会的风俗习惯和道德准则，形成了相应的世界观、价值观、性格等，所以成为具有个性的人、社会的人。人的本质就是一切社会关系的总和，如果人只有自然属性而脱离了人类社会，就不能形成人的个性。

个性的形成、发展是一个逐步、长时间的过程，大致要经历儿童时期、学生时期、走向社会时期3个阶段。个性在社会生活中形成和发展，最终实现定型。

3.1.3 个性对消费者行为的影响

研究人的个性心理的规律，在消费实践过程中具有极为重要的意义。在各种各样的消费活动中，消费者都会产生一系列的心理活动。我们研究消费者不同的心理活动特点，是为了更好地开展营销活动，并在此基础上有目的地刺激和诱导消费者的购买行为，有针对性地提供各种适当的服务，解决消费者在购买活动中遇到的各种问题，提高消费者对商品的满意程度。

1. 个性的差异性决定需求的多样性

消费者之间的个人特点和相互差异，形成了消费者不同的购买动机、购买方式和购买习惯，使其购买行为复杂多样。例如，有的人对旧商品持有浓厚的怀旧心理，对新商品却难以接受；有的人对新潮流跃跃欲试，总是为新商品先行一步，抢先消费甚至超前消费；有的人为了攒钱，衣食住行消费处在最低水准，有的人则能适度地消费。于是，就有了"北大荒""老三届"等餐馆，让人们流连忘返于20世纪60年代的知青岁月；同时，也出现了让一些年长者十分不解的"新新人类"生活方式；还有的人不惜债台高筑，借钱购买高档商品，以彰显自己的生活达到一定水准等。消费者需求的多样性是进行市场细分和选择目标市场的基础。

2. 个性的稳定性决定需求的稳定性

消费者个性的稳定性决定消费者对某些商品或服务的需求在一定时间内表现为依恋、忠诚，有的消费者对这种需求十分钟爱甚至一生不变。例如，有的女士对某些品牌化妆品的使用非常专一。这就告诉我们，要认真培育市场，有目的、有计划、有地域性地供应商品，更好地满足消费者稳定的需求。

3. 个性的可塑性决定需求的可诱导性

消费者的需求可以通过环境的改变、外部诱因的刺激、主观认识的认同，来引导、诱导消费者需求发生变化和转移。消费者需求的可诱导性为企业提供了巨大的市场潜力和市场机会，而企业通过卓有成效的市场营销策略、营销活动，可以使无需求转变为有需求、潜在需求转变为现实需求、未来需求转变为近期购买行为，进而由被动地适应、迎合消费者的需求转变为积极地引导、激发和创造消费者的需求。

4. 个性的独特性决定需求的发展性

根据心理学家亚伯拉罕·马斯洛的需求层次理论（详见"4.1.1 消费者的需求"介绍），

消费者的需求不是一成不变的，随着社会经济的发展和人民生活水平的不断提高，人们对商品或服务的需求从数量、质量等方面都会提出新的要求，即使某种需求满足了，又会产生新的需求。消费需求总是由简单向复杂、由低档向高档、由大众化向个性化发展。例如，某些在当前受消费者欢迎的热门商品，有可能在一定时期以后变成过时商品而被淘汰，许多潜在的消费需求也可能不断地变成现实的购买行为，这就是消费需求的发展性。

课堂互动

查阅资料，了解"80后""90后""00后"消费者的不同消费观。

与相关课程的联系

消费者个性的不同为市场营销中的市场细分、市场定位及目标市场的确定提供了依据，在推销、价格制定等方面，都要根据消费者不同的个性特点实施行动。

任务2 掌握消费者的兴趣、气质与购买行为

消费者对于某种事物发生兴趣时，总会有喜欢、高兴、满意等情感伴随。在商业经营活动中，要善于察觉消费者对客体特殊的认知倾向，包括他们对商业经营活动中哪些事物感兴趣或不感兴趣，这是揣摩消费者心理、提高商业经营水平的重要环节。同时，由于兴趣存在积极和消极两种倾向，因此研究消费者的兴趣有利于在商业服务中引导与鼓励消费者的积极兴趣，克服与改造消费者的消极兴趣，从而创造良好的社会消费风气。

3.2.1 消费者的兴趣

1. 兴趣的概念

兴趣是指人力求探究某种事物或从事某种活动的心理倾向，表现为个体对某种事物或从事某种活动的选择性态度和积极的情绪反应。例如，对艺术感兴趣的人总会首先注意到有关艺术方面的报道，他们的认知活动优先指向与艺术有关的事物，并对此表现出积极的情绪反应。

比如说，每到儿童节，为儿童购买新衣服、添置新文具和玩具已成为一种家庭消费习惯。因此，每当儿童节临近之时，父母、孩子就会对各种各样有关儿童吃、穿、用的消费品感兴趣。再比如说，如果一个人对于商业工作有兴趣，那么他会总是关心商业活动的信息，想方设法去改善自己的商业经营工作。一般说来，如果我们对自己所从事的事业感兴趣，那么我们的思想常常集中和倾向于自己的事业及其中的问题，在日常交谈中也总会把话题转到这方面来。由此可知，兴趣是人们从事各项活动的重要推动力。

2. 兴趣的作用

兴趣是认识和从事活动的巨大动力，是推动人们去寻求知识和从事活动的心理因素。兴趣是认知和从事活动的巨大动力，是推动人们去寻求知识和从事活动的心理因素。兴趣是引起和保持注意的重要因素，人们总会愉快地去探究自己感兴趣的事物。兴趣使人集中注意力，产生愉快、紧张的心理，因此对认知过程产生积极的影响。

兴趣在人们日常活动中的基本功能主要表现为定向与动力两方面。

（1）兴趣的定向功能。兴趣的定向功能是指一个人现在和将来要做的事情往往是由

自己的兴趣定向的，它可以奠定一个人事业的基础和进取的方向。例如，一个人从小喜欢探究小动物的生活习性，将来就可能想去学习生物学，并将其作为自己终身研究的方向。

（2）兴趣的动力功能。兴趣的动力功能是指人的兴趣可以转化为动机，成为激励人进行某种活动的推动力。例如，生物学家查尔斯·R.达尔文曾在自传中提到强烈的兴趣对他的人生产生了重要影响，他终日沉溺于自己感兴趣的东西，推动自己去深刻了解任何复杂的问题和事物。兴趣是活动的重要动力之一，也是活动成功的重要条件。如果学生对某学科产生浓厚的兴趣，也会满怀乐趣地克服各种困难去钻研，甚至可以达到废寝忘食的状态。

3. 兴趣的特征

（1）兴趣的倾向性。兴趣的倾向性是指兴趣所指向的客观事物的具体内容和对象。例如，有人喜欢文学，所以会购买大量的文学类图书；有人喜欢体育，除了经常参加体育活动，还会观看体育赛事直播，购买所需的体育用品；有人喜欢音乐，可能会购买音乐会的门票。兴趣倾向性与人的生活实践和所受的教育有关，并且受一定的社会历史条件所制约。

（2）兴趣的广泛性。兴趣的广泛性是指个体兴趣的范围。在兴趣范围内，个体之间的差异也很大。例如，有人兴趣范围广泛，对许多事物和活动都兴致勃勃，乐于探求；有人则兴趣范围狭窄，常常对周围一些活动和事物漠不关心。兴趣的程度和个人知识面的宽容程度密切相关，个人兴趣越广泛、知识越丰富，就越容易在事业上取得成功，如历史上很多卓越的人物都有着广泛的兴趣和渊博的知识。

（3）兴趣的稳定性。兴趣的稳定性是指个体兴趣的稳定程度。在人的一生中，个人兴趣会发生变化，但在一定时期内，保持基本兴趣的稳定则是个体的一种良好心理品质。根据兴趣持续时间的长短，可以将兴趣分为短暂的兴趣和稳定的兴趣。人有了稳定的兴趣，才能将工作持续地开展下去，进而把工作做好，取得创造性的成就。没有稳定的兴趣，往往表现为三心二意，就会一事无成。

（4）兴趣的效能性。兴趣的效能性是指兴趣对人行动的推动作用。根据个体兴趣的效能水平，一般把兴趣分为有效的兴趣和无效的兴趣。有效的兴趣能够成为推动工作和学习的动力，把工作和学习引向深入，促使个体能力和性格的发展；无效的兴趣则不能产生实际效果，仅仅表现为一种向往。

（5）兴趣的差异性。兴趣的差异性是指消费者的兴趣因人而异，差别极大。兴趣的中心、广度和稳定性与消费者的年龄、性别、职业和文化水平有着直接的关系，影响消费者行为的倾向性与积极性。例如，有的人兴趣范围广泛，琴、棋、书、画样样爱好；有的人对什么事情都不感兴趣，百无聊赖；有的人对某事物的兴趣相当稳定，甚至"着了迷"；有的人则见异思迁，很难培养出一个稳定的兴趣对象。

4. 兴趣的分类

由于兴趣具有个别差异的特征，所以反映到消费者购买商品种类的倾向性上就有以下4种常见的类型。

（1）偏好型。消费者兴趣的指向性产生对一定事物的特殊喜好，这种兴趣非常集中，甚至可能带有极端化的倾向，直接影响消费者购买商品的种类。例如，有的人千方百计寻找自己偏好的商品，有的人不惜压缩生活开支来购买某类商品，有的人甚至达到了成癖的地步，如有些收藏家有时会为了一张邮票费尽心机、倾其所有。

（2）广泛型。具有这种兴趣的消费者对外界刺激反应灵敏，可以受到各种商品广告宣传、推销方式的吸引或社会环境的影响，但在购买商品时不拘一格。

（3）固定型。具有这种兴趣的消费者一般兴趣持久，往往是某类商品的长期顾客。他们的购买具有经常性和稳定性的特点，与偏好型消费者的区别在于尚未达到成癖的地步。

（4）随意型。具有这种兴趣的消费者多为兴趣易变的消费者，他们一般没有对某类商品的特殊偏爱或固定习惯，也不会成为某类商品长期的忠实消费者。他们容易受到周围环境和自身状态的影响，不断转移兴趣的对象，因时而异地购买商品。

3.2.2 兴趣对消费者行为的影响

消费者的兴趣对购买行为有着非常重要的影响，兴趣是人们行为的动力之一。实践表明，兴趣与认识、情感相联系。对事物没有认识就不会产生兴趣，我们不会对自己一无所知的事物产生兴趣；在产生兴趣的过程中也会伴随这样或那样的情感，而且对事物的认识越深刻，情感越强烈，兴趣才会越深厚。反过来，对事物越感兴趣，对情感的激发就越有力，对主体认识活动的促进就越大。因此，兴趣不仅能反映人的心理特点，还对主体的行为产生重大的影响。在购买过程中，兴趣对促进消费者的购买有明显的影响，主要表现为以下3个方面。

（1）兴趣会影响消费者的购买活动。兴趣与注意密切相关。凡是人们感兴趣的事物，必然会引起对它的注意，并容易对其产生深刻的印象。消费者如果对某种商品产生兴趣，往往会在其生活中主动地注意收集这种商品的相关信息、资料，积累相关的知识，有计划地储蓄资金，从而为未来的购买活动做准备。

（2）兴趣能使消费者缩短购买过程，尽快做出购买决定并加以执行。消费者在选购某种自己感兴趣的商品时，一般总是心情愉快、精神集中，并会以积极认真的态度去进行。而且在购买前，对该商品已经有了相当的了解，因而会缩短对该商品的认识过程，在兴趣倾向性的支配下，易于做出购买决策，完成购买任务。

（3）兴趣可以刺激消费者对某种商品重复购买或长期使用。消费者由于兴趣的原因会产生对某种商品的偏好，养成某种习惯，这样往往能促使他们在长期的生活中使用某种商品，形成重复性、长期性的购买行为。

总之，兴趣对消费者的购买行为有着重要的影响。在实际的购买活动中，由于消费者兴趣的倾向性不同、兴趣的范围与深度不同，消费者对商品的造型、式样、颜色、用途、性价比等方面的爱好和追求也有所不同。如有的消费者由于情感的原因，对商品常受其某些外在因素的诱发，从而产生短暂的兴趣而狂热地追求，但一般这种兴趣来得快去得也快，容易发生转换；有的消费者由于意志的原因，对某些适合其研究目的的商品有极大的偏好，形成较浓厚的兴趣，往往能持久地影响其购买行为。

与相关课程的联系

能否将想卖的商品巧妙地引起消费者的注意并使其产生兴趣，这是营销人员推销成功与否的一大关键。产品策略必须使企业的产品符合消费者的兴趣。

3.2.3 消费者的气质

1. 气质的概念

从心理学的角度来看，气质是指个体心理活动典型的、稳定的动力特征。这些动力特征主要表现在心理过程的强度、速度、稳定性、灵活性及指向性上，如情绪体验的强弱与快慢、思维的敏捷性、知觉的敏锐度、注意集中时间的长短、注意转移的难易及心理活动倾向于外部世界还是内心世界等。

气质作为个体典型的心理动力特征,是在先天生理素质的基础上,通过生活实践,在后天条件的影响下形成的。由于先天遗传因素不同及后天生活环境的差异,不同个体在气和特点。例如,有的人热情活泼、善于交际、表情丰富、行动敏捷,有的人则比较冷漠、不善于言谈、行动迟缓、自我体验较为深刻。

气质作为个体稳定的心理动机特征,一经形成便会长期保持下去,并对人的心理和行为产生持久影响。但是,随着生活环境的变化、职业的熏陶、所属群体的影响及年龄的增长,人的气质也会发生改变。因此,气质的稳定性是相对的,它会随着年龄的增长、环境的变化,特别是在教育的影响下,发生不同程度的变化,也就是说,气质也具有可塑性。当然,这一变化是一个相当缓慢、渐进的过程。

此外,作为动力特征,气质还会影响个体活动的效率和效果。在消费活动中,不同气质的消费者由于采取不同的行为表现方式,如态度的热情主动或消极冷漠、行动的敏捷或迟缓等,往往会产生不同的活动效率和消费效果。这一特征正是人们在消费心理研究中关注气质研究的意义所在。

2. 气质的分类

心理学家对气质进行了多方面的研究,提出了各种气质学说,如血型说、体型说、激素说、体液说和高级神经活动说,其中后面两种学说具有典型意义。以体液说作为气质类型的基本形式、心理学家伊万·彼得罗维奇·巴甫洛夫的高级神经活动说作为气质类型的物理学依据,通常把人的气质类型划分为以下4种类型。

(1)胆汁质。这种气质的人高级神经活动类型属于兴奋型。他们的情绪兴奋度高,抑制能力差,各种心理活动特别是情感和行为动作不仅发生得迅速,而且进行得强烈,并有极明显的外部表现。这种人比较热情和坦率,性情易急躁且好争论;情感易于冲动却不持久,喜怒形于色;注意稳定而集中,但难于转移;意志坚定、果断和勇敢;行动利落而又敏捷;说话速度快且声音洪亮;行为鲁莽冒失;精力十分充沛,生龙活虎。例如,艺术作品中典型的胆汁质代表人物有《三国演义》中的张飞、《西游记》中的孙悟空和《红楼梦》中的史湘云。这类消费者的购买行为表现为情绪变化激烈、易于冲动、脾气暴躁、表情丰富、购货行动迅速但易后悔。

(2)多血质。这种气质的人高级神经活动类型属于活泼型。他们的情绪兴奋度高,外部表露明显,各种心理活动特别是情感和行为动作发生得快变化得也快,但比较温和。这种人易于产生情感,但体验不太强烈;情感不持久,也易于变化和消失,并且显著地表现于外;对各种事物都容易形成生动逼真的印象,但所形成的印象都较肤浅而不深刻;机智灵敏,注意易转移、动摇而不稳定,在意志方面缺乏忍耐力,毅力不坚定;在行动上举止很敏捷,说话很快,容易跟人接近,在新环境中从不拘束,不甘寂寞,喜欢交际,但失于轻浮。例如,艺术作品中典型的多血质代表人物有《三国演义》中的曹操、《西游记》中的猪八戒和《红楼梦》中的王熙凤。这类消费者的购买行为表现为反应灵活行动敏捷、兴趣广泛、热情、活泼、好动、易沟通,但感情易变,注意力和兴趣易转移。

(3)黏液质。这种气质的人高级神经活动类型属于安静型,各种心理活动特别是情感和行为动作进行得迟缓、稳定、缺乏灵活性。这种人情绪含蓄、淡薄、宁静,很少产生激情,并且缺乏生动的表情;情感不易外露,遇到不愉快的事也不动声色,依旧泰然自若;注意稳定、持久且难以转移,在意志方面具有耐性、自制力强,能够控制自己严格恪守工作制度和生活秩序,但勇于革新的精神不够;行动迟缓稳健,很少出现迅速活泼的动作,做起事来总是从容不迫;谨慎细致而不鲁莽,沉默寡言,言语也低沉缓慢,缺乏生气。例如,艺术作品中典型的黏液质代表人物有《三国演义》中的诸葛亮、《西游记》中的唐僧和《红楼梦》中的薛宝钗。这类消费者的购买行为表现为情绪稳定，不易外露，对商品或服务的好坏不轻易下结论，行动缓慢，言语拘谨，自信心强，决策较慢，不易受他人或环境的影响，甚至不喜欢营销人员的过分热情。

（4）抑郁质。这种气质的人高级神经活动类型属于抑制型，各种心理活动特别是情感和行为动作都相当缓慢、迟缓和柔弱的。这种人情感容易发生且体验深刻，在生活或工作中遇到不幸或挫折会感到苦闷；有时会多愁善感，情感细腻，强度虽弱却很持久，隐晦而不易表露在外；观察力敏锐，善于觉察他人观察不到的细微事物；敏感性较高，在意志方面显得胆小怕事，遇事优柔寡断、犹豫不决，很不果断；行为缓慢、迟钝和软弱，说话慢吞吞的，不喜交际，非常孤僻。例如，艺术作品中典型的一般抑郁质代表人物有《三国演义》中的周瑜和《西游记》中的沙僧，典型的抑郁质代表人物有《红楼梦》中的林黛玉。这类消费者的购买行为表现为情绪变化缓慢，观察商品仔细、认真且体验深刻，往往能发现商品的细微之处；语言谨慎，行动小心，反复犹豫，决策过程缓慢；冷漠、孤僻、多疑，既不相信自己的判断，又怀疑商品的质量。这种气质的人易受外界因素干扰，如营销人员的服务态度、其他人对商品的评价、商品的广告等都会对其产生极大影响。

由此可见，不同气质类型的人，在心理活动和行为动作方面所表现的特征各不相同，如果面对同一事物，则会做出不同的回答。上述 4 种类型是气质的典型形态，但在现实生活中，大多数消费者的气质介于 4 种类型气质的中间状态，或以一种气质为主，兼有另一种气质的特点，即属于混合型气质。

3.2.4　气质对消费者行为的影响

不同的气质类型会直接影响和反映消费者的消费行为，使消费者表现出不同的行为方式和特点。

1. 胆汁质型消费者

这类消费者表情外露，心直口快，选购商品时言谈举止显得匆忙，一般对所接触到的第一件合意的商品就想买下，不愿意反复选择比较，往往快速甚至草率地做出购买决定。他们到市场上就想急于完成购买任务，如果候购时间稍长或营销人员的操作速度慢、效率低，则会激起其烦躁情绪。他们在与营销人员的接触中，言行主要受感情支配，态度可能在短时间内发生剧烈变化，挑选商品时以直观感觉为主，不加以慎重考虑。

接待这类消费者时，营销人员动作要快捷，态度要耐心，应答要及时，可适当向他们介绍商品的有关性能，引起他们的注意和兴趣。另外，营销人员还应注意语言要友好，不要刺激他们。

2. 多血质型消费者

商品的外表、造型、颜色等对这类消费者影响较大，但有时他们的注意力容易转移，兴趣忽高忽低，行为易受感情的影响。他们比较热情、开朗，在购买过程中愿意与营销人员交换意见或与其他消费者攀谈；有时会主动告诉别人自己购买某种商品的原因和用途；喜欢和别人交流自己的使用感受和经验，即便自己不知道，也希望从别人那里了解；在选购过程中，易受周围环境的感染、购买现场的刺激和社会潮流的影响。

接待这类消费者时，营销人员应主动介绍、与之交谈，注意与他们联络感情，以促成其购买；另外，与他们聊天时应给予指点，使他们专注于商品，以缩短购买过程。

3. 黏液质型消费者

这类消费者挑选商品比较认真、冷静、慎重,信任文静、稳重的营销人员。他们善于控制自己的感情,不容易受广告、商标、包装的干扰和影响;他们对于各类商品,喜欢自己加以细心地比较、选择后才决定购买,给人一种慢悠悠的感觉,有时会引起营销人员和其他消费者的不满情绪。

接待这类消费者时,营销人员要避免过多地提示和热情,否则容易引起他们的反感;另外,要允许他们有认真思考和挑选商品的时间,接待时更要有耐心。

4. 抑郁质型消费者

这类消费者选购商品时,表现得优柔寡断,显得千思万虑,从不仓促地作出决定;对于营销人员或其他人的介绍将信将疑、态度敏感,挑选商品过于小心谨慎,还经常因犹豫不决而放弃购买。

接待这类消费者时,营销人员要注意态度和蔼、耐心;对他们可进行有关商品的介绍,以消除其疑虑,促成买卖;另外,对他们的顾虑,应予以理解。

在实际商业活动中,消费者的气质特点不可能一进商店就鲜明地表现出来,但会在消费者一系列的购买行为中会逐步显露出来。在营销活动中,尽管会碰到这4种气质类型的典型代表,但纯属于一种气质类型的人却不多,更多的人属于以一种气质为主兼有其他气质的混合气质类型。消费心理学研究消费者气质类型及其特征,目的就是提供一种理论指导,帮助营销人员学会根据消费者在购买过程中的行为表现,去发现和识别其气质方面的特点,进而引导和利用其积极方面、控制其消极方面,使营销工作更有预见性、针对性和有效性。

任务 3　掌握消费者的性格、能力与购买行为

性格是一个人对现实的稳固态度和习惯化的行为方式。不同的人具有不同的性格,不同性格的人对待问题的态度不同,表现出的行为习惯也不同。"性格决定命运"是有一定的道理的,消费者养成良好的消费习惯、消费态度和性格,将在消费中受益无穷。

3.3.1　消费者的性格

1. 性格的概念

性格是个性的重要方面,是指一个人在个体生活中形成的,对现实的稳固态度及与之相适应的习惯性行为方式。例如,一个人在待人处事中表现出豪爽果断、有原则性、肯帮助人,对待自己则表现为谦虚、自信等,而所有这些特征的总和就是其性格。由此可见,性格就是由各种特征组成的有机统一体。每一个人对现实的稳固态度有着特定的体系,其行为的表现方式也有着特有的样式。由于一个人在对待事物的态度和行为方式中总是表现出某种稳定倾向,因此我们就能预见其在某种情况下将如何行动。所以说,一个人的性格不仅说明了其做什么,而且说明了其如何做。

性格标志着某个人的行为及其行为的结果,它可能有益于社会,也可能有害于社会。因此,性格有好坏之分,也始终存在道德评价的意义。

人的性格不是天生的,人的实践和人在每时每刻的内心世界都制约着性格的发展,性格的形成过程是主体与客体相互作用的过程。任何性格特征都不是一朝一夕形成的,从儿童时期开始就不断受到社会环境的影响、教育的熏陶和自身的实践,经过长期塑造而成。人所在

的社会环境，具体来说，包括家庭、学校、工作岗位、所属社会团体及各种社会关系等。一个人的性格是比较稳定的，同时又是可塑的。在新的生活环境和教育影响下，在社会新的要求的影响下，一个人的性格是可以通过实践活动逐渐改变的。

2. 性格的特征

性格是十分复杂的心理构成物，有多个侧面，包含多种多样的性格特征。一个人的性格正是通过不同方面的性格特征表现出来，并由各种特征有机结合起来，形成的独具特色的性格统一体。具体来说，性格的特征表现为以下4个方面。

（1）性格的态度特征。人对现实的稳定的态度系统，是性格特征的重要组成部分，表现为个人对现实的态度倾向性特点，如对社会、集体、他人的态度，对劳动、工作、学习的态度，对自己的态度等。这些态度特征的有机结合，构成个体起主导作用的性格特征，属于道德品质的范畴，是性格的核心。

（2）性格的理智特征。人在感知、记忆、想象、思维等认知方面的个体差异，表现为不同个体心理活动的差异，如在感知方面是主动观察型还是被动感知型、在思维方式方面是具体罗列型还是抽象概括型、在想象力方面是丰富型还是贫乏型等。

（3）性格的情绪特征。表现为个人受情绪影响或控制情绪程度状态的特点，如个人受情绪感染和支配的程度、情绪受意志控制的程度、情绪反应的强弱或快慢、情绪起伏波动的程度、主导心境的程度等。

（4）性格的意志特征。个体对自己的行为进行自觉调节的能力，表现为个人自觉控制自己的行为及行为的努力程度方面，如是否具有明确的行为目标，能否自觉调节和控制自身的行为，在意志行动中表现为独立性还是依赖性、主动性还是被动性，还表现为是否坚定、顽强、忍耐、持久等。

3. 消费者性格

消费者性格是指消费者在对待客观事物的态度和社会行为方式中所表现出的较为稳定的心理特征。消费者性格属于心理因素的范围，是主要的个性心理特征。性格不同的消费者，购买行为会存在很大差异。

消费者性格的特点主要反映在一些稳定的心理活动和行为方面，如消费习惯、消费态度、情感特点等；而且，性格又必须通过每一次具体的消费行为才能反映出来。

3.3.2 性格对消费者行为的影响

1. 消费者性格的类型

消费者的性格特点往往表现为他们对消费活动的态度和习惯化的购买行为方式，以及个体活动的独立性程度，从而构成千变万化的消费性格。

（1）按消费态度划分。

① 节俭型。这类消费者勤俭节约、朴实无华、生活方式简单，认知事物、考虑问题比较现实。他们选购商品的标准是实用，不追求外观，不图名牌；对于商品信息，容易接受说明商品内在质量的内容，购买时不喜欢营销人员人为地赋予商品过多的象征意义。勤俭是中华民族的传统美德，中国人民视俭朴为美德，尽管现在生活比以前好多了，但大多数人消费仍会精打细算，讲究实用性。这种消费态度强烈、明显地体现在消费行为上，并成为其他各种具体消费行为的主导。这类消费者为数众多，尤其在中年消费者群体中更为常见。

② 自由型。这类消费者态度浪漫，生活方式比较随意，选择商品标准多样，既考虑质量，又讲求外观，但相比之下，质量不是最主要的。他们不拘泥于一定的市场信息，有时也

受销售宣传的诱导,联想丰富,不能完全自觉、有意识地控制自己的情绪。

③ 保守型。这类消费者态度严谨、固执,生活方式刻板,喜欢遵循传统的消费习惯,对新产品的市场信息持有怀疑态度,会有意无意地进行抵制。他们往往相信传统商品的质量,具有怀旧情结。

④ 怪癖型。这类消费者态度傲慢,往往具有某种特殊的生活方式或思维方式。他们选购商品时往往不能接受别人的意见、建议,有时会向营销人员提出一些令人不解的问题和难以满足的要求,自尊心强且过于敏感,消费情绪不稳定。

⑤ 顺应型。这类消费者态度随和、生活方式大众化。他们一般不购买标新立异的商品,但也不固守传统。他们的行为受相关群体影响较大,和与自己相仿的消费者群体保持比较一致的消费水平;对社会潮流表现得不积极也不反对,能够随着社会发展、时代变迁,来不断调节、改变自己的消费方式和习惯。

(2)按购买方式划分。

① 习惯型。这类消费者对某一品牌商品有了深刻体验后,便会保持稳定的注意力,逐步形成习惯性的购买和消费,往往不轻易改变自己的信念,不受时尚和社会潮流的影响,购买活动遵循惯例,会长久不变。

② 慎重型。这类消费者在采取购买行为之前,都要进行周密考虑,广泛收集有关信息,而在选购商品时,尽可能认真、详细地进行比较,衡量各种利弊之后才做出购买决定。

③ 挑剔型。这类消费者一般都具有一定的购买经验和商品知识,挑选商品时主观性强,善于观察别人不易觉察的细微之处,检查商品极为小心仔细,有时甚至达到苛刻的程度。

④ 被动型。这类消费者往往是奉命购买或代人购买,没有购买经验,在选购商品时大多没有主见,会表现出言行不知所措的,渴望得到营销人员的帮助。

(3)按个体活动的独立程度划分。

① 独立型。这类消费者有主见,能独立自主地进行判断和选择,不易受外界因素影响,他们自己就是做出家庭购买决策的关键人物。

② 顺从型。这类消费者易受暗示影响,购买时会犹豫不决。

2. 对不同性格消费者行为采取的营销策略

(1)对选购快和慢的消费者采取的策略。消费者选购商品的速度有快有慢,一般来说,对于急性消费者,营销人员对他们没有经过充分思考匆忙做出的决定应谨慎稳重,适度提醒,防止他们后悔退货;对于慢性消费者,营销人员不能因为他们选购商品时间长就沉不住气,更不能急躁,显出不耐烦的表情。对于这类敏感性的消费者,营销人员应根据他们的要求,需要买什么就拿什么,不必过多介绍商品的性能和特点,因为他们对需要购买的商品的性能和特点早已心中有数,有必要的准备,对商品的要求很高。

(2)对言谈多和寡的消费者采取的策略。在购买活动中,有的消费者爱说话,有的消费者则沉默寡言。对于爱说话的消费者,营销人员应掌握分寸,多用纯业务性语言,多讲营销行话,避免言语冲突;对于沉默寡言的消费者,营销人员要根据其不明显的举动、面部表情和目光注视方向等因素,摸清他们挑选商品的重点是放在商品质量、商品价格还是商品外观上,用客观的语言来介绍商品。这样一来,营销人员就会很快找到与消费者的共同语言,促使其购买行为尽快实现。

(3)对轻信和多疑的消费者采取的策略。对于轻信的消费者,由于他们对商品性能和特点不太了解,营销人员应主动帮助他们出主意、检查和查证商品的质量,不要弄虚作假;对于多疑的消费者，由于他们主观意愿很强烈，对他人的意见有排斥感，营销人员应尽量让他们自己去观察和选定商品。

（4）对积极和消极的消费者采取的策略。购买行为积极的消费者深知自己要买什么，购买意图清楚明确，行为举止和语言表达明确，营销人员应主动配合他们，促使其购买行为迅速实现；购买行为消极的消费者没有明确的购买目标，是否成交在很大程度上取决于营销人员能否积极、主动、热情地接待他们，激发他们的购买热情，引发他们的购买行为。

（5）对不同性格的消费者采取的策略。对于不爱交际的消费者，营销人员应注意说话语气，不能随便开玩笑，否则他们会难以接受；对于腼腆的消费者，营销人员不要看不起他们，以免伤害他们的自尊心；对于温和的消费者，营销人员应主动向他们介绍商品，为他们挑选适合的商品。

3.3.3 消费者的能力

消费者要顺利完成商品的购买、消费等活动，需要具备相应的能力，如要具备观察能力、比较、判断和决策的能力，还要具备沟通、议价等能力。

1. 能力的概念

能力是完成一项目标或任务所体现出来的素质，是直接影响活动效率并促使活动顺利完成的个性心理特征。能力同活动是密切相关的，任何能力都离不开活动，离开了活动，能力既无从表现，又不能形成，更不能发展。人们只有从一个人所从事的活动中，才能了解其所具备的能力。例如，一名学生在唱歌时表现出很强的曲调感、节奏感，我们便认为其具有歌唱能力；一名学生在绘画时，表现出善于鉴别色彩、视觉记忆突出，而且画得逼真、生动，我们便认为其具有绘画的能力。可见，能力总是和人的活动相联系，离开了具体活动，就谈不上什么能力。

2. 能力的差异

人与人之间在能力上也存在个别差异。正是这些差异，决定了人们的行为活动具有不同的效率和效果。能力的差异主要表现在以下3个方面。

（1）能力水平的差异。能力水平的差异主要表现在同种能力的水平高低上，能力水平的高低又集中表现在人的智力水平的差异上。人类的智力差异从低到高有许多不同的层次，智力水平呈正态分布，两头小、中间大，超常和低常智力的人只占少数，大多数人的智力为正常水平。如果一个人在某一方面有杰出的才能，即能力得到高度的发展和完善的结合，便可称为天才。天才并非和常人截然不同的另一种人，绝不是天降之才。数学家华罗庚曾说："根据我自己的体会，所谓天才就是坚持不断地努力，聪明在于学习，天才在于积累。"

（2）能力类型的差异。能力类型的差异主要是指人与人之间具有不同的优势能力。例如，有的人善于抽象思维，有的人则善于形象思维；有的人善于模仿，有的人则善于创造；有的人擅长社交，有的则不善交际。在消费实践中，正是由于消费者在能力类型上存在千差万别，才使得消费活动的效率与效果明显不同。

（3）能力表现时间的差异。人的能力不仅在水平和类型上存在差异，而且在表现时间的早晚上也有明显不同。例如，有的人天生早慧，有的人则大器晚成。消费者能力表现时间的差异主要与后天消费实践的多少及专门训练的程度有关。

3. 能力的类型

（1）一般能力。一般能力是指在许多活动中都必须具备的具有共同性的基本能力，适合于多种活动的要求。在消费活动中，一般能力又包括以下6种具体的能力。

① 注意力。有的消费者很快就能买到自己所需商品，而有的消费者在商店里转了大半天也找不到自己所需商品，这种情况就是注意力的差异所致。

② 观察力。观察力是指个体对事物准确又迅速地进行感知的能力。观察力强的消费者往往能很快地挑选出自己所满意的商品，观察能力差的消费者往往看不到商品不太明显的优点或缺点，就可能失去购买到优质商品的机会。

③ 记忆力。消费者能否记住某种商品的特性，关系到自己能否有效地做出购买决策。有的决策是面对商品时做出的，而有的决策则是在没有见到商品的情况下做出的。在后一种情形中，记忆关键，消费者一旦记住了自己所需商品的特点、商标、产地等，那么便可以在未走进商店之前就做出购买决策。

④ 判断力。判断力表现在消费者选购商品时，通过分析、比较对商品的优劣进行判断的能力上。一般来说，判断力强的消费者，能迅速、果断地做出买或不买的决策；判断力差的消费者，经常表现为优柔寡断，有时甚至会做出错误的判断。这种能力也表现在对商品的使用上，有的消费者能迅速地发现商品的优劣，做出正确的评价，而有的消费者则不能。

⑤ 比较能力。比较能力表现为判断哪种商品更适合自己的需要，如判断哪种款式、哪种颜色更好的能力等。

⑥ 决策能力。当消费者选中了自己满意的商品，能否下定决心购买，还需要决策能力。

（2）特殊能力。特殊能力是指某项专门性活动所必需的知识和技能，属于专业技术方面的能力，如购买高级衣料的鉴别能力，购买古玩、乐器的鉴赏能力，购买药品的评价能力等。

（3）人际交往能力。从心理学角度来看，营销工作是一种商业交际活动。所谓交际，即人与人之间的交往。在社会生活中，每个人所处的地位、肩负的任务不同（即所担任的角色不同），其行为方式和行为准则也会不同。在市场活动中，作为买卖双方的消费者和营销人员，就代表着不同的社会角色进行交际活动。

（4）应变能力。营销活动想要获得满意的效果，一般存在一定的困难，这是因为：买卖双方利益存在明显的歧异性，使得双方在心理上难以认同一致；双方在市场地位上存在对立性，这种对立性尤其在市场供求严重失衡的情况下表现得更为明显。这就要求消费者具有一定的应变能力，来把握购买行为的最终效果。

> **与相关课程的联系**
>
> 推销学中的推销方格就是根据推销员和消费者各自不同的能力进行划分的。

3.3.4 能力对消费者行为的影响

1. 从购买目标的确定程度来看

（1）确定型。这类消费者有比较明确的购买目标，事先掌握了一定的市场信息和商品知识，进入商店后能够有目的地选择商品，主动提出需购商品的规格、样式、价格等多项要求。他们的购买目标明确且能够通过语言清晰、准确地表达出来，购买决策过程一般较为顺利。

（2）半确定型。这类消费者进入商店前已有大致的购买目标，但对商品的具体要求尚不明确。他们进入商店后的行为是随机的，与营销人员接触时，不能具体地提出对所需商品的各项要求，注意力并非集中在某一种商品上，决策过程要根据购买现场情况来定。

（3）盲目型。这类消费者购买目标不明确或不确定，进入商店后漫无目的地浏览，对所需商品的各种要求表达不清，往往难以被营销人员掌握。他们在进行决策时容易受购买现场环境的影响，如受营销人员的态度、其他消费者的购买情况等的影响。

2. 从对商品的认知程度来看

（1）知识型。这类消费者了解了较多的商品知识，能够辨别商品的质量优劣，在同一种类商品中进行比较、选择显得比较内行。他们在选择时比较自信，往往胸有成竹，有时会向营销人员提出少量关键性问题。营销人员接待这类消费者时要尊重他们的意见，或提供一些技术性的专业资料，不必过多地解释和评论。

（2）略知型。这类消费者掌握了部分的商品知识，需要营销人员在服务中补充他们欠缺的部分知识，有选择性地向他们介绍商品。

（3）无知型。无知是就消费者对某一具体商品的认知而言的。这类消费者缺乏有关的商品知识，没有购买和使用经验，挑选商品常常不得要领、犹豫不决，希望营销人员多做介绍、详细解释。他们容易受广告、其他消费者或营销人员的影响，购买后容易产生后悔心理。对于这类消费者，营销人员要不怕麻烦、主动认真、实事求是地向他们介绍商品。

划分消费者的类型是一件十分复杂的事情，因为每个消费者的性别、年龄、职业、经济条件、心理状态、空闲时间和购买商品的种类等不同，以及购买环境、购买方式、供求状况等不一样，而且营销人员的仪表和服务质量等也存在差别，这些都会产生消费行为的差异现象。

人的能力是在实践中表现出来的，在营销活动中，消费者购买行为的多样性或差异性也一定会在购买活动中表现出来。这就为企业促进销售、引导消费创造了依据。但是，企业的营销工作应讲求职业道德，切不可有意利用消费者的能力弱点去推销假冒伪劣商品，欺诈消费者。全社会要认真贯彻落实党的二十大报告中提出的"科教兴国"和"人才强国"战略，大学生要努力学习，掌握更多的知识，提高科学消费能力。

自测试题

【参考答案】

一、单项选择题

1. 喜欢标新立异，追求新颖奇特商品的消费者属于（　　）。
A. 多血质　　　　B. 胆汁质　　　　C. 抑郁质　　　　D. 黏液质
2. 消费者个性心理特征的差异性主要表现在（　　）。
A. 心理活动　　　B. 认识能力　　　C. 购买行为　　　D. 分析能力
3. 影响消费活动效果的个性心理特征是（　　）。
A. 气质　　　　　B. 性格　　　　　C. 能力　　　　　D. 兴趣
4. 在先天素质的基础上，通过教育活动形成稳定的心理特征的总和是（　　）。
A. 气质　　　　　B. 性格　　　　　C. 个性　　　　　D. 能力
5. 决定人气质的主要因素是（　　）。
A. 职业因素　　　B. 性别因素　　　C. 先天因素　　　D. 社会因素

二、多项选择题

1. 人的心理过程通过气质表现出的独特特点是（　　）。
A. 心理过程的动力性　　　　　B. 心理素质的稳定性
C. 心理过程的阶段性　　　　　D. 心理过程的指向性
E. 心理反应的灵活性
2. 人的兴趣的复杂性与多样性主要是由需要的（　　）特点决定的。
A. 多样性　　　　　　　　　　B. 发展性
C. 客观性　　　　　　　　　　D. 主观性
E. 可变性
3. 消费个性形成的影响因素包括（　　）。
A. 先天素质　　　　　　　　　B. 社会环境

C. 个性倾向 D. 经济条件
E. 社会经历
4. 态度是由（　　）组成。
A. 认知因素 B. 情感因素
C. 行为倾向性 D. 行为
E. 个性
5. 按购买方式划分，消费者的性格类型包括（　　）。
A. 大众型 B. 习惯型
C. 理智型 D. 情感型
E. 挑剔型

三、简答题

1. 什么是个性？你认为一名营销人员应该怎样针对消费者的个性差异做到有的放矢地服务？
2. 什么是兴趣？如何培养与激发消费者的兴趣？
3. 气质与性格的主要区别有哪些？了解人们的气质类型对消费活动有何意义？

四、论述题

1. 论述消费者的能力差异及其对消费行为的影响。
2. 论述消费者的性格对购买有哪些影响。

五、案例分析题

在"中国质量万里行"活动中，不少制造、销售伪劣商品的工商企业被曝光，消费者感到由衷的高兴。3月15日，正值国际消费者权益日，某大商场为了改善服务态度，提高服务水平，向消费者发出意见征询函，调查内容是"如果您去商店退换商品，售货员不予退换怎么办？"要求被调查者写出自己遇到这种事是怎么做的。其中有这样一些答案，如下所列。

（1）耐心诉说。尽自己最大努力，慢慢解释退换商品的原因，直至得到解决。
（2）自认倒霉。也没有向商店申诉，认为商品又不是商店生产的，质量不好，自己吃点亏，下回长点经验。
（3）灵活变通。找好说话的其他售货员申诉，找营业组长或值班经理求情，认为只要有一人同意退换就可得到解决。
（4）据理力争。绝不留情，脸红脖子粗地与售货员争辩，不行就往媒体上曝光，再不解决就找工商管理部门、消费者协会投诉。

分析：

1. 这个调查内容能否反映出消费者个性心理特征的本质？
2. 上述4种答案反映出消费者的哪些气质特征？

项目实训

1. 征求同学对你购买决策能力的评价。
2. 利用节假日到大商场进行现场观察，注意消费者购买商品时的特点。从现场销售情况分析销售者与消费者的气质类型与特点，并结合实际判断售货员销售的优缺点，提出相应的促销方案。

课后拓展

根据所学知识，结合网络知识，对自己的气质类型、性格、能力进行自评。

项目 4
掌握消费者购买过程中的复杂心理

》【学习指导】

学习重难点	学习重点	消费者需要、消费者购买动机的特征和类型
	学习难点	消费者购买决策的过程、消费者购买行为的类型
学习目标	知识目标	了解消费者需要、购买动机和购买行为之间的关系；理解消费者需要的发展变化规律；掌握消费者购买决策的心理过程
	能力目标	掌握激发消费者购买动机的方法，能够发现和满足消费者的需求，以规避消费风险、达成交易、提升顾客满意度

》【思维导图】

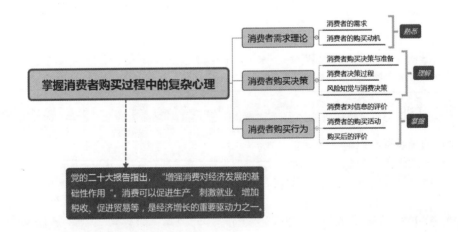

【导入案例】

在国庆销售高峰期，卖场内的各大堆头前都人潮涌动，皮鞋堆头前更不例外，促销员们都彬彬有礼地站在堆头前，等待着过往的顾客前来选购。

"这位女士，您看这双米色的鞋合适吗？"一个温柔的声音传来，只见一位梳着短发的促销员正笑意盈盈地拿着一双休闲鞋给一位怀孕的女顾客看。这位顾客看着面前摆放着各种各样的鞋子，脸上流露出犹豫的神色，嘀咕说："我也不知道该选哪双好。"促销员笑着说："这双米色的比较清爽，这个季节穿刚好，而且今年也比较流行米色，您觉得怎样？"顾客看了看，没有吱声，又随手拿起一双黑色的鞋端详。促销员又耐心地询问："您打算配什么颜色的裤子？深色裤子多还是浅色裤子多？"顾客说："我想买一双配黑裤子的鞋。"促销员看了看说："那这双黑色的是不是更好一些？"边说边拿起米色和黑色的鞋子放在一起让顾客比较，然后又说："您要不要先试穿一下，看哪双更好一些？"顾客这时看了看旁边一双高跟的皮鞋，眼里流露出美慕的神情，善解人意的促销员马上笑着说："您现在穿这种鞋不太适合，不过再过一段时间就可以了，是吧？"顾客听了笑了笑，便拿起一双黑色的鞋试穿起来。待顾客穿好后，促销员在一旁耐心地询问："合不合脚？感觉如何？"顾客觉得很满意，便点了点头。促销员便说："就这双吗？那好，我帮您包起来吧。"

促销员边说边动作麻利地把鞋包装好，开好销售小票，双手递到顾客手中，指着前面礼貌地说："麻烦您到前面那个收银台付款好吗？谢谢！"顾客拿着小票愉快地走向了收银台。

思考：

从这个案例中，你能得到哪些启示？

本项目从分析消费者的需求和动机理论出发，介绍消费者购买决策的过程，并通过分析消费者购买行为来揭示消费者购买行为的规律。

任务1 熟悉消费者需求理论

在影响消费者行为的诸多心理因素中，需求和动机占有特殊而又重要的地位，与消费者行为有着直接而紧密的联系，因为人的任何消费行为都是在一定动机的驱使下满足某些特定的需求和欲望。因此，了解消费者的需求和动机，是研究消费者购买决策行为的前提和基础。注意，本书所谓的"需求"就是"需要"。

4.1.1 消费者的需求

行为科学认为，人的行为都有一定的动机，而动机又产生于人本身的内在需求，消费者行为也不例外。产生消费者行为最基本的内在原因就是消费者需求。

1. 消费者需求的概念

需求是指人们在个体生活和社会生活中感到某种欠缺而力求获得满足的一种心理状态。需求既有生理的，又有心理的。人体作为有机体，必须不断补充一定的能量（如食物、水、空气和睡眠等）才能生存，因此生物性需求是人类最基本的需求。作为社会成员，人还有求美、求知、交往、尊重、成就等社会性需求，这是人类所特有的需求。需求在人的心理活动中具有十分重要的作用，它影响人的情绪、思维、意志等活动，是人类行为的原动力。古语有云"人生而有欲"，其中"欲"就是欲望、意愿或需求的意思。

消费者需求是指消费者在一定的社会经济条件下，为了自身的生存与发展而对商品产生的需求和欲望。消费者需求包括在人类一般需求之中，通常以对商品的愿望、意向、兴趣、理想等形式表现出来。经济学中的消费需求指的是在一定时间内有支付能力的市场需求。就消费者个体而言，消费需求反映了消费者某种生理或心理体验的缺乏状态，并直接表现为消费者对获取以商品或服务形式存在的消费对象的需求和欲望。

与相关课程的联系

"欲望""需求"等名词是经济学和管理学中的重要概念。产品的设计一定要满足人们的需求,推销要选择有需求的人群才能事半功倍。

2. 消费者需求的特征

消费者由于不同的主观原因和客观条件,对商品或服务有不同的需求,而且这些需求随着人们的物质文化生活水平的不断提高而日益多样化。但是,无论消费者需求如何纷繁复杂、千变万化,仍具有某些共同的特性和规律性,具体表现为以下5点。

(1)需求的差异性和多样性。由于不同的消费者在年龄、性别、民族、职业、文化水平、经济条件和个性习惯等方面的主客观条件千差万别,因此会形成多种多样的消费需求差异。消费者需求的多样性可从3个方面理解:一是对同一类商品的多种需求。人们往往要求某一商品除了具备某种基本功能,还要兼具其他附属功能,如手机除了通话、短信等基本功能,还具有影音播放、拍照等功能。二是对不同商品的多种需求。例如,随着人们生活水平的日益提高,消费者可能会同时产生购买手机、计算机甚至外出旅游等需求。三是显性需求和潜在需求同时存在于同一消费者身上。由于潜在需求存在不确定性,因此消费者需求的多样性范围进一步扩大。

(2)需求的层次性和发展性。消费者需求可以按照不同的分类方法,分成若干高低不同的层次,如充饥、御寒属于较低层次的需求,受人尊重、实现自我价值属于较高层次的需求。一般来说,消费者首先需要满足低层次的需求,在低层次需求得到满足的基础上才会产生更高层次的需求。就发展而言,社会经济文化的发展不断创造新的消费,新的、更高层次的消费又反过来促进社会经济文化的发展。消费者需求的发展性在市场上主要表现为消费数量的增多和消费质量的提高。例如,手表开始只用来计时,所以只显示时、分、秒,后来为了满足消费者计日的需求,又研制出带有日期、星期的手表;为了解决消费者上发条麻烦的问题,又生产出机械表、电子表;考虑到消费者心理需求,又在手表的规格和款式上不断推陈出新。

(3)需求的伸缩性和周期性。伸缩性又称需求弹性,是指消费者对某种商品的需求会因某些因素的影响而发生一定限度的变化。消费者需求受到自身条件和外部环境的制约,自身条件主要是指消费者对需求欲望的程度和货币支付的能力,外部环境主要是指企业所提供的商品、广告宣传、销售服务等,两者都会促进或抑制消费者的需求。同时,不同的商品对消费者生活的影响程度不同,因此消费需求的伸缩性也不一样。譬如说,消费者日常生活中的生活必需品,如粮食、食盐、肥皂等基本生活用品,消费需求的伸缩性就小;而属于满足享受需求的用品,如高档服装、高档化妆品、耐用消费品等,消费需求的伸缩性就大。消费者需求还具有周期性的特点:一些需求得到满足后,在一定时期内不再产生,但随着时间的推移还会重新出现,并显示出明显的周期性,如许多季节性商品、节日礼品等。人们对许多消费品的需求都具有周期性重复出现的特点,只不过循环的周期长短不同而已。

(4)需求的关联性和替代性。消费者的需求多种多样,各种消费需求之间往往具有一定的关联性。消费者为满足需求,在购买某一商品时往往顺便购买相关的商品,如购买一套西装时可能顺便购买衬衫、领带、皮鞋等,而购买皮鞋时又可能顺便购买鞋油、鞋刷等。因此,企业在确定商品的范围和结构时应充分考虑消费需求的关联性,甚至在店铺选址时都应考虑毗邻商店的经营品种和服务项目。不仅如此,消费者需求还具有相互替代性,这种替代性消费行为常常引发某种商品销量增长而被替代商品销量减少的现象。例如,消费者对洗衣粉的需求增加，对肥皂的需求就会相对减少；对空调的需求增加，对电风扇的需求就会相对减少。

（5）需求的可变性和可诱导性。消费者需求不是一成不变的，无论何种内容、层次的需求都会因客观环境的变化而发生改变。社会政治经济的变革、生活工作环境的变迁、企业广告宣传和经营战略的调整等，都有可能诱发消费者的需求发生变化和转移，使此种需求变成彼种需求，使潜在需求变成显性需求，使微弱的需求变成强烈的需求。由此可见，消费者需求具有可诱导性质，即可以通过人为地、有意识地给予外部诱因或改变环境状况诱使和引导消费需求按照预期的目标发生变化和转移。在实践中，很多企业正是利用消费需求的这一特点开展广告宣传、倡导消费时尚、创造示范效应、实施优惠刺激等，来有效地影响、诱导消费者形成改变或发展某种需求。

3. 消费者需求的类型

消费者的需求既是主观欲望的反映，又是客观现实的反映。由于消费者的主观世界和客观环境十分复杂，因此消费者需求也是多种多样的。按照不同的分类标准和划分方法，不同学者对消费者需求的分类见表4-1。

表4-1　不同学者对消费者需要的分类

划分方法	代表学者	分类标准	分　类
两分法	传统的观点	按照需要的起源	生理性需要、社会性需要
		按照需要的对象	物质需要、精神需要
三分法	恩格斯	按照需要的形式	生存需要、享受需要、发展需要
五分法	马斯洛	按照需要的层次	生理需要、安全需要、社会需要、尊重需要、自我实现需要

（1）按照需求的起源分类，可以分为生理性需求和社会性需求。生理性需求是指消费者为维持和发展个体生命而产生的对客观事物的需求和欲望，如饮食、睡眠、休息、运动、避暑、御寒等。这种需求是人作为有机体与生俱来的，由消费者的生理特性决定。社会性需求是指消费者在社会环境的影响下所形成的带有人类社会特点的某些需求，如社会交往的需求、对荣誉的需求、被尊重的需求、表现自我的需求等。这种需求是人作为社会成员在后天的社会生活学习中习得的，由消费者的心理特性决定。

（2）按照需求的对象分类，可以分为物质需求和精神需求。物质需求是指消费者对以物质形态存在的、具体有形的商品的需求。这种需求反映了消费者在生物属性上的欲求，又可以进一步作低级和高级之分：低级的物质需求是指维持生命所必需的基本对象；高级的物质需求是指人们对高级生活用品如家用电器、高档服装、美容用品、健身器材等，以及用于从事劳动的物质对象如劳动工具的需求。精神需求是指消费者对于意识观念的对象或精神产品的需要。这种需求反映了消费者在社会属性上的需求，具体表现为对艺术、知识、审美、追求真理、满足兴趣爱好及友情、亲情等方面的需求。

（3）按照需求的形式分类，可以分为生存需求、享受需求和发展需求。生存需求是指对基本的物质生活资料、休息、健康、安全的需求。这种需求的目的是使消费者的生命存在得以维持和延续。享受需求具体表现为要求吃得好、穿得美、住得舒适、用得奢华，有丰富的消遣娱乐生活等。这种需求的目的是使消费者在生理和心理上获得最大限度的享受。发展需求具体表现为要求学习文化知识、增强智力和体力、提高个人修养、掌握专门技能、在某一领域取得突出成就等。这种需求的目的是使消费者的潜能得到充分释放，人格得到高度发展。

（4）按照需求的层次分类，可以分为生理需求、安全需求、社会需求、尊重需求、自我实现需求。心理学家亚伯拉罕·马斯洛先后发表了《人类动机的理论》《动机和人》等著作，提出了著名的"需求层次理论"。按马斯洛的理论，个体成长发展的内在力量是动机。而动机由多种不同性质的需求组成，各种需求之间有先后顺序与高低层次之分，每一层次的需求与满足将决定个体人格发展的境界或程度。马斯洛需求层次示意图如图4.1所示。

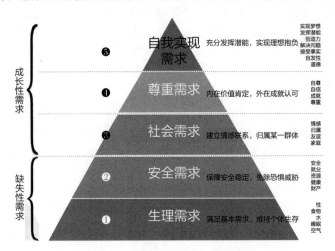

图4.1 马斯洛需求层次示意图

① 生理需求。生理需求是指个体为维持生存和发展对基本生活资料的需求，也是人的最原始、最基本的需求，如食物、水、空气、睡眠等。若生理需求不能满足，则人会有生命危险。

② 安全需求。安全需求是指个人希望保护自己的肌体和精神不受危害的需求，包括环境有秩序、劳动保护、医疗保健、失业保险等。安全需求比生理需求高一级，当生理需求得到满足以后，就要保障这种需求。

③ 社会需求。社会需求是指个人渴望得到家庭、团体、朋友、同事的关怀爱护理解，是对亲情、友情、爱情的需求。社会需求比生理需求和安全需求更细微、更难以捉摸。它与个人性格、经历、生活区域、民族、生活习惯、宗教信仰等都有关系，这种需求是难以察觉、无法度量的。

④ 尊重需求。尊重需求包括自我尊重和受人尊重两个方面的要求，具体表现为渴望地位、成就、受到别人的赏识和信任等。尊重需求很少能得到完全的满足，但其基本的满足就可以产生推动力。

⑤ 自我实现需求。自我实现需求是最高等级的需求，是指个人希望发挥自己的特长和潜能，实现对理想、信念、人生价值的追求，取得事业的成功，使自我价值得到充分实现。自我实现需求也是一种创造的需求。有自我实现需求的人，似乎在竭尽所能地使自己趋于完美，因为自我实现意味着充分、活跃、忘我、集中全力地体验生活。

课堂互动

请针对"需求层次理论"中提到的5种需求，分别举例说明。

4.1.2 消费者的购买动机

购买动机是在消费需求的基础上产生、引发消费者购买行为的直接原因和动力。相对于消费者需求而言，消费动机更加清晰明确，与消费行为的联系也更加具体。研究消费动机可以为把握消费者购买行为的内在规律提供更具体、有效的依据。

1. 购买动机的概念

"动机"这一概念是由心理学家 R.伍德沃斯于 1918 年率先引入心理学的，他把动机视为决定行为的内在动力。一般认为，动机是"引起个体活动，维持已引起的活动，并促使活动朝向某一目标进行的内在作用"。

所谓消费者购买动机，是指消费者为了满足自己一定的需求而引起购买行为的愿望或意念，它是能够引起消费者购买某一商品或服务的内在动力。

2. 购买动机的特征

（1）复杂性。消费者的购买动机很复杂，一种购买行为往往包含若干购买动机，不同的购买动机可能表现为同样的购买行为，相同的购买动机也可能表现为不同的购买行为。在消费者的诸多消费需求中，往往只有一种需求占主导地位（即优势消费需求），同时还有许多辅助性的需求。当外部条件满足时，占主导地位的消费需求会产生主导性动机，辅助性的需求将会引起辅助性动机。主导性动机能引起优先购买行为。

（2）转化性。主导性动机和辅助性动机有时会发生相互转化，当一个消费者的购买行为表现在多种购买动机驱使形成的过程中，主导动机往往起关键作用。但如果在决策或选购商品的过程中出现了较强的外部刺激，如购买现场的广告宣传、发现钱没带够、商品价格调整或营销人员态度恶劣等，会迫使消费者主导性动机被压抑而可能向辅助性动机转化。

（3）内隐性。动机并不是显露无遗的，消费者的真实动机经常处于内隐状态，难以从外部直接观察到。正如心理学家西格蒙德·弗洛伊德所说，动机犹如海洋中的一座冰山，显现在海面上的只是很小的一部分，大部分隐藏在看不见的水下。人的心理活动是极为复杂的，消费者经常出于某些原因不愿意让他人知道自己的真实动机。例如，某人购买了一辆轿车，他也许会说买车是家庭消费需求，但真正的购买动机可能是要向别人显示他事业的成功、生活的优越和家庭的富裕等。

（4）冲突性。当消费者同时存在两种以上动机且共同发生作用时，动机之间就会发生矛盾和冲突，使消费者在购买商品时内心出现矛盾、左右为难的情形。此时，消费者应该理智地对待，要在内心的矛盾冲突中实现购买决策，可以采用的办法有：在双趋式（利—利）冲突的情况下，采取趋大利的选择，即"两利相权取其重"；在双避式（害—害）冲突的情况下，采取避大害的选择，即"两害相权取其轻"；在趋避式（利—害）冲突情况下，采取趋利避害的选择；在利弊难辨的情况下，可采取随机选择的方法，即根据自己的喜好程度、经济能力而定。

（5）指向性。消费者购买动机具有指向性，即方向性、目的性，它能使购买行为保持一定的方向和目的。由于动机是一个内在的心理过程，本身是看不见、摸不着的，只能从动机的行为来分析其内容和特征。动机和实践有着密切的联系，研究消费者购买动机就要把握其发展变化的规律，根据其指向性特征组织企业的营销活动。

3. 购买动机的类型

消费者需求的多样性决定了消费者购买动机的复杂性。据心理学家分析，驱使人的行为的动机有 600 种之多，这些动机按照不同的方式组合和交织在一起，相互联系、相互制约，推动着人沿着一定的方向行动。在现实生活中，消费者的购买动机又呈现出一定的共性和规律性。概括起来，消费者购买动机一般可以分为生理性的购买动机和心理性的购买动机两大类，如图 4.2 所示。

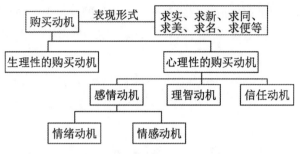

图4.2 消费者购买动机的类型

（1）生理性的购买动机是指消费者为保持和延续生命有机体而引起的购买动机。这种购买动机建立在生理需求的基础之上，具有经常性、普遍性、重复性、习惯性和主导性等特点，具体可以分为4种类型：一是维持生命的动机，如消费者饥时思食、渴时思饮、寒时思衣所产生的对食物、饮料、衣服等的购买动机均属于这一类；二是保护生命的动机，即消费者为保护生命安全的需求而购买商品的动机，如为治病而购买药品、为建住房而购买建筑材料等；三是延续生命的动机，如消费者为了组织家庭、繁殖后代、哺育儿女的需求而购买有关商品的动机就属于这一类；四是发展生命的动机，如消费者为了生活过得舒适、愉快，为了提高科学文化知识水平，为了强身健体而购买有关商品的动机就属于这一类。

（2）心理性的购买动机是指由消费者的认知、情感、意志等心理过程引起的购买动机。消费者个体心理因素是引起其心理性购买动机的根源，具体包括感情动机、理智动机和信任动机（惠顾动机）。

① 感情动机是指由消费者的情绪和情感两个方面所引起的购买动机。消费者在喜、怒、哀、乐、欲、爱、恶、惧等情绪推动下的购买行为，一般具有冲动性、情景性和不稳定性的特点；消费者在道德感、理智感和审美感等人类高级情感所引起的购买动机推动下的购买行为，一般具有稳定性和深刻性的特点。感情动机主要表现为求新、求美、好胜、求名等方面。

② 理智动机是指消费者在对商品的分析、比较和深思熟虑的基础上所产生的购买动机。理智动机推动下的购买行为具有客观性、周密性和控制性的特点，主要表现为求实、求廉、求便等方面。

③ 信任动机（惠顾动机）是指消费者根据感情和理智上的经验，对特定的商品、品牌、商店等产生特殊的信任和偏爱，形成习惯、重复消费的购买动机。产生信任动机（惠顾动机）的原因很多，如良好的信誉，礼貌周到的服务，物美价廉的商品，便利的购买时间、地点、交通条件，优美舒适的环境等。信任动机（惠顾动机）是以信任为基础的，具有经验性、稳定性和重复性等特点。

与相关课程的联系

形象广告、公益广告利用了人们的感情动机，建议广告利用了人们的理智动机，推广广告利用了人们的惠顾动机。

任务2 理解消费者购买决策

决策就是作出决定的过程，是指为了达到某一目标，在两种及以上备选方案中选择最优方案的过程。购买决策是指人们为了合理地支配有限的财力和精力以达到最佳消费效益，搜集、筛选可行消费方案，并实施选定方案、评估消费效益的过程。

4.2.1 消费者购买决策与准备

消费者在占有一定市场信息的基础上,从实现购买目的的若干购买方案中选择一种最优的方案,据以作出决定就是消费者的购买决策。购买决策是消费者心理变化的最高阶段,具体表现为权衡购买动机、确定购买目的、选择购买方式方法、制订购买计划等方面,是消费者在购买前的准备阶段。消费者在决策与购买准备过程中,会付出一定的时间和精力。

1. 购买决策的内容

(1)为什么买,即权衡购买动机。消费者购买商品的动机和原因多种多样,在诸多甚至彼此之间存在矛盾的购买动机中,消费者先要进行权衡,再做出选择。例如,消费者既想买空调,又想买冰箱,而根据实际货币支付能力只能选择其中一种,消费者就需要先对购买两种商品的各种动机进行比较选择,然后决定购买。即使消费者购买同一种商品,也存在动机权衡的问题。

(2)买什么,即确定购买对象。这是购买决策的核心和首要问题。消费者购买决策不仅受商品自身特性如商品的型号、样式、颜色、包装、品牌等因素的影响,而且受市场行情、价格及售前、售后服务等因素的影响。

(3)买多少,即确定购买数量。购买数量一般取决于消费者的实际需求、支付能力、心理因素及市场供应情况等。

(4)在哪里买,即确定购买地点。消费者对购买地点的选择,取决于购物场所的环境品位、商家信誉、交通便利程度、可挑选的品种数量、价格水平及服务态度等。这类决策既与消费者的惠顾动机有关,又与其求名、求快、求廉等动机有关。

(5)何时买,即确定购买时间。购买时间的选择取决于消费者对商品需求的迫切性、存货情况、营业时间、交通情况和消费者自己可控制的空闲时间等因素。其中,消费者对商品需求的迫切性是决定购买时间的决定性因素。

(6)如何买,即确定购买方式。购买方式是消费者取得商品的途径,包括直接到商店选购、邮购、函购、预购、代购、分期付款等。选择何种购买方式,取决于购买目的、购买对象、购买时间、购买地点等因素。随着超市、便利店、仓储式销售、大型购物中心及电话订购、电视购物、直销、网络购物等新型销售方式的不断涌现,现代消费者的购买方式也更加多样化。

2. 购买决策的特征

(1)决策主体的单一性。由于购买商品是满足消费者个人或家庭消费需求的个体行为活动,因此通常表现为消费者个别的独立决策过程,即由消费者个人单独决策,或与关系密切的参照群体,如家人、亲友共同决策。

(2)决策范围的有限性。由于购买决策多是解决如何满足消费者个人及家庭的需求问题,因此同其他事项的决策相比,消费者的决策范围相对有限,仅限于购买商品种类、购买时间、地点、方式等方面的决策。

(3)决策影响因素的复杂性。影响购买决策的因素复杂多样,既有消费者的个性品质、兴趣爱好、态度倾向、生活习惯、收入水平等个人因素,又有社会潮流、所属群体、社会阶层、家庭等环境因素的影响。

(4)决策内容的情境性。消费者的购买决策具有明显的情境性。影响决策的各种因素并非一成不变,而是随着环境、时间、地点的变化而不断变化的。这也使消费者在实际购买活动中必须具体情况具体分析,以便做出正确的决策。

3. 消费者的购买准备

从做出购买决策到购买行为实施之间的过程,就是消费者的购买准备阶段。小件商品的购买准备较为简单,如购买一块肥皂、一瓶饮料、一包面巾纸等,不需要做太多的购买准备，准备时间较短，从消费需求的产生到购买行为的实施可以迅速完成；但大件、高档商品的购买准备过程较复杂，花费时间较长，准备条件较多，在准备购买过程中消费者的心理和行为还会受其他因素的影响甚至干扰，消费者个性也会影响购买的准备活动。

购买准备主要包括以下4个方面。

（1）购买地点的确定。消费者购买地点的确定，会影响商业经营单位的效益。消费者一般会选择有经营特色的购买地点，如服务质量好、购物环境优美、购买比较方便、离居住地或工作地点比较近一点的购买地点。

（2）购买时间的确定。购买时间的确定主要取决于消费者本人的需求强度、生活习惯等因素。

（3）支付方式的准备。支付方式的准备可以分为两类：一类是确定支付方式，看采用现金、信用卡还是两者兼而有之的方式；另一类是支付方式的准备，看消费者准备以一次结清的方式付款还是以分期付款的方式购买商品，这类准备过程主要取决于消费者的计划、个性特点、对商品的需求程度及当前的支付能力等。

（4）购后运输手段的准备。购后运输手段的准备是购买大件商品时必须考虑的一个问题。如果商店不给予运输方面的协助，消费者要么请人帮忙运回，要么自己租用或准备运输工具。因此，消费者购买大件商品时，营销人员应当协助消费者提供送货上门等服务，减少消费者的购买准备。

此外，消费者的个性也会影响购买准备，如一般环境依赖型消费者的购物准备比较重视他人的意见，购买前会请家人或朋友做参谋，有了这些人员的参谋，他们购物后觉得踏实放心。

购买专业性较强的商品，还应包括安装条件的准备等。例如，音乐爱好者购买的 AV 中心包括大屏幕彩电、高保真音响系统、影碟系统等，因为使用 AV 中心对居室环境有一定的要求，但有的消费者并不了解家用电器安装管理，如果营销者能够提供完善的安装、维修服务，消费者就可能迅速越过购买准备的心理过程而实施购买行为。

4.2.2 消费者购买决策过程

消费者购买决策过程是消费者在各种内外因素和主客观因素影响下形成购买动机、促成购买行为的过程。只有对消费者决策过程深入分析，才能对消费者决策进行完整的理解。心理学家认为，消费者购买决策的过程是一个动态发展的过程，一般遵循5个阶段的模式，即认知需求、收集信息、比较评估、购买决策和购后行为。不过在现实中，消费者并非在购买每件商品时都要经过这5个阶段，有时购买决策过程可能非常简单，消费者可能越过某个阶段或倒置阶段次序。

1. 认知需求

认知需求是消费者购买决策过程的第一阶段，这个阶段对消费者和营销人员都非常重要。消费者对某类商品的需求源于消费者自身的生理或心理需求，当某种需求未得到满足时，满意状态与实际缺乏状态之间的差异会构成一种刺激，促使消费者发现需求所在，进而产生去寻求满足需求的方法与途径的动机。引起消费者认知需求的刺激可以来自个体内部未被满足的需求，如饥饿、干渴、寒冷等，也可以来自外部环境，如流行时尚、他人购买等，有时还可以来自某种新产品介绍的引诱。

2. 收集信息

收集信息，简单理解，就是寻找和分析与满足需求有关的商品或服务的资料。消费者一旦对所需要解决的需求满足问题进行了确认，便会着手进行有关的信息收集。消费者一般会通过以下4种途径去获取所需的信息。

（1）个人来源，即消费者从家人、朋友、邻居、同事或其他熟人等处获取的信息。

（2）商业来源，即消费者从广告、销售人员介绍、商品包装、说明书、商品陈列或展销会等方面获取的信息。

（3）公共来源，即消费者从大众媒体、消费者组织或政府机构等方面获取的信息。

（4）经验来源，即消费者通过接触、试验或使用商品等方面获取的信息。

从消费者的角度来看，从企业控制的商业性来源得到的信息主要起着通知性的作用，从其他非商业性来源得到的信息主要起着建议、评价和验评的作用。

通过信息的收集，消费者能够熟悉市场上一些竞争品牌和特性。在这一阶段，营销者要设计信息传播策略，利用商业来源使消费者充分了解企业的产品，也要设法利用和刺激其他信息来源，加强信息的影响力和有效性。

（1）个人来源，即消费者从家人、朋友、邻居、同事或其他熟人等处得到的信息。

（2）商业来源，即消费者从广告、销售人员介绍、商品包装、说明书、商品陈列或展销会等方面得到的信息。

（3）公共来源，即消费者从大众媒体、消费者组织或政府机构等方面得到的消息。

（4）经验来源，即消费者通过接触、试验或使用商品得到的信息。

从消费者的角度看，从企业控制的商业性来源得到的信息主要起着通知性的作用，从其他非商业性来源得到的信息主要起着建议、评价和验评的作用。

通过信息的收集，消费者能够熟悉市场上一些竞争品牌和特性。在这一阶段，营销者要设计信息传播策略，利用商业来源使消费者充分了解本企业的产品，也要设法利用和刺激其他信息来源，加强信息的影响力和有效性。

> **与相关课程的联系**
>
> 市场调查与预测这门课程主要讲述如何进行信息的收集和处理。

3. 比较评价

消费者在充分收集各种有关信息之后，就会进入购买方案的选择和评价阶段。在这一阶段，消费者主要对所收集的各种信息进行整理筛选，"去粗取精、去伪存真、由此及彼、由表及里"地分析比较，权衡各自的长短优劣，确定对商品应持有的态度和购买意向，以便做出最佳选择。

在一般情况下，消费者对商品信息比较评价的标准主要集中在商品的属性、质量、价格3个方面，但有时也因人而异。不同的消费者，其消费需求的结构不同，对商品信息的比较和所得结果必然有所差异。同时，消费者对商品信息比较评价所用的时间也长短不一，一般对于紧俏名牌、低档商品、日常生活用品等低技术、高频次消费品，消费者比较评价的时间较短；而对于高档商品，如笔记本电脑、汽车等高技术、耐用消费品，消费者比较评价的时间则较长。

4. 购买决策

消费者在广泛收集商品信息并对其比较评价的基础上，形成了对商品肯定或否定的态度。肯定态度一旦形成，消费者就可能产生购买意图，最终进入购买决策阶段。但是，在形成购买意图和做出购买决策之间，仍有一些不确定的因素存在，会使消费者临时改变购买决策。这些不确定因素主要来源于两方面：一是他人的态度，二是未预期到的情况，如图4.3所示。

（1）他人态度。如果在消费者准备进行购买时，其他人提出反对意见或提出更有吸引力的建议，就有可能使消费者推迟或放弃购买。他人态度的影响力大小主要取决于3个因素：他人否定态度的强烈程度、他人与消费者之间的关系、他人的权威性或专业水准。

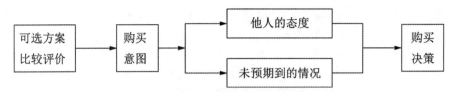

图 4.3　购买意图和购买决策间的不确定因素

（2）未预期到的情况。未预期到的情况包括消费者个人、家庭、企业、市场及其他外部环境等方面突然出现的一些有关的新情况，如家庭中出现了其他方面的紧迫开支、产品生产企业出现了重大的质量问题、市场上出现了新产品、经济形势出现了较大的变化等，都可能使消费者改变或放弃购买决策。

5．购后行为

消费者购买和使用某种商品后，必然会产生某种程度的满意或不满意感。消费者是否满意会直接影响其购买后的行为：如果消费者感到满意，以后就可能重复购买，并向他人推荐这种商品，这种推荐往往比企业的广告宣传更加有效；如果消费者感到不满意，以后就可能不会再购买这种商品，而且可能采取公开或私下的行动来发泄不满。

消费者购后的感受或满意程度大致有以下 3 种情况。

（1）很满意，即所购商品很好地满足了消费者的需求，这也加强了消费者对所购品牌商品的喜好，可以坚定今后继续消费该商品的信心。

（2）基本满意，即所购商品不能满足消费者的满足，这会使消费者重新修正对所购品牌商品的认知，甚至会动摇今后继续消费该商品的信心。

（3）不满意，即所购商品没有达到消费者预期的目的，使消费者内心产生严重的不协调。消费者一旦对所购商品不满意，今后可能会中断对该品牌商品的购买和消费。因此，购后感受对购买行为有着重要的反作用，甚至是消费者购买决策过程认知所需的重要起点。

课堂互动

以购买手机为例，分析消费者网上购买的决策过程。

与相关课程的联系

销售管理、市场营销等课程售后服务的内容就是关注消费者的购后行为。

4.2.3　风险知觉与消费决策

1．风险知觉的概念

消费者在决定购买商品的时候，经常会面临一些两难的问题，即购买商品在带来满足、使人愉快的同时，也会带来一些不愿意、不希望的损失或潜在的危险，甚至会带来一些现实的伤害。这些损失、危险性甚至伤害会使消费者清楚地意识到，这就是消费者的风险知觉。由于清楚地意识到消费商品会带来损失、危险甚至伤害，因此消费者会尽量减少或避免这些不希望出现的后果，对于这个过程的阐述就是所谓的减少风险论。

2．风险知觉的类型

（1）消费支出性风险。消费支出性风险是指购买甲商品之后，影响对乙商品的消费。例如，有的消费者喜欢大屏幕彩电，那种宽大的屏幕所产生的视觉愉悦是小屏幕彩电无法比拟的，但这种大屏幕彩电的价格比较昂贵。对于普通消费者而言，购买这样的商品需要一定的积蓄，在这个过程中日常生活开支必须酌情节省。节省日常生活开支就是一种损失，会使日常消费受到影响。

（2）社会性风险。社会性风险是指当消费者使用某种商品时，可能给他的社会关系带来不利影响，甚至损害、影响其人际关系等。这种现象在风格新颖的服装、服饰类商品消费中比较典型，如在特定的生活或工作环境中，如果服装风格与同事、朋友相差较大，可能招致他人较多的注意和议论，有些消费者会产生一定的焦虑和担心。这种焦虑心理来自消费者群体趋同性的无形压力，消费者本人会担心在生活群体或工作群体中失去认同感（少数榜样型消费者除外）。在社会观念趋向于平均主义、内部联系相对紧密的消费群体内部，这类消费风险是比较常见的，在公共环境中过于暴露、展示自我形象的商品容易引发这类风险知觉。

（3）形象性风险。形象性风险是指消费某种商品之后，会给消费者本人的形象带来直接损害和危险等。这类风险知觉的情况比较复杂，如在食品消费方面，巧克力等一些热量较高、味道可口的食品很多人都喜欢吃，但有些女性消费者为了身材健美，害怕吃多了会影响体型，所以购买这类食品之前头脑中已经产生了回避心理；又如，"转基因食品"的概念在市场上一度被热炒，有些消费者试图追赶这类消费时髦，但担心"转基因食品"的卫生标准是否达到相关法规的要求，是否会对人体健康产生无法预料的影响，这都是风险知觉造成的效果。

（4）功能性风险。功能性风险是指购买某种商品之后，商品本身会给消费者带来麻烦甚至潜在的危险等。例如，家用燃气热水器极大地方便了消费者在家中洗浴，但因使用不当或产品质量低劣造成中毒甚至死亡的情况时常发生，购买或使用这种商品就要面临这样的危险，而不购买或使用的话又给生活造成许多不便。这类风险知觉经常出现在购买质量差且供应量少的商品中，消费者购买前知觉到消费商品的风险，必然会尽量减少或消除这种风险。

3. 减少风险知觉的方法

消费者一旦知觉到某种风险的存在，必然会想办法来降低风险。消费者应对风险知觉的办法很多，且不同的消费者在应对同种风险时所采取的办法也不尽相同。消费行为专家分析，人们减少、消除风险知觉的方法有以下 5 种。

（1）尽量全面地搜集与商品有关的信息，增加对商品的了解程度。例如，通过报纸、电视台等媒体来了解这种商品的特点，通过与营销人员的交谈来了解商品，通过有消费经验的人来了解这种商品的使用效果等。消费者对商品的了解程度越深，对可能带来的风险与危害的认知也就越清楚。如果消费者认识到这种风险远远小于这种商品带来的益处，或可以用一定的办法减少风险的程度，他们就会坚持原来的购买心理，完成购买行为；如果消费者对这种风险的认识越多，就会发现消费这种商品可能带来的风险很大，而自己又无法克服这种风险，那么他们很可能会放弃这种购买心理。

（2）在购买之前尽量请他人提出参考意见。邀请有消费经验的人一起购买，或挑选商品的时候尽量请他人提出参考性意见，找出商品的毛病和缺点，避免购买商品之后给自己带来风险。例如，在服装商品消费中，许多女性消费者愿意邀请同伴帮助挑选；在购买大件商品时，人们愿意请他人或有经验的人帮助选购商品。

（3）尽量认购那些知名度高、产品形象和企业形象都很好的商品。例如，尽量购买名牌商品、在当地名气较高的商品，不去购买那些名气小、对商品的形象没有印象、对商品的功能与特性不太熟悉的商品；选择商店时，尽量选择名气大、专业性强的商店。

（4）保持原来的消费行为与品牌忠诚。明知有消费风险，又不能获得充分的信息，也不愿意花费相应的消费成本，这时消费者可能维持原来的消费行为，继续购买已经习惯的品牌商品，从而避免购买不熟悉品牌商品的风险。

（5）采取从众型购买行为。如果大家都选择某种品牌商品，肯定有一定的道理，应该没有大的问题，即使不是最好的选择，也不会产生最坏的结果，因此从众型购买行为也是消费者减少知觉风险的一种办法。

任务3　掌握消费者购买行为

行为是指有机体在外界环境的影响和刺激下，所引起的内在生理和心理变化的外在反应。消费者购买行为是指消费者个人或家庭为了满足物质和精神生活的需求，在某种动机的驱使和支配下，用货币换取商品或服务的实际活动。消费者的购买行为总是以购买动机为先导的，没有动机，就不会产生行为。研究消费者动机，主要是解决消费者为何购买的问题；而研究消费者购买行为，目的在于揭示消费者购买行为的规律。消费者购买行为具有动态性、互动性、多样性、易变性、冲动性、交易性等特点。

4.3.1　消费者对信息的评价

消费者对信息的评价，是消费者购买行为的重要组成部分。从信息论的角度来看，消费者购买决策过程主要围绕信息的搜集、获取、储存、提取、评价、比较和选择等活动展开。消费者产生了某种需求，并不一定能转化为购买动机，进而实现购买行为，因为如果没有能满足其需求的购买对象，需求只会停留在欲望阶段而无法被满足。要找到购买对象，必须先寻找、收集信息；同时，要实现购买行为效益最大化，必须收集更全面、准确的信息，并对信息进行合理的分析和评价。

1. 信息收集的过程

消费者决策过程中需要掌握3种信息类型：解决某个问题合适的评价标准、存在的各种备选方案、每一备选方案在每种评价标准上的特征，如图4.4所示。

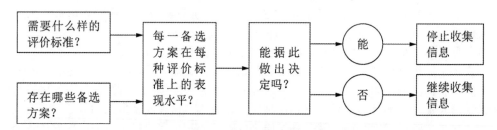

图4.4　消费者决策过程中需要掌握的3种信息类型

（1）合适的评价标准是指消费者希望所购商品拥有的特征。例如，消费者想购买一款手机，首先要了解所购手机应具备哪些特征。在一些区域，政府机构和消费者组织希望消费者使用"合理而明智"的评价标准，如针对食物中的营养成分，营销人员则希望消费者使用与品牌强度相匹配的评价标准。因此，政府机构、消费者组织和营销人员都会向消费者提供旨在影响其评价标准的信息。

（2）存在的备选方案。例如，了解目前市场上各种品牌和型号的手机，以备选择。

（3）备选方案的特征。例如，了解目前市场上不同品牌手机的款式、功能、价格、质量等方面的情况。消费者面临的可满足其需求的信息非常多，他们一般会对各种信息逐步进行筛选，直至从中找到最合适的方案。如图4.5所示为消费者在购买手机时对几种备选方案的筛选过程。

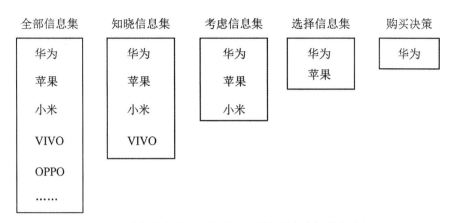

图 4.5　消费者在购买手机时对几种备选方案的筛选过程

从图 4.5 中可看出，消费者一般不可能收集到全部商品的全部信息，他们只能在知晓的范围内进行选择，在对这些信息进行比较评价后，会挑出其中一部分进行认真的考虑和选择，最终会在其中选出两三个进行最后的抉择，直至做出购买决策。在这个过程中，每进入一个新的阶段都需要进一步收集有关商品更加详细的资料和信息，如果某一商品被首先淘汰，除了其不适应消费者的需求，可能在很大程度上是由于所提供的信息资料不够充分。因此，积极向消费者提供商品或服务的有关资料，在消费者收集信息阶段非常重要。

2. 信息收集的影响因素

（1）参与购买的程度。购买决策可以分为高度参与和低度参与。消费者参与的程度越高，收集信息的积极性就越高，信息的获取量也就越大。

（2）风险预期。购买中预期的风险越大，消费者收集信息就越积极。同时，购买风险越高，消费者就越倾向于从人际来源和公共来源收集信息。

（3）商品知识和经验。当缺乏商品知识和购买经验时，消费者会更加积极地搜寻信息。丰富的购买体验会减少信息的搜寻频次，但如果这些体验是消极的，消费者也会增加信息收集的力度。

（4）目标确定与否。当消费者明确地知道其所追求的目标时，搜寻信息就会更积极。例如，消费者购车时如果明确了要追求安全的目标，就会积极地搜寻关于汽车的安全气囊、碰撞安全指数等方面的信息。

（5）商品差异。如果商品之间存在许多差异，那么消费者可能会更全面地去了解相关信息。商品差异越大，消费者越可能去搜寻更多的信息。

（6）收集信息成本。这里的成本主要包括货币成本、时间成本、精力成本和体力成本等。高成本会明显降低消费者收集信息的积极性。

3. 信息收集的意义

消费者收集的信息主要包括商品品质、价格、流行时尚、信贷利率等各种因素及变化趋势。收集这些信息对消费者的购买行为具有多方面的意义。

（1）扩大需求的种类和范围。许多需求是在消费者知晓新的商品之后才产生的，如果不经常收集商品信息，消费者需求的种类和范围与现实的商品世界相比，就会变得越来越狭窄，生活方式也会跟不上社会发展的潮流。

（2）扩大商品的选择范围。由于能满足消费者同种需求的商品种类很多，同一类商品又有很多不同的品牌和型号，因此通过信息的收集，消费者能获得更丰富的知识，了解更多的商品类型、品牌及性能、质量等，从而扩大自己的选择范围。

（3）纠正错误的认知。有时消费者因掌握的信息不够全面或准确而容易造成片面、错误的认知，通过新信息的收集，对原有的信息进行鉴别，可以减少和纠正对错误的认知。

（4）减少决策风险。消费者通过直接或间接的途径收集大量准确的信息，能够更全面、客观、有准备地了解实际情况，从而使决策更为合理、风险更低。

4.3.2 消费者的购买活动

在消费者的购买活动中，每个消费者的购买决策都与他人存在差异，这使得对购买决策的分析研究趋于复杂化。因此，有必要对不同消费者在购买活动中的角色进行判断，同时也有必要对消费者的购买行为按照一定的标准进行分类研究，为全面认知消费者行为奠定基础。

1. 购买活动的参与者

消费者的购买活动在很多情况下并非由一个人单独做出，而是有其他成员参与，是一个群体决策的过程。这不仅表现在一些共同使用的商品（如电视、冰箱等）的购买决策过程中，而且表现在一些个人单独使用的商品（如服装、化妆品等）的购买决策过程中。

一般来说，参与购买决策的成员大体可以分为以下 5 种主要角色。

（1）发起者，即首先提出或有意向购买某一商品或服务的人。

（2）影响者，即其看法或建议对最终决策具有一定影响的人。

（3）决定者，即对是否买、为何买、如何买、何处买等方面的购买决策做出完全或部分最后决定的人。

（4）购买者，即实际采购人，与卖方商谈交易条件，带上现金去商店选购的人。

（5）使用者，即实际消费或使用商品或服务的人。

这 5 种角色相辅相成，共同促成了购买行为，是企业营销的主要对象。消费者以个人为单位购买时，如购买简单、价格较低的日常生活用品时，5 种角色可能同时由一人担任；消费者以家庭单位为购买时，如购买价格昂贵的耐用消费品时，5 种角色往往由家庭不同成员分别担任，甚至还有家庭以外的人员参与进来。

2. 购买行为的类型

消费者的购买行为实际上是一种解决问题的活动过程。消费者在购买活动中所遇到及所要解决的问题的复杂程度和重要性不同，其购买行为的复杂性程度和类型也就不同。

（1）消费者在购买活动中所遇到及所要解决的问题的重要性和复杂性程度，主要与以下 3 个方面的因素有关。

① 风险性。这取决于所购商品技术上的复杂性、价值的高低，以及对个人或家庭生活的影响范围和程度。风险性越大，消费者就越会慎重对待。

② 选择性。这主要取决于相同性替代产品和相关性替代产品的多少和差别程度。相同性替代产品有两种情况：一是品牌差别小的同种产品为同质产品，即产品并不因生产经营者不同而在质量、花色、式样、价格、服务等方面存在较大的差别；二是品牌差别大的同种产品为异质产品，即产品因生产经营者不同而在质量、花色、式样、价格、服务等方面存在较大的差别。在相同性替代产品和相关性替代产品较多且判别量较大时，就会增加消费者选择的难度和工作量。

③ 信息或知识的充实性。消费者在做购买决策时通常都需要一定的与欲购商品有关的信

息或知识，当需要的信息或知识比较多而消费者又知之甚少时，就会迫使消费者在这方面投入较大的精力来加以掌握。

（2）不同的消费者在购买活动中的购买决策过程的复杂程度不同。究其原因是受到诸多因素影响，其中最主要的因素就是参与程度和品牌差异的大小。国外学者亨利·阿萨尔根据购买者在购买过程中的介入程度和品牌之间的差异程度，对消费者购买行为进行了分类，见表4-2。

表 4-2　消费者购买行为类型

类　　型	高度介入	低度介入
品牌间差异大	复杂型购买行为	多样型购买行为
品牌间差异小	协调型购买行为	习惯型购买行为

① 复杂型购买行为。如果消费者属于高度参与，并且了解现有各品牌、品种和规格之间的明显差异，则会产生复杂的购买行为。当消费者购买一件贵重的、不常买的、带有风险且又非常有意义的商品时，由于各商品与品牌之间差异较大，他们对商品缺乏了解，因此需求会有一个学习过程，需要广泛地了解商品的性能、特点，从而对商品产生某种看法，最后决定购买。针对这种购买行为，营销人员应采取有效的措施帮助消费者了解商品性能及相对重要性，并介绍商品优势及带给消费者的利益，从而影响消费者的最终选择。

② 协调型购买行为。在这种购买行为中，消费者高度参与，但并不认为各品牌之间有明显差异，购买后会产生一种购后不协调的感觉。于是，消费者开始收集信息，试图证明自己的决策是正确的，以化解或减轻这种不协调。在现实中，有些商品品牌差异不大，消费者不经常购买，而购买又有一定的风险，一般要比较、看货，只要价格公道、购买方便、机会合适，就会决定购买；购买之后，消费者也许会感到有些不协调或不够满意。在使用过程中，消费者会了解更多情况，并寻求各种理由来减轻、化解这种不协调，以证明自己的购买决定是正确的。从不协调到协调的过程，消费者会有一系列的心理变化。针对这种购买行为，营销人员要提供完善的售后服务，通过各种途径经常提供有利于商品销售的信息。

③ 多样型购买行为。消费者购买商品有很大的随意性，不经过深入收集信息和评估比较就决定购买某一品牌商品，在消费时才加以评估，但在下次购买时又转为其他品牌商品。虽然有些商品品牌的差异明显，但消费者并不愿花费较长时间来选择和评估，而是不断更换所购商品的品牌。这样做并非因为对商品不满意，而是为了寻求多样化。针对这种购买行为，营销人员可以采用促销和占据货架有利位置等方法保障供应，鼓励消费者购买。

④ 习惯型购买行为。消费者并未深入收集信息和评估品牌，只是习惯于购买自己熟悉的品牌商品。对于价格低廉、经常购买、品牌差异小的商品，消费者不需要花费较长时间进行选择，无须经过搜集信息、评价商品特点等复杂过程，因而购买行为最简单。消费者只是被动地接收信息，出于熟悉心理而购买，也不一定进行购后评价。针对这种购买行为，营销人员可以采用价格优惠、独特包装、销售促进等方式鼓励消费者试用、购买和续购商品。

> **课堂互动**
>
> 根据表4-2消费者购买行为的类型，讨论以下几种商品的购买行为各属于哪种类型并解释原因：购买一辆汽车；购买一瓶洗发水；购买一台空调；购买一瓶矿泉水。

4.3.3 购买后的评价

购买后的评价是消费者购买决策过程的一个阶段。在这一阶段，消费者会根据自己对所购商品是否满意来采取进一步的行动，包括一些商品使用后可能产生的心理活动及发生在购买之后的典型行为。了解消费者的购后评价，对提高消费者的满意度、加强消费者对企业的忠诚度、提高企业的竞争力，具有重要的意义。企业要注意增进与消费者之间的沟通，采取相应的对策，进一步改善消费者购后评价。消费者购买后的评价如图4.6所示。

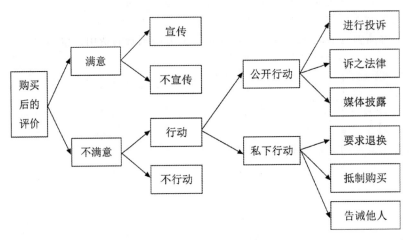

图4.6 消费者购买后的评价

1. 购后评价的内容

消费者的消费体验会通过向他人交流自身的感受或表达对商品的评价等方式反映出来。这种评价的内容可能是多方面的，一般包括以下3点。

（1）对品牌的评价。商品的品牌会保留在消费者的头脑中，形成记忆和印象，消费者会将自己心目中对某品牌的印象向他人、其他消费群体传播。这种传播就构成了商品的知名度，而这种知名度会影响消费者下一次的购买行为。

（2）对质量的评价。消费者依据各种渠道获得的他人评价和个人的判断标准，来评价商品的质量。同时，消费者也将商品的价格、包装、功能和使用效果等方面综合起来对质量做出评价。商品的价格越高，消费者对商品的质量要求也就越高；否则，消费者会对商品做出质次价高的评价。

（3）对企业的评价。对企业的评价包括对经销商、营销人员及生产厂商做出的评价。如果购物场所设施完备、环境幽雅舒适、营销人员服务热情周到，消费者一般会做出良好的评价。消费者对商品或服务是否满意，还受到之前对质量水平期望值的影响。生产厂商对商品的宣传与消费者购得的商品的差别越小，或者实际购得的商品性能优于宣传提及的效果，消费者会对生产厂商做出较高的评价；否则，当消费者实际购得的商品性能与预期不一样时，就会带来消极影响。

2. 购后满意的评价

感到满意的消费者在购后行为方面会有两种情况：一是向他人进行宣传和推荐；二是不进行宣传。消费者能够主动对商品进行积极的宣传是最理想的，企业要设法促使消费者这样去做，因为"满意的消费者是企业最好的广告"。消费者对商品满意与否直接决定以后的购买行为。消费者满意的价值主要体现在以下4个方面。

（1）消费者满意既是企业的出发点，又是企业的落脚点。任何企业在提供商品或服务时，其目的都是得到消费者的认可和接受。这就要求企业必须了解消费者需要什么样的商品或服务，否则再精美的商品，如果消费者不需要，也不会得到认可。企业只有掌握了这个出发点，才能为消费者提供满意的商品或服务。同时，消费者满意的程度决定了企业的经营效果，相关理论认为，一家公司如果将其消费者流失率降低5%，其利润就能增加25%～85%。

（2）消费者满意使企业获得更高的长期盈利能力。在采取各种措施做到使消费者满意的同时，企业也获得了许多能够长期盈利的优势。首先，在企业保证消费者满意度的过程中，企业越来越了解消费者的需求，节省了大量的用于市场调研的费用，也缩短了新产品研制和生产的时间，在很大程度上减少了企业的资源浪费，压缩了生产成本，从而获得了价格优势；其次，提高了消费者的回头率，因为重复购买使得企业可以获得更多的利润；再次，降低了交易成本，消费者满意度越高意味着销售成本越低，对于重复购买的消费者，营销人员只需要向其推荐应该购买何种商品，而不需费时费力地说服消费者为何购买该商品；最后，降低了沟通成本，满意的消费者乐于将自己的感受告知他人，如朋友、同事甚至其他消费者，这种宣传效果更加直接有效。

（3）消费者满意使企业在竞争中得到更好的保护。满意的消费者会形成对企业较高的忠诚度，并且能够长期地保持，而不会轻易转向其他企业。即使在企业出现困难时，这些忠诚度高的消费者也会在一定范围内对企业保持忠诚。这给企业提供了缓冲的时间，最大限度地降低了企业的损失。

（4）消费者满意使企业能够应对消费者需求的变化。消费者的需求在不断地发展变化，如何抓住这一变化去满足不断产生的新需求，是企业在发展中需要解决的问题。以提高消费者满意水平为目标的企业能够及时预测并发现消费者需求的变化，同时，满意度高的消费者也会给企业的应变提供更加充足的时间。例如，某航空公司一直以来具有较高的消费者满意度，而在适应新的需求，如介绍售票的分机情况、制订常客计划、加大头等舱座位等方面都落后于竞争对手，但消费者仍愿意乘坐该公司的航班，同时反馈了大量信息。

3. 购后不满意的评价

感到不满意的消费者可能会采取行动或不采取行动。一般来说，若不满意的程度较低或商品的价值不大，消费者可能不采取任何行动；若不满意的程度较高或商品的价值较大，消费者一般都会采取相应的行动。

不满意的消费者所采取的行动有两种：一种是私下的行动，如要求对商品进行退换，将不满意的情况告诉亲戚朋友，并且以后不再购买该商品等。这种私下行动虽然对企业有不利的影响，但影响的程度相对较小。另一种是公开的行动，如消费者将不满意的情况诉诸公众，向消费者协会投诉、向新闻媒体披露，甚至告上法庭。这种公开行动会对企业造成较大的负面影响，企业应尽可能避免这种情况出现。因此，企业需要采取一些行之有效的措施来减少消费者购后不满意的程度，这些措施包括以下3种。

（1）树立全员"不满意危机公关"意识。企业只有具备这种危机意识，意识到对不满意的处理不当会给企业造成的危害，才不会对消费者的投诉置之不理或互相推诿，而是以一种积极的心态去处理消费者的不满意，直至消费者满意。

（2）定期进行满意度调查。通过对消费者满意度的调查，企业可以得知消费者对企业商品或服务的满意程度，了解企业对消费者满意度影响较大的是哪些方面、企业存在的不足、应该如何改进，进而做出对策，防患于未然。

（3）设立专门的消费者投诉部门。根据相关调查显示，大多数不满意的消费者都不会投诉，而仅仅是停止购买。因此，为方便消费者的投诉，企业应设立专门的消费者投诉部门并设置便捷的投诉方式，尽量将消费者的不满意在企业内部解决。对此，企业可以安排意见簿、意见箱、免费投诉电话或电子邮箱等，接纳消费者投诉。专门的消费者投诉部门可以使消费者的投诉更加便捷，也避免了消费者投诉时部门、员工之间互相推卸责任的情况发生。

党的二十大报告指出，未来五年是全面建设社会主义现代化国家开局起步的关键时期，企业要认真履行社会责任，实现高质量发展，争做消费者满意的企业。即便出现消费者不满意的情况，企业如能采取恰当的措施，妥善处理，不仅能够及时化解不利的情况，而且可以帮助企业将不利的影响转化成有利的因素。

自测试题

一、单项选择题

1. 人类消费行为的复杂多样性是基于（　　）。
   A. 需求的复杂多样性　　　　　　B. 动机的复杂多样性
   C. 消费品的复杂多样性　　　　　D. 生存环境的复杂多样性
2. 按马斯洛需求层次论，最高层次的需要是（　　）。
   A. 安全需求　　　　　　　　　　B. 尊重需求
   C. 社会需求　　　　　　　　　　D. 自我实现需求
3. 消费者意识到某种消费需求后产生的心理状态是（　　）。
   A. 紧张　　　　　　　　　　　　B. 调节
   C. 平衡　　　　　　　　　　　　D. 强化
4. 最明显地反映出消费者需求周期性特征的需求是（　　）。
   A. 生理性需求　　　　　　　　　B. 社会性需求
   C. 物质需求　　　　　　　　　　D. 精神需求
5. 在购买牙膏、牙刷等生活必需品时的购买决策主要依据以往的经验和习惯，这种购买类型属于（　　）。
   A. 协调型　　　　　　　　　　　B. 习惯型
   C. 理智型　　　　　　　　　　　D. 多变型

二、多项选择题

1. 消费者理智性购买动机的特点包括（　　）。
   A. 客观性　　　　　　　　　　　B. 主观性
   C. 周密性　　　　　　　　　　　D. 控制性
   E. 随机性
2. 消费者为完成其购买行为必须具备的能力包括（　　）。
   A. 感知能力　　　　　　　　　　B. 记忆能力
   C. 分析能力　　　　　　　　　　D. 检验能力
   E. 思维能力
3. 影响消费者在认知商品、购买商品等活动中情感变化的因素主要有（　　）。
   A. 市场状况　　　　　　　　　　B. 购物环境
   C. 商品因素　　　　　　　　　　D. 心理准备
   E. 货币收入
4. 习惯性购买行为中的强化物包括（　　）。
   A. 收入水平　　　　　　　　　　B. 社会文化
   C. 商标　　　　　　　　　　　　D. 商品外形

E. 厂商知名度
5.人的消费需求转化为消费动机的条件包括（　　　）。
A. 社会条件　　　　　　　　　　B. 消费习惯
C. 消费环境　　　　　　　　　　D. 商品诱因
E. 优势需要

三、简答题

1.什么是消费者需求？消费者需求的特征有哪些？
2.什么是消费者购买动机？消费者购买动机如何分类？
3.消费者的购买决策过程包括哪些步骤？
4.在消费者购买活动中，参与购买决策的成员主要有哪些角色？
5.企业可以采取哪些措施来减轻消费者购后不满意的程度？

四、论述题

1.论述马斯洛需求层次理论的主要内容，并说明各层次之间的关系。
2.论述不同消费者购买行为类型的产生条件和相应的营销策略。

五、案例分析题

某大学市场营销专业的学生小张决定购买一台电脑，下面是小张购买笔记本电脑的决策过程。

由于购买笔记本电脑的费用大，小张给父母打电话要求父母支持。父母询问了小张购买笔记本电脑的原因，小张说在学校里写作业、查资料等都需要用笔记本电脑，父母听后同意了小张买笔记本电脑的要求。

要买一台什么样的笔记本电脑呢？小张开始有些犯愁。小张查看了消费心理学的相关内容后，找到了高年级的学长，了解学长们所用笔记本电脑的品牌，自己又到"中关村在线"网站进行了查询，后来又去了笔记本电脑专卖店进行了询价和了解，并征求了同学的意见。

经过反复比较，小张认为联想某款笔记本电脑比较符合自己的需求，该款产品是当年的新产品，全金属轻薄外形，很时尚，便于携带，价格在4800元左右，符合预算。

经过网上反复调查和同学的建议，小张最后在学校附近的专卖店购买了一台联想某款笔记本电脑。选择在这里购买笔记本电脑的原因有两个：一是专卖店在搞促销，价格实惠，赠送外接音箱；二是便于售后服务。

经过一段时间的使用，小张对这台联想笔记本电脑感到很满意，还向他人进行了推荐。

分析：
1.试运用消费者决策过程的五阶段模型，分析小张购买笔记本电脑所经历的相关阶段。
2.根据消费者购买行为类型分析小张属于哪一类购买行为，为什么？

项目实训

1.调查同学或朋友最近一次比较大的消费行为。
2.以自己最近的一次购买活动为主题，分析购买决策的全过程，并思考在各个阶段所遇到的营销策略。
3.如果你曾经有过一次不愉快的购买经历，你会如何评价这次购买的产品？你的购后行为有哪些？

课后拓展

1.上网收集资料，谈谈消费者如何提高消费决策能力。
2.在商场或超市对某种特定商品的购买行为和营销人员的销售策略进行调查后，对相关商品的购买者、购买目的、购买时间、购买地点及购买决策过程进行分析。把观察结果和分析报告做成PPT，在班上进行交流汇报。

项目 5
熟悉文化、流行与习俗对消费心理的影响

▶【学习指导】

学习重难点	学习重点	文化内涵、消费流行周期各阶段的特征及营销对策
	学习难点	消费习俗对消费的影响
学习目标	知识目标	掌握社会文化、主流文化与外来文化的内涵，消费流行的概念与分类，影响消费习俗的因素，以及消费习俗对消费心理的影响
	能力目标	掌握文化对消费心理的影响、消费心理对消费流行的影响、消费流行对消费心理的影响，以及企业在市场营销过程中如何对消费心理进行有效运用

▶【思维导图】

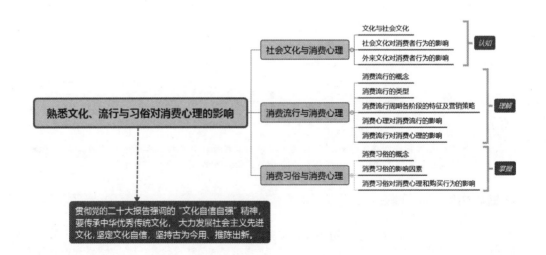

【导入案例】

"最近来故宫参观的人,进了门都喜欢往两边走。"小林是故宫的研究员,在故宫工作十几年,她告诉我们,因为电视剧《甄嬛传》的热播,在来故宫的游客中掀起了一股"后宫热"。剧中皇后的景仁宫、华妃的翊坤宫、敬妃的咸福宫、安陵容的延禧宫、祺贵人的储秀宫,很多剧迷带着小抄来故宫,寻找这些剧中的宫斗主战场。让这些"甄嬛迷"遗憾的是,永寿宫等剧中关键宫殿尚未对公众开放。

很多年轻人结伴而来,手上都拿着"甄嬛传地图",上面标注着剧中宫殿的名字和位置。跟着旅行团到故宫的游客,很多也要求导游多走两边的东六宫和西六宫,一位游客竟问导游甄嬛和十七爷初遇的地方在哪里,一定要去看一看。

思考:

企业应该如何根据不同文化背景的人,生产出具有不同文化特色的商品来满足消费者?在营销过程中,又如何有效利用社会文化的特征取得优势呢?

在影响消费者心理与行为的社会性因素中,消费流行与消费习俗的影响占据重要的位置。而社会文化的影响具有普遍的渗透力,这种渗透在不同的亚文化环境下又表现出不同的特征,对消费行为的影响也不可忽视。

任务 1 认知社会文化与消费心理

5.1.1 文化与社会文化

1. 文化的概念

文化是人类知识、信仰、艺术、道德、法律、美学、习俗、语言、文字及人作为社会成员所获得的其他能力和习惯的总称。文化是人们在社会实践中形成的,是一种历史现象的沉淀;同时,文化又是动态的,处于不断地发生变化之中。

笼统地说,文化是一种社会现象,是人们长期创造形成的产物;同时,文化又是一种历史现象,是社会历史的产物。文化一般由两个部分组成:第一,全体社会成员共同的基本核心文化;第二,具有不同价值观、生活方式及风俗习惯的亚文化。

文化具有以下 4 个方面的特征。

(1)文化的习得性。每种文化都是通过人们的学习得到的,正是这种学习,保持了民族(或群体)文化的延续,并且形成了独特的民族(或群体)个性。中华民族由于受几千年传统儒家文化的影响,形成了强烈的民族风格与个性,具有仁义、中庸、忍让、谦恭的民族文化心态。

(2)文化的共享性。构成文化的东西,必须能为社会中绝大多数人所共享。显然,共同的语言为之提供了基础,任何执行社会化任务的机构,都为文化的共享起到了支持作用。在现代社会,大众媒体不时地向广大受众传递着重要的文化信息,如怎样穿着才合适、怎样装饰住宅才体面、拿什么食品招待客人才不落伍等。

(3)文化的无形性。文化对消费者行为的影响就像一只"看不见的手"。文化对人们行为的影响是自然而然的,也是自动的,因此,人们根据一定文化所采取的行为通常被看作理所当然的。

(4)文化的变化性。为了实现满足需求的功能,文化必须不断发展变迁,以使社会得到最好的满足。导致文化发展变迁的原因很多,如技术创新、人口变动、资源短缺、意外灾害等。文化的发展变迁,最明显的特征就是风尚演变。

2. 社会文化的概念

社会文化是指社会意识形态同人们的衣、食、住、行等物质生活、社会关系相结合形成的一种文化，如服饰文化、饮食文化、道德观念、信仰等。

5.1.2 社会文化对消费者行为的影响

1. 社会主流文化对消费者行为的影响

每个国家和民族都有自己长期积累起来的文化。中国传统文化是中华民族在中国古代社会形成和发展起来的比较稳定的文化形态，是中华民族智慧的结晶。党的二十大报告指出，中华优秀传统文化源远流长、博大精深，是中华文明的智慧结晶，其中蕴含的天下为公、民为邦本、为政以德、革故鼎新、任人唯贤、天人合一、自强不息、厚德载物、讲信修睦、亲仁善邻等，是中国人民在长期生产生活中积累的宇宙观、天下观、社会观、道德观的重要体现，同科学社会主义价值观主张具有高度契合性。

中国主流文化对消费者行为的影响主要有以下5点。

（1）中庸之道。中庸是中国人的一个重要的价值观，几千年来一直制约着中华民族的思想和行为。这种价值观反映在消费行为中，就是强调与他人看齐，强调与社会保持一致的重要性（消费中的集体主义取向）；反对超前消费，反对消费中的标新立异（求同、重传统）；物品能用则用，实在用不下去才去买新的（精打细算、节俭）。

（2）注重人之伦理。中国文化一向强调血缘关系，也就是以家庭为本位。现在虽然家庭核心化了，四世同堂的现象不太多，但传统的家庭伦理观念仍然保持着，亲子之间的相互依存关系很明显。个人的消费行为往往与整个家庭紧密联系在一起，不仅要考虑自己的需求，而且要考虑整个家庭的需求。例如，在目前一些广告中，不少就是以温馨的家庭氛围为背景的。

（3）"面子"主义。所谓"面子"，一般是指个人在社会生活中经过勤奋努力和刻苦经营有所成效而在他人心目中形成的声望和社会地位。中国文化的一大特色是人际交往中讲究自己的"形象"和在他人心目中的地位，重视"脸面"，力图在他人心目中树立一个好的形象，获得一个众口赞誉的好名声。

（4）重义轻利。注重情义和精神价值，强调人与人之间的感情和道义，是中国文化的一大特色，同时也是中西文化之间的主要差异之一。中国文化的这种重义轻利传统，主要表现在两个方面：一是在人际交往和正常的工作关系中过于重视超越规则的感情交流，忽视"正式规范"对双方行为的制约作用，往往会导致非正式的人情关系干预或影响正式的组织行为；二是在人际交往中热衷于互相馈赠各种礼品甚至金钱，以强化相互的关系。重义轻利在消费行为中表现为人情消费盛行，如在婚丧嫁娶中相互攀比、讲究排场；购买商品时重视商品的美学价值和情感特征，忽视对商品进行认真细致、科学理性的分析。

（5）谦逊含蓄。中国文化一向崇尚谦逊含蓄，自我谦逊和尊重他人是中华民族一贯的道德准则，如谦称"在下"、尊称"您""君""阁下"等。要谦逊就得含蓄一些，一般来说，中国人表现得比较内向和含蓄，而西方人表现得比较外向和奔放。民族性格上的这种差异直接导致了不同的审美情趣，如中国人欣赏的是含蓄、柔和、淡雅、朴素而庄重的和谐美，而西方人则崇尚张扬的、外露的、色彩艳丽的美。消费审美情趣上的这种差异主要表现在3个方面：一是服装上中国人喜欢淡雅朴素的服装，而西方人则喜欢袒露、能够展示人体美的艳丽服装；二是建筑上中国建筑强调和谐与含蓄，而西方建筑则注重冲突与明快的节奏；三是产品包装上中国的商品包装重在保护商品，不太讲究外包装的宣传和美化作用，而西方的商品包装则强调充分展示商品的属性，重在美化和广告宣传。

2. 社会亚文化对消费者行为的影响

亚文化又称副文化,是指不占主流或某一局部的文化现象,相对于某一国家或社会的主流文化而言。一种亚文化可以代表一种生活方式,不仅包括与主流文化共通的价值观念,而且包括自己独特的价值观念。每个亚文化群体都有自身的生活行为方式,群体成员往往会产生认同感。

亚文化以直接的方式影响人们的心理和行为,这一影响在消费行为中表现得更为明显。通常根据民族、地域、宗教、性别、年龄等因素,将消费者群体分为不同的亚文化群。

(1)民族亚文化。不同的民族在观念、信仰、语言文字和生活方式等方面都有各自独特的文化特征。我国是一个由 56 个民族组成的大家庭,各民族都有自己独特的消费行为。营销人员应时刻注意文化、民族及其与商品之间的关系,以便推销适销对路的商品。

(2)地域亚文化。不同地域的人由于生活环境和文化的影响,在需求、兴趣、爱好等方面表现出明显的差异。除了国别和文化特色可以代表地域文化,在同一国家中也存在不同地区的亚文化,影响各地区人们的观念和行为方式。例如,我国幅员辽阔,通常习惯用南、北、东、西来区分不同地域亚文化,有句俗语叫"南甜北咸,东辣西酸",说的就是不同地区的饮食特点;八大菜系不仅反映了我国丰富的餐饮文化,而且反映了不同地区的人们在饮食方面有不同的偏好。

(3)宗教亚文化。不同的宗教有不同的文化倾向和禁忌,影响教徒的价值观念和行为准则,从而影响这些消费者的消费需求。作为营销人员,了解信仰不同宗教的人的消费心理,对于扩大经营市场具有重要的作用。

与相关课程的联系

> 亚文化是进行市场细分的重要指标,在市场营销、广告、市场营销策划和推销等课程中被广泛运用。

5.1.3 外来文化对消费者行为的影响

外来文化一般是指正在进入一个民族内部,并与其社会发生作用的别族文化。19 世纪末到 20 世纪上半叶,自给自足的农业社会仍是中国主要的社会经济形态,从整个社会的消费模式来看,传统的节俭实用、满足生存基本需求的消费模式仍是主流。但随着资本主义工商业的发展、外来文化的影响,一些与中国传统消费方式和文化有着较大差异的生活方式也开始在当时的社会中上阶层出现。例如,留声机、自鸣钟、霓虹灯等新技术产品的出现,意味着传统的生活方式发生了变化;广告、时尚杂志的出现,从时间、空间、感官、概念上开始改变人们的生活方式;电影院、歌舞厅、咖啡厅等消费场所开始在较大的沿海城市出现,有一定经济能力又追求新鲜感的人开始通过这些与传统中国消费模式完全不同的方式来展现自己的生活品位。

随着国际交往的日益频繁,各国文化相互之间的交流、碰撞、融合必然对消费者的消费需求和购买行为产生影响。在面对外来文化时,我们一定要坚持自己特有的价值观和文化自信,在吸收的过程中善于分析,运用我们的智慧有分辨力地吸收和融入。其实,任何一个国家的文化都没有优劣之分,只要这种文化适合民族进步和国家发展,就要发扬光大。大学生要认真学习贯彻党的二十大报告强调的"文化自信自强"精神,全面建设社会主义现代化国家,必须坚持中国特色社会主义文化发展道路,增强文化自信,围绕举旗帜、聚民心、育新人、兴文化、展形象建设社会主义文化强国,发展面向现代化、面向世界、面向未来的,民族的科学的大众的社会主义文化,激发全民族文化创新创造活力,增强实现中华民族伟大复兴的精神力量。

任务2　理解消费流行与消费心理

消费流行会对社会生产产生重大的影响。当企业推出一种新商品，如果成为流行商品以后，会因市场广阔、销量增长迅速、销售时间集中而给企业带来巨大的利润；反之，企业如对市场消费潜力估计不足，商品就会大量积压，会给企业带来巨大的损失。消费流行也会给市场带来巨大的活力，因为消费流行的商品是市场的重点商品，产销双方都能获得较多的利润。在流行商品的带动下，与此有连带消费关系的商品及其他许多类似商品也会大量销售，从而使市场购销活跃、繁荣兴旺。

5.2.1　消费流行的概念

消费流行是指在一定时期和空间范围内，大部分消费者呈现出相似或相同行为表现的一种消费现象。这种现象具体表现为大多数消费者对某种商品同时产生兴趣，而使该商品在短时间内成为众多消费者狂热追求的对象。这种商品即成为流行商品，这种消费趋势也就成为消费流行。

消费流行具有以下10个方面的特点。

（1）骤发性。消费者往往对某种商品或服务的需求急剧膨胀、迅速增长，这是消费流行的主要标志。

（2）短暂性。消费流行具有来势猛、消失快的规律，常常表现为"昙花一现"，其流行期短则三五个月，甚至更短。同时，人们对流行产品的重复购买率低，多属一次性购买，从而缩短了流行时间。

（3）一致性。消费流行本身由从众化需求决定，使得消费者对流行商品或服务的需求时空范围趋向一致。

（4）集中性。由于消费流行具有一致性，这种从众化的购买活动，在流行商品流行时间相对短暂的影响下，使得流行商品购买活动趋向集中，从而易于形成流行高峰。

（5）地域性。地域性是由消费流行受地理位置和社会文化因素等影响形成的。在一定的地域内，人们形成了某种共同的信仰、消费习惯和行为规范，区别于其他地域，虽然某商品在甲地流行，但在乙地就不一定流行，甚至被禁用。

（6）梯度性。梯度性是由消费流行受地理位置、交通条件、文化层次、收入水平等因素影响形成的。消费流行总是从一地兴起，然后向周围扩散、渗透，会在地区间、时间上形成流行梯度。这种梯度差会使流行商品或服务在不同的时空范围内处于流行周期的不同阶段。

（7）变动性。从发展趋势来看，消费流行总是处于不断变化中。求新求美是消费者永恒的主题，也是社会进步和需求层次不断提高的反映，这势必会引起消费者需求的不断变化、流行商品不断涌现。

（8）群体性。一种消费流行往往是在特定区域的特定的人口群体中生发的，如果这种消费流行具有通用性和群众性，就会为更多的人口群体所接受和效仿，迅速发展壮大。

（9）相关性。人们的消费需求不仅是相互关联、相互依存的，而且往往会组成某种消费需求群，表现出奇特的系统组合特征。例如，在"西服热"兴起的时候，消费者的需求并不仅仅局限于西服本身，而是随着对西服需求量的增加，对衬衫、领带、皮鞋、袜子等的需求量也同步上升。消费者对西服的需求实际上就是一个需求群，或者说是一个需求系统。

（10）周期性。消费流行尽管具有突发性、短暂性等特点，但某种消费倾向自发端于市场到退潮于市场，有一个初发、发展、盛行、衰老、过时的过程，这个过程即消费流行周期。

> **与相关课程的联系**
>
> 消费流行为企业加大产品研发、开发流行产品提供了理论根据，在产品策略里运用广泛，为概念营销提供了支持，对促销也有很大的帮助。

5.2.2 消费流行的类型

从现象上看，消费流行的变化十分复杂，流行的商品、流行的时间、流行的速度都不一样；但从市场的角度考察，消费流行仍具有一定的规律性。

1. 按消费流行的性质分类

（1）吃的商品引起的消费流行。这种消费流行是由于吃的商品的某种特殊性质包含的内容比较广泛，流行的商品种类也比较多，而且流行的时间长、地域广。流行食品的价格，往往要高于一般食品的价格。例如，20世纪五六十年代高热量、高蛋白食品（如巧克力、牛奶及其制品等）曾在一些国家十分流行；而20世纪七八十年代以来，健康无公害食品、天然食品、绿色食品在一些国家形成消费流行。

（2）用的商品引起的消费流行。用的商品能给生活带来巨大的便利而成为消费流行，如电视机丰富了人们的生活，使人们足不出户便知天下事，坐在家里就能欣赏戏剧、音乐等；电冰箱可以对食品保鲜、冷冻，人们不必天天采购商品，可以节约时间。用的商品引起的消费流行往往是性质相近的几种商品，流行的时间与商品的生命周期有关，流行的范围比较广泛，时间也较长。

（3）穿着类商品引起的消费流行。这类商品引起的消费流行往往不是由于商品本身具有的性能，而是由于商品的附带特性引起消费者的青睐，如时装由于其色彩、款式、面料而形成流行。一般来说，流行商品的种类比较少，仅有少数几种甚至只有一两种色彩、款式的商品，流行的时间也较短。这种流行商品的价格往往要大大高于非流行商品，但过了流行期，价格又会大大下跌。

2. 按消费流行的速度分类

按消费流行的速度分类，分为迅速流行、缓慢流行和一般流行。商品流行的速度与商品的市场寿命周期有关，也与商品的分类和性质有关。由于社会生产力的不断发展、科学技术的迅速发展，商品的市场生命周期呈现逐渐缩短的趋势，导致消费流行的速度不断加快。

消费流行速度还与商品价格相关，流行商品价格高，流行速度就慢；流行商品价格低，流行速度就快。这是因为消费者在购物过程中的消费心理倾向于在购买价格高、贵重的商品时决策时间较长，购买比较慎重；而对于价格低、使用频率高的商品，则决策时间短，购买比较迅速。

3. 按消费流行的范围分类

（1）世界性的消费流行。这种流行范围大、分布广，一般来源于人们对世界范围一些共同问题的关心。例如，健康食品、保健食品的流行，来源于人们对环境问题的关心和担忧；仿古商品的流行，来源于人们对古代田园式生活的向往。

（2）全国性的消费流行。所谓全国性的消费流行，并不能涵盖所有的消费地区和消费人口，而只是就大部分地区而言，全国性的消费流行有的是受到世界市场消费流行的影响而形成的，如健康食品、方便食品的流行。但是，这种消费流行从总体上而言，速度慢、时间长;有时受到消费习惯的制约和经济发展水平的影响,这种消费流行也只停留在某些经济发达地区和高收入阶层。

(3)地区性的消费流行。从现象上来看,这种消费流行是最普遍、最常见的;从实质上看,这种消费流行有的来源于全国性的消费流行,有的纯粹是一种地区性流行。全国性消费流行在地区上的反映,其特点是流行起源于大中城市、经济发达地区,流行的商品相同或相似,流行的原因不完全反映商品在该地区的消费特点。有的全国性的消费流行由于流行速度不同,在某些地区形成流行高峰,而在其他地区形成流行低谷,因而给人一种地区性流行的感觉。

(4)阶层性的消费流行。按照市场细分化原理分类,有高、中、低档收入阶层的市场,有婴儿、儿童、青年、中年、老年人阶层的市场,有大学、中学、小学、低文化程度消费者阶层的市场,有工人、农民、职员、知识分子阶层的市场等。有些商品只在某个市场引起很大反响,形成一种流行趋势。这种消费流行由于职业、年龄、收入的差异,一般只限于在某个阶层流行,但有时其影响力也会超出阶层范围。

此外,按照消费流行的时间分类,有长期流行(一般在3～5年及以上)、中短期流行和短期季节流行。按照流行时间分类往往无严格的界限,由于各地区的情况不同,即使是同一种商品流行,流行时间也有长有短之分,因此分类比较复杂。

5.2.3 消费流行周期各阶段的特征及营销策略

1. 流行初发期

流行初发期是指只有好奇心强的少数消费者对某种即将流行的商品产生需求的阶段。在此阶段,市场上对即将流行的商品的需求量很小,但随着消费者对流行商品认知的增加,销量会很快增加。

在此阶段,企业应采取的对策:细心观察市场的变化,分析影响商品流行的各种因素,迅速做出该商品能否流行的预测;同时,进行试销,采取适当的促销手段"催发"流行。

2. 流行发展期

流行发展期表现为大多数消费者对某种流行商品有所认知,开始产生大量需求。在此阶段,商品成为流行商品的迹象已显端倪,过去观望、等待的消费者开始购买这种商品,促使需求量急剧增加,市场成为"卖方市场",出现供不应求的局面。

在此阶段,企业应采取的对策:利用现有设备和人力,最大限度地扩大生产规模,全力开拓市场,大量销售商品。

3. 流行盛行期

流行盛行期是指某种商品备受广大消费者青睐,在市场上广为流行的时期。在此阶段,商品市场销售量达到高峰,预期价格回落,持观望态度的消费者极少,市场暂时出现供求平衡的态势。此时,生产假冒伪劣商品的厂家开始增多。

在此阶段,企业应采取的对策:一要加强广告宣传,提醒消费者注意辨别伪劣假冒商品;二要提高产品质量,增加花色品种,扩大市场领域;三要加强市场预测,全力进行新产品开发,做好转产的准备工作,以便在竞争中处于主动地位。在价格方面,当流行高峰过去之后,流行趋势大减,企业可继续降低价格,甚至采取大甩卖的形式处理过时的流行商品,加速资金周转,并致力于新产品的开发工作。

4. 流行衰减期

流行衰减期是指某种流行商品已基本满足了市场需求,销量渐呈下降趋势,出现供大于求的局面。在此阶段,市场演变为"买方市场",企业之间竞争激烈。

在此阶段,企业应采取的对策:采取降价销售等策略,抓紧时机处理剩余产品;调整生产,试销新产品,适应新的市场需求,迎接新一轮消费潮流。

5. 流行过时期

流行过时期表现为人们对某种商品或服务的需求热情逐渐消失,只能在少数人身上看到这一消费流行的痕迹。

在此阶段,企业应采取的对策:在此之前应进行"冷研究",在思想上有所警觉,在行动上有所准备,做到随机应变。

与相关课程的联系

市场营销学课程中产品的生命周期和消费流行周期有相似之处。

5.2.4 消费心理对消费流行的影响

消费心理对消费流行的影响非常大,如新潮时装往往因影视演员、体育名人或其他知名人士穿戴而成为流行商品,也有的是因时装模特充分展示了商品的特性而形成流行。这往往和崇拜名人、模仿消费的消费心理有关,因为名人具有一定的社会影响力,会在社会生活的各个方面受到人们的注意,以及"爱屋及乌"的心理影响,消费者模仿他们使用的商品、穿戴的服饰,使得相关商品形成消费流行。

1. 社会阶层对消费流行的影响

(1)高收入阶层。由于收入高、消费水平也高,这一阶层的人生活消费支出有很大的选择自由,生活消费表现为高层次、多样化,对购买新商品态度坚决。

(2)社会地位较高阶层。这一阶层的人包括影视演员、体育名人等,由于其职业影响力而受人崇拜,他们的生活消费也比较注意选择,并具有一定的倾向性。但并非这一阶层的人都能对消费流行产生影响,从消费心理角度考察,只有其中具有良好商品认知,购买商品追求时尚、美观、名牌、多功能心理的消费者,对消费流行形成影响的作用才比较大。由于他们对生活消费有较大的选择自由,因此对市场上新商品比较敏感,急于购买和使用。有些新商品具有较多的功能,既时尚又具有科技感,符合这些人的购买心理偏好而形成消费流行。

(3)其他阶层。这一阶层的人的收入中等或偏上,也具有某种社会地位,但不及社会地位较高阶层的人的社会威望高。还有些人刚刚进入社会地位较高阶层,他们的消费选择出于攀比心理、模仿消费,这种消费带有较大的盲目性。有些企业就抓住这种心理,加强对有一定社会地位、社会威望的消费者所需商品的宣传,引诱众多消费者效仿,带动消费流行的产生和发展。这一阶层的人数较多,产生购买行为后,对其他人影响作用也大,他们的模仿消费心理可以带动社会其他阶层的从众消费心理。

2. 感性消费对消费流行的影响

消费者在日常生活中经常性的购买行为会形成固定的消费习惯,称为一般消费习惯。由于消费需求日趋差异化、多样化、个性化、复杂化,使现代社会进入重视"情绪价值"胜过"机能价值"的时代,也就是说,人们更加重视个性的满足、精神的愉悦、舒适及优越感。这种消费现象称为感性消费。

(1)感性消费的概念。

感性消费是指消费者购买商品是为了满足情感上的需求,或者追求某种特定商品与理想的自我概念的吻合。他们在消费时，所追求的已不仅仅是商品的数量和质量，而是商品与自身关联的紧密程度。

根据相关理论，消费者的需求发展大致可以分为3个阶段：一是"量的消费时代"；二是"质的消费时代"；三是"感性消费时代"。在感性消费需求的驱动下，消费者购买的商品往往不是非买不可的生活必需品，而是一种能与其心理需求产生共鸣的感性商品。这种购买决策往往采用的是心理上的感性标准，即"我喜欢的就是最好的"等；消费者的购买行为通常建立在感性逻辑之上，以"喜欢就买"作为行动导向。所谓感性消费，实质上就是现代消费者更加注重精神愉悦、个人实现和情感满足等高层次需求的突出反映。

感性消费与物质性消费的区别比较明显，从中可以分析感性消费的特征。

① 从商品满足人们需求的属性来看，在物质性消费过程中，消费者是生存者，商品是满足人们生活需要的工具；在感性消费形态下，消费者既是生存者又是享受者，而商品则需要具备既满足人们生存需要又满足人们享受需要的双重属性。

② 从消费者的购买行为评价来看，在物质性消费中，消费者根据传统经济上的理性标准来评价和选择商品；在感性消费中，消费者往往以自己的直观感觉作为衡量商品的重要标准，其购买行为建立在感觉逻辑之上。

③ 从消费形态的复杂程度来看，物质性消费可以说是一种平面式、单方位、分离式的简单性消费；而感性消费则是一种立体、多方位、相关性的复杂型消费。因此，从消费所追求的目的、消费水平、消费意识、消费行为的复杂程度、对商品的利用范围及发展的先后顺序来看，物质性消费是一种较低层次的消费，感性消费则是一种较高层次的消费。

感性消费心理是每一个消费者都可能产生的消费心理，影响这种心理形成的因素既有主观因素，又有客观因素。

① 激情引起的感性消费。人有七情六欲，过度的悲伤、抑郁、愤怒和兴奋都可能使人情绪冲动。当人的感情覆盖了理智，就形成了感性消费行为。消费者的感性消费心理主要由兴奋引起，而兴奋情绪的产生来自多方面，如庆功的喜悦、意外惊喜带来的兴奋、团聚的欢乐、社会活动或他人欢乐的感染。

② 兴趣、爱好引起的感性消费。兴趣、爱好是人们对事物感觉喜爱和偏好的情绪，这种情绪影响消费者消费心理的变化和消费行为的产生。例如，足球球迷不仅对观看足球比赛有浓厚的兴趣，而且对与足球有关的各种商品也会产生强烈的购物欲望，只要能过足球瘾，只要有承受能力，即使花重金也在所不惜。消费者对某种商品兴趣越浓，就越容易产生购物冲动。营销人员要引导感性消费心理转化为购物行为，就要认真研究消费者消费兴趣的形成过程，如特长引起的感性消费兴趣、所从事工作产生的感性消费兴趣、思维方式不同引起的感性消费兴趣、环境不同引起的感性消费兴趣等。

③ 猎奇心理引起的感性消费。客观世界变幻莫测，许多事物人们没见过或没听过，对其充满了好奇。就商品而言，也有许多新奇的东西是人们不了解、不认识的，因此他们就会产生好奇心理。在好奇心理的驱动下，消费者随时可能形成感性消费心理和消费行为。也有的消费者由于性格比较活泼，在生活中喜欢标新立异，他们除了具备一般的好奇心理，还养成了猎奇的癖好。凡是他们认为奇特的商品，无论在样式、功能、造型还是色彩上，只要能满足其好奇心理，都会成为他们猎奇的对象。这些人往往会成为新商品消费的带头人。因此，企业在开发产品、开拓市场时，要非常注意观察和分析这类消费者的心理表现，从而为企业发展铺设成功之路。

④ 价格波动引起的感性消费。价格是制约消费者消费欲望转化为消费行为的重要因素之一。商品的涨价与降价常常引发消费者的消费行为发生改变，人们常说的"买涨不买落"就是企业对消费者购物心理的评价。意思是说，商品涨价会给消费者带来一定心理压力，他们担心再不买还会再涨价；而商品降价，则使消费者容易形成"等一等，还会再降价"的心理。在这种心理支配下，每当听到商品要涨价的风声时，市场上常会出现抢购潮。正因为价格在促使消费者形成感性消费心理上具有特殊作用，所以常被企业作为心理战术使用。

⑤ 名人效应引起的感性消费。人们往往仰慕社会名流，其原因一是敬重名人的人品或才华，二是借与名人的某种联系显示自己的地位、身份或财富。这种动机反映在消费过程中就产生了名人效应，由此而引起的感性消费行为时有发生。每个人都有不同程度的自我表现欲望，而在社会地位、经济收入、文化品位较高阶层人士中，突出个性、注重自我形象的自我表现心理表现得更为突出、更加强烈。他们中的一些人为了显示自己的社会地位、经济地位、名望等，专门购买名、特、优、贵商品，并且格外重视由此表现出的社会象征意义。这些商品对他们具有很强的吸引力，往往能激起他们强烈的购买欲望，他们在购买后会积极而频繁地进行消费，也就成为其他阶层人士攀比、模仿的对象。

⑥ 外界环境引起的感性消费。每个消费者都生活在特定的消费群体中，他人的消费习惯、生活方式都潜移默化消费者自身的消费心理和消费行为。当外界影响构成强烈刺激时，消费者会不自觉地被感染，从而产生感性消费心态。例如，人们在旅游活动中，置身于游览胜地，往往会对当地的民俗、民风产生兴趣，许多旅游者会购买有纪念意义的旅游商品。在这种氛围中，作为旅游消费者都会自然而然地产生感性消费行为。

（2）感性消费情感的策略应用。

① 抓住消费者的情感需求。情感诉求要从消费者的心理需要出发，紧紧围绕消费者的情感需要与诉求，才能产生巨大的感染力和影响力。需求是情绪情感产生的直接基础，若消费者没有类似的需求，任何刺激也无法激发起他们的这种情感。在情感广告中，广告刺激必须以消费者的需求为中介才能发挥作用。广告要想打动消费者，必须针对消费者的需求进行诉求，同时将商品与消费者的需求紧密联系起来，使消费者一出现类似需求就能联想到该商品，这样才能取得良好的促销效果。

② 增加商品的心理附加值。人类的需求具有多重性，既有物质性需求，又有精神性需求，并且这两种需求经常处于交融状态：一方面，物质需求的满足可以带来精神上的愉悦；另一方面，精神上的满足又可以强化物质需求的满足，甚至会代替物质需求的满足。从这种意义上来说，商品的质量是基础，心理附加值是超值。作为物质形态的商品或服务，本来并不具备心理附加值的功能，但适当的广告宣传会给商品人为地赋予附加值，甚至使该商品成为某种意义或形象的象征——购买这类商品可以获得双重的满足，一个是物质上的，另一个是精神上的。

③ 利用暗示，倡导流行。消费者的购买动机是多种多样的，有时购买者并不一定是使用者，许多商品是用来馈赠亲友的。消费者通过馈赠礼品来表达某种情感，如果某商品正好符合这种愿望，他们就会主动去购买，而较少考虑商品的质量、功效等具体属性。当厂商通过广告宣传将购买这种商品变为一种时尚或风气后，消费者就会被这种时尚或风气牵引，去购买这种商品。例如，脑白金"今年过节不收礼，收礼只收脑白金"的广告语被高频播放后，不但没有引起人们的积极情感，反而引起很多消费者的反感。但不可否认的是，这条广告通过暗示引导了消费流行，在促进商品销售方面还是比较成功的。

3. 畸形消费对消费流行的影响

（1）畸形消费的概念。

畸形消费是由消费变态心理引起的消费态势，是一种不良的消费方式。由于社会生活和消费心理特征具有多样性，消费表现为正常消费和畸形消费。与正常消费相比，虽然畸形消费所占比重不大，但由于消费者众多，其消费总量的绝对值也不容忽视。

即使是畸形消费，也会因产生的内在原因和外在条件的不同而有多种表现。

① 抢购和待购消费及其形成原因。抢购是指消费者在短时间内出于某种因素的考虑发生的超过实际需求的购买行为，一般可分为涨价抢购、俏货抢购和盲目抢购。严格来说，如果商品涨价和商品短缺的客观事实确实存在，那么涨价抢购和俏货抢购这两种抢购方式也应当归入理性消费之列；反之，如果并不存在上述相应客观可能性时，那么这两种抢购就属于盲目消费的范畴。盲目抢购是不加分析、无计划、非理性的购买活动，属于畸形消费的范畴。待购则是指消费者虽然确实有实际需求，但由于某种原因，他们认为不是购买的最佳时机而表现出的暂时不消费的行为，一般可分为理性待购和盲目待购。

不管是抢购还是待购，只有当其归属于盲目消费范畴时才可定性为畸形消费。产生盲目消费抢购或待购行为的原因主要在于消费者缺乏安全感，总想通过抢购或待购的方式来消除这种不安全感。当社会不安全因素增多或消费者个人心理承受力较差时，容易产生畸形消费。

② 癖好消费及其成因。癖好消费是指超过正常消费程度或正常范围的嗜好消费。并非所有的癖好消费都属于畸形消费，只有当某种癖好消费对个人或社会可能造成有害影响时才可将其认定为畸形消费，如嗜酒如命、吸烟成癖、沉迷网络等。产生畸形癖好消费既有社会传统习俗的原因，又有个人性格和生活习性的原因，所以社会、组织、家庭和个人都应采取适当方式加以控制或限制，以免造成不良后果。

③ 排斥消费及其成因。排斥消费是指由于某种原因导致消费产生了心理障碍而拒绝购买的暂时不消费行为，一般可分为差距消费排斥和信任消费排斥。其中，差距消费排斥是指由现实商品与消费者需求期望之间存在差距造成的排斥。例如，某生产奶粉的企业被曝光生产销售了劣质奶粉后，消费者对其所有的奶制品都会产生怀疑和不信任，进而产生抵触消费。排斥消费的具体表现是否属于畸形消费，取决于是否存在促使排斥心理障碍产生的客观事实，如果存在客观事实，那么消费者不仅有理由而且也应该拒绝购买。只有并不存在足够的客观事实，消费者仍坚持拒绝消费的态度时，才属于畸形消费的范畴。

产生畸形消费的原因主要在于消费主体的偏执倾向。这些消费者往往不愿改变自己已经形成的观点，不管实际情况发生了怎样的变化，仍然以自己的主观判断作为评价事物的标准。

（2）畸形消费原理的应用。

畸形消费原理的应用并非意味着通过对相关问题的分析去迎合消费者不正常的消费心态，而是要通过对畸形消费的认知去指导企业的相关活动，为企业的稳定发展服务。

① 重视消费者的抢购与待购，消除消费者的不安全因素。不管是畸形抢购还是畸形待购，长时间来看，它们的存在都会对企业的长远利益造成危害。试想，如果消费者对某企业怀有不安全感，不管是畸形抢购还是畸形待购，都会在社会上造成不良影响，给企业造成负面影响，从而破坏企业的声誉。因此，企业应认真对待畸形消费现象所产生的危害，并采取一切可能的手段去消除消费者的疑虑，例如：加大正面宣传力度，尽可能使消费者和社会了解企业的发展前景；通过各种手段制止或消除对企业产生不利影响的信息传播；不从事可能使消费者产生各种误解的活动；等等。企业不应因认定不正常的抢购和代购属于畸形消费而

听之任之；反之，应采取认真的态度对待，通过消除消费者的不安全感使其对企业的发展充满希望，树立企业的良好形象，同时也为维护正常的社会经济秩序作出贡献。

② 树立社会市场营销观念，逐步消除畸形癖好消费。如果从短期的利益进行考虑，畸形的癖好消费对于企业来说可能是件好事，譬如说，喝酒的人越多，给酒厂创造的利润就越高，似乎对企业有好处。但如果从长远的角度考虑问题则情况恰恰相反，因为当畸形癖好消费达到一定程度后，其超过了正常的消费程度和消费影响，必然会由于其对社会造成的危害而遭到社会和大多数人的抵制，最后致使相关企业失去生存空间。因此，那些与畸形癖好消费有关的企业也应通过对畸形消费的认识，及早树立社会市场营销观念，尽快调整企业的投资方向；社会各方也应共同努力，为早日消除传统陋习作出努力。

③ 合理界定排斥消费，满足正常消费需求。通过对排斥消费产生原因的分析可知，如果不对排斥消费进行科学的分析，笼统地把所有的排斥消费都归为畸形消费，那么就很可能使企业看不到自身所存在的问题而失去大量的客户。一般来说，正常限度内的消费差距排斥和信任消费排斥的产生，是由企业的生产技术或生产因素造成的，这些无疑会给消费者在心理上造成障碍。企业应认真寻找原因，制定合理的对策来消除这些消费者心理上的障碍，例如：针对合理的差距消费排斥，企业应全面分析可能促使消费者产生心理障碍的所有因素，然后根据核查结果采取切实可行的办法或进行生产调整去缩短现实商品与需求期望之间的差距；针对合理的信任消费排斥，企业应认真核查给消费者造成信用危机的真正原因，然后采取恰当的方法进行宣传或以新的形象来消除消费者的不信任感。消费者的不信任感一旦形成，便不会在短期内消除，所以企业可采取更换品牌的做法来消除这种排斥消费。如果已出现了畸形排斥消费，企业也不能坐以待毙，而应采取积极的对策，如加大促销力度，通过合理的方式促使消费者改变态度；同时，应加强对企业自身的宣传，给消费者树立一个美好的企业形象。总而言之，要想消除消费者心中已经形成的心理障碍，就必须采取符合消费者心理机制要求的合理手段去施加影响，从而改变消费者对企业或产品的印象。

综上所述，消费流行是一种重要的经济现象。我们研究消费流行，目的是要因势利导，促进经济的发展和生产水平的提高；同时，追踪消费者心理的变化轨迹，目的是为市场营销服务，为经济建设服务。

5.2.5 消费流行对消费心理的影响

在消费流行的冲击下，消费心理发生了许多微妙的变化。我们在研究消费流行时，应看到消费心理对消费流行形成与发展的影响，同时还应看到消费流行所引起的消费心理变化。因此，考察这些具体变化，也就成为研究消费心理、做好市场营销的重要内容。

1. 认知态度的变化

按照正常的消费心理，消费者对一种新商品往往在开始时持怀疑态度。根据一般的学习模式，人们对事物认识的过程，有的是通过经验，有的是通过亲友的介绍，还有的是通过媒介传递出的信息的学习来形成的。当然，这种消费心理意义上的学习过程不同于正规的知识学习，它只是对消费者感兴趣的商品知识予以接收。但由于消费流行的出现，大部分消费者的认知态度会发生变化，首先是怀疑态度取消，肯定倾向增加；其次是学习时间缩短，接受新商品时间提前。在日常生活中，许多消费者唯恐落后于消费潮流，所以一出现消费流行，就密切关注着它的变化，一旦购买时机成熟，便马上积极购买，争取步入消费潮流。如此一来，消费心理就从认知态度上发生了变化，这时消费流行就强化了消费者的购物心理。

2. 驱动力的变化

人们购买商品,有时出于生活需要,有时是因为人们为维持社会交往而产生消费需求。这两种需求产生了购买商品的心理驱动力,这些驱动力使人们在购物时产生了生理动机和心理动机。根据一般的消费心理来看,这些购买动机是比较稳定的。当然,有些心理动机也具有冲动性,如情绪动机。这种情绪变化与个人消费心理相一致,但在消费流行中,购买商品的驱动力会发生新的变化。例如,有时明明没有消费需求,但看到流行商品,也加入购买商品的行列,对流行商品产生了一种盲目的购买驱动力。这种新的购买驱动力可以划入具体的购买心理动机,如求新、求美、求名、从众心理动机。但有时消费者在购买流行商品时,并不能满足上述心理要求,只能说是消费流行使人产生了一种新的购买心理驱动力。研究这种驱动力,对于认知消费流行的意义具有重要的作用。

3. 消费心理发生反方向变化

因为在正常的消费活动中,消费者往往要对商品比值、比价,先在心理上做出评价和比较后,再去购买物美价廉的商品。但在消费流行的冲击下,这种传统的消费心理会受到冲击。例如,一些流行商品明明因供求关系而抬高了价格,但消费者却常常不予计较而踊跃购买;相反,他们原有的正常商品的消费行为有所减少,如为了购买时装,对其他服装产生了等一等或迟些时候再购买的消费心理。

在正常的消费活动中,消费者购买商品是由于某种具体的购买心理动机在起主导作用,如购买商品注重实用性和便利性的求实心理动机,但在消费流行中就会发生变化,对实用性和便利性产生新的理解。因为一些流行商品从总体上来说,较原有商品增加了新功能,当然会给生活带来新的便利,特别是一些吃的食品和家庭日用品。这时消费者加入消费流行,便是心理作用强化的直接结果。

4. 偏好心理受到冲击

有些消费者由于对某种商品长期使用,便产生了信任感,购物时非其不买,形成了购买习惯,尤其是对印象好的商店会经常去光顾。而在消费流行的冲击下,这种具体的消费心理会发生新的变化,虽然这些消费者对老品牌仍有信任感,但耳濡目染的都是流行商品,不断地受到家人、朋友使用流行商品时的那种炫耀心理的感染,也会逐渐失去对老品牌的偏好心理。这时,如果老品牌不能改变商品结构、品种、形象,不能适应消费流行的需求,就会导致一部分消费者转向流行商品。如果这些企业赶不上流行浪潮,就会失去这些老客户。

个人购物偏好心理是消费活动中在较长时间内养成的习惯,这种习惯的养成是建立在个人生活习惯、兴趣爱好之上的。在消费流行中,这种偏好心理也会发生微妙的变化,有时是消费者个人认识到原有习惯应该改变,有时是社会风尚的无形压力使之动摇、改变。

尽管这些常见的消费心理在消费流行中或多或少地发生了变异,但综合来看,其变化的基础仍然是原有的心理动机,形成强化或转移的形式并未从根本上脱离消费心理动机。

任务3 掌握消费习俗与消费心理

消费习俗的形成有政治、经济的原因,也有消费心理的影响。消费习俗一旦形成,不仅对日常生活消费产生直接影响,而且对消费心理也有一定的影响。因此,研究消费习俗与消费心理的关系,就成为消费心理学的重要内容。

5.3.1 消费习俗的概念

消费习俗是指人们在日常消费生活中，由于自然的、社会的原因所形成的不同地区各具特色的消费习惯，是各类习俗中的一种重要习俗。

1. 消费习俗的特征

（1）长期性。消费习俗都是在漫长的生活实践中逐渐形成和发展起来的，一种习俗的产生、形成和发展要经过一定的时间。在长期的生活中，消费习俗潜移默化地进入人们生活的各个方面，不知不觉地产生影响。

（2）社会性。消费习俗是在共同的社会生活中互相影响产生的，是社会生活的有机组成部分，带有浓厚的社会色彩。

（3）地区性。消费习俗是在特定地区产生的，带有强烈的地方色彩，和当地的生活传统相一致，是当地的地方消费习惯。

（4）非强制性。消费习俗的产生、流行往往不是强制颁布推行的，而是一种无形的社会习惯。千百万人的习惯也是一种无形的力量，使生活在这里的人们自觉或不自觉地遵守这些消费习俗，并以此规范自己的消费行为。

2. 消费习俗的类型

（1）喜庆性的消费习俗。这是消费习俗中最主要的一种形式，它往往是人们为表达各种美好愿望而发生的各种消费需求，如中国人结婚喜欢穿红衣服、办酒席等。

（2）纪念性的消费习俗。这种消费习俗是人们为了表达对某人或某事的纪念之情而形成的消费风俗和习惯，是一种十分普遍的消费习俗，因各个国家、民族的不同而存在差异，如中国人清明节踏青、端午节吃粽子等。

（3）信仰性的消费习俗。这种消费习俗是由于宗教信仰而形成的消费性的风俗习惯，受宗教教义、教规、教法的影响，并由此衍生而成，如佛教的浴佛节等。

（4）社会文化性的消费习俗。这种消费习俗是在较高文明程度的基础上形成的消费习俗，其形成、变化和发展与社会经济、文化水平有密切关系，如花灯节、风筝节等。

（5）地域性的消费习俗。这种消费习俗是由于地理位置的差别而形成的消费风俗习惯，各个国家之间、同一国家各地区之间由于地域性不同，相关习俗也不同，如中华传统饮食中的"南甜、北咸、东辣、西酸"之说。

5.3.2 消费习俗的影响因素

1. 模仿心理

譬如说，上行下效、认同权威、补偿缺憾、寻求精神享乐、显示自身优越性等，是广大消费者的共同心态。消费流行的带头人为从众者提供了模仿的榜样，参与者通过模仿带头人的消费行为，加入消费流行的潮流。在当今社会，由于社会活动的广泛性，各种引起人们仿效的榜样不胜枚举，影视演员、体育名人、时装模特、业界领袖等，他们的着装打扮、言行举止，通过各种媒介的宣传，都会引起从众者的模仿。

2. 攀比心理

攀比心理是一种争强斗胜、与他人攀比、希望赶超他人的心理。一般来说，社会阶层的划分是相对而言的，如果对"上、中、下"社会阶层进一步细分，我们不难发现，每两个相邻阶层之间的距离是很近的，无论是社会地位，还是经济收入、文化品位，都相差无几，只不过某一阶层在某些方面"略逊一筹"或"略胜一筹"而已。这样，阶层之间的攀比心理和攀比行为就会不可避免地发生。也正是因为这种攀比心理和攀比行为，进一步推动了消费流行的发展，使消费流行先后进入不同的流行阶段。

3. 从众心理

从众心理是人们寻求社会认同感和社会安全感的重要表现，个体服从多数人的心理和自觉接受社会行为规范的倾向，也就成为消费流行产生和发展的重要条件。值得注意的是，在从众心理作用下产生的购买行为大多是比较盲目的，"赶时髦"之所以被一些人视为贬义词，原因就在于从众心理的盲目性使消费者出现经济、精神上的损失。

4. 同步心理

趋同从众、不甘落后，是人之常态，也就是同步心理。不同的社会阶层、社会群体，其购买心理、购买行为是不一样的；相同的社会阶层、相同的社会群体，其购买心理、购买行为是大致相同的。在同一社会阶层、社会群体中，每一个成员都不想被群体抛弃，这一心理表现在购买行为上，往往是争先恐后地与同一社会阶层、社会群体的购买行为保持同步。横向式消费流行比纵向式消费流行的速度一般要快一些，原因就在于同步心理规范了同一社会阶层、社会群体成员的购买行为，在客观上推动了消费流行的发展。

> **与相关课程的联系**
>
> 市场营销学课程中的市场细分变量主要根据地理、人口、心理和行为来划分。消费习俗也是影响消费心理的变量之一，可以根据不同区域、不同人群的习俗进行市场细分。广告实务课程中广告内容的选择一定不能与习俗相违背。

5.3.3 消费习俗对消费心理和购买行为的影响

1. 消费习俗对消费者心理的影响

随着社会的进步，人们的生活方式不断变化，新的消费方式进入人们的日常生活，虽然给消费习俗带来了冲击，但是消费习俗对消费心理的影响依然时刻存在。

（1）消费习俗给消费者心理带来了某种稳定性。消费习俗是长期形成的，对社会生活、消费习惯的影响很大，因此而派生出的一些消费心理具有某种稳定性。消费者在购买商品时，由于消费习俗的影响，会产生习惯性购买心理，往往在较长时间内都去购买符合消费习俗的各种商品。

（2）消费习俗强化了消费者的心理行为。由于消费习俗带有地方性，很多消费者产生了对地方消费习惯的偏爱，并形成一种自豪感，这种感觉强化了消费者的一些心理活动，如广州人对早茶文化的喜爱等。

（3）消费习俗使消费心理的变化减慢。在日常社会交往中，原有的一些消费习俗有些是符合时代潮流的，有些是落伍的，但由于消费心理对消费习俗的偏爱，使得消费习俗的变化比较困难；反过来说，适应新消费方式的消费心理变化也减慢了，变化时间延长了。有时虽然生活方式发生了变化，但由于长期消费习俗引起的消费心理仍处于滞后状态，迟迟不能跟上生活方式的变化。

2. 消费习俗对购买行为的影响

消费习俗本身具有的特点决定了它所引起的购买行为同一般情况下的购买行为有所区别，主要表现为以下3个特征。

（1）由消费习俗引起的购买行为具有普遍性。任何消费习俗的形成都必须有一定的接受者，它能够在某种特定的情况下引起消费者对某些商品的普遍需求。例如，每到春节，人们总要购买各种商品，如肉类、蔬菜、水果、糕点及礼品等。其间，消费者的需求要比平时增加好几倍，几乎家家如此。

（2）由消费习俗引起的购买行为具有周期性。消费习俗不同于社会流行，是因为其形成之后就固定下来并周期性地出现。例如，人们每年端午节吃粽子、中秋节吃月饼等。随着这些节日周期性地出现，消费者也要周期性地购买相应的节日商品。

（3）由消费习俗引起的购买行为具有无条件性。消费习俗是一种社会风尚或习惯，不仅反映了人们的行为倾向，而且反映了人们的心理活动和精神风貌。一种消费方式或习惯之所以能够继承相传并形成消费习俗，最重要的原因是人们的从众心理。每个人都习惯于和别人一样去做同样的事、想同样的问题，因此，由消费习俗引起的购买行为几乎没有什么条件限制。虽然其引起的消费数量大、花费多，但消费者可以克服许多其他方面的困难，甚至减少其他方面的支出，来满足这方面的消费需求。

自测试题

一、单项选择题

1. 不同地区的消费文化（　　）。
   A. 大体相似　　　　　　　　　　B. 差异很大
   C. 差异较小　　　　　　　　　　D. 完全不同
2. 从众行为产生于（　　）。
   A. 内在压力　　　　　　　　　　B. 消费压力
   C. 个体压力　　　　　　　　　　D. 群体压力
3. 消费流行的本质在于认知标准的（　　）。
   A. 主观性　　　　　　　　　　　B. 客观性
   C. 地域性　　　　　　　　　　　D. 社会性
4. 消费者受群体规范影响的主要心理原因是（　　）。
   A. 仿效心理　　　　　　　　　　B. 学习心理
   C. 攀比心理　　　　　　　　　　D. 追随心理
5. 现代民族消费文化具有很强的（　　）。
   A. 独特性　　　　　　　　　　　B. 包容性
   C. 区域性　　　　　　　　　　　D. 商品性
6. 具有来势猛、消失快的规律指的是消费流行特点的（　　）。
   A. 短暂性　　　　　　　　　　　B. 一致性
   C. 地域性　　　　　　　　　　　D. 群体性
7. 消费习俗不具有（　　）特点。
   A. 长期性　　　　　　　　　　　B. 社会性
   C. 地区性　　　　　　　　　　　D. 强制性
8. 某一文化群体所属次级群体成员共有的独特的价值观念、生活方式和行为规范称为（　　）。
   A. 文化　　　　　　　　　　　　B. 亚文化
   C. 区域文化　　　　　　　　　　D. 民族文化
9. 消费流行具有发生、发展、盛行和衰退的现象，这就是（　　）。
   A. 流行周期　　　　　　　　　　B. 消费周期
   C. 消费规律　　　　　　　　　　D. 消费时尚
10. 基督教的复活节有特定的消费活动的习惯做法属于（　　）。
    A. 喜庆性消费习俗　　　　　　　B. 纪念性消费习俗
    C. 宗教性消费习俗　　　　　　　D. 文化性消费习俗

【参考答案】

二、多项选择题

1. 对于消费者的消费习惯，经营者应当（   ）。
   A. 阻止形成   B. 引导形成
   C. 促其形成   D. 创造出来
   E. 进行设计

2. 消费者能否接受群体行为规范主要取决于（   ）。
   A. 趋同心理   B. 从众心理
   C. 学习心理   D. 容忍心理
   E. 异化心理

3. 影响和制约人的消费需求的社会因素有（   ）。
   A. 民俗民风   B. 宗教信仰
   C. 社会分层   D. 政治制度
   E. 社会时尚

4. 民族消费文化心理寄托着本民族的（   ）。
   A. 价值观念   B. 社会责任
   C. 文化传统   D. 共同理想
   E. 经济目标

5. 消费流行的特点是（   ）。
   A. 时效性强   B. 地区差异大
   C. 持续性强   D. 周期性明显
   E. 群体性崇拜

三、简答题

1. 什么是消费习俗？什么是模仿和从众？
2. 简述影响消费习俗的因素。
3. 简述社会文化对消费行为的影响。

四、论述题

1. 论述传统文化对消费行为的影响。
2. 论述企业在消费流行的不同时期的销售策略。

五、案例分析题

我国历史悠久，幅员辽阔，不同地域受历史及地理影响，形成了各具特色的地域文化。地域文化对各地保险消费有着举足轻重的影响。一张保单，如果用同样的营销方式在全国推广，无疑会遇到障碍。

在一些地区，人们接触外来文化比较频繁，易于接受保险理念，对于保险公司推出的新业务，人们也愿意进行尝试。在这些地区，面对外来事物或新鲜事物潜在的风险，人们更愿意选择风险转移，所以保险公司开展业务容易得多。

而在一些传统文化根深蒂固的地区，人们多持传统观念，重视家庭，重视健康，重视人际关系。大多数人认为家中老人可由家族成员赡养，形成一种家庭自保机制，对养老保险不感兴趣或者需求不大。由于对健康的重视，人们可能会对生存险和健康险更加感兴趣。此外，人们比较看重人际关系，一名善于处理人际关系的保险业务员，可能会比其他同事有更好的销售业绩。

由此可见，针对各地文化的差异，保险公司需要做好两方面：一方面，因地制宜，确定险种投放比例；另一方面，因时制宜，不断更新销售方法，注意字斟句酌，培养优秀营销人员。这样不仅能有效降低保险公司的营业费用，而且能提升保险行业的公众形象。

只有重视文化习俗对保险消费的影响，才能使保险营销更加贴近市场，使保险产品投放有的放矢，使保险市场更加人性化，从而提高营销效率，扩大市场规模，并有效提升行业形象。

分析：

你如何看待文化习俗对保险营销的影响？

项目5 熟悉文化、流行与习俗对消费心理的影响

项目实训

1. 调查身边同学使用手机的情况,分析消费流行对学生购买手机品牌、价位、功能的影响。
2. 列举一些不同地域的消费习俗,并谈谈它们对购买行为的影响。

课后拓展

1. 上网查找一些流行文化对消费心理影响的案例。
2. 请不同民族和不同地域的同学讲一下自己家乡的消费习俗。
3. 收集资料并在班级进行讨论:如何引导消费者在文化习俗中进行科学消费?

项目 6
正确区分不同消费者群体的消费心理

▶【学习指导】

学习重难点	学习重点	不同消费群体的消费行为和消费心理
	学习难点	
学习目标	知识目标	掌握消费者群体的概念与分类、消费者群体影响力、消费者群体规范与消费行为
	能力目标	在市场营销过程中，能科学地认知、掌握各类消费群体心理形成及变化规律，开拓消费者群体市场，并采取相应的策略

▶【思维导图】

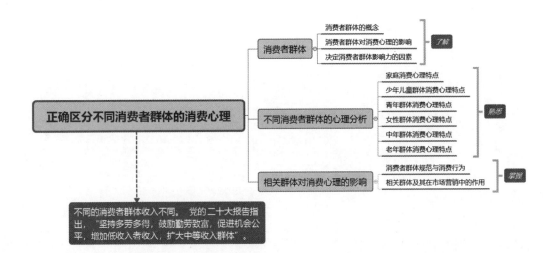

不同的消费者群体收入不同。党的二十大报告指出，"坚持多劳多得，鼓励勤劳致富，促进机会公平，增加低收入者收入，扩大中等收入群体"。

【导入案例】

当"大妈"(Dama)作为一个新词被录入牛津词典时,人们突然发现,社会上又多了一个特定群体。"大妈"通常有这样的特征:年龄大多在55~65岁;大多曾经工作过,但已经退休;不再需要为生存奔波;有一定的购买力,却延续着当年的节俭;不掌握大众传媒上的话语权,曝光率却极高。

2013年4月15日,黄金价格一天下跌20%,大量民众冲进最近的店铺抢购黄金制品,一买就是几千克,她们被称作抄底黄金市场的"大妈"。据统计,2013年"大妈"买金的狂热程度轰动世界,推动中国黄金消费需求增长32%,创历史新高。

2013年,华尔街大鳄在美联储的授意下举起了做空黄金的"屠刀",经过一年的酝酿造势,华尔街大鳄们终于出手做空黄金了,黄金大跌,世界哗然,不料半路杀出一群"大妈",1000亿元人民币,300吨黄金瞬间被扫,整个华尔街为之震动,华尔街卖出多少黄金,"大妈"们照单全收。在这场做空大战中,世界五百强之一的高盛集团率先举手投降。一场"金融大鳄"与"大妈"之间的黄金阻击战以"大妈"完胜告终。

"最近你买黄金了吗?"这成了2013年"五一"节日里的新问候语。2013年的"五一"小长假上演了"满城尽带黄金甲"的大片,以"大妈"为主流的群体狂买黄金,导致许多城市的商场黄金专柜被"一扫而空"。

"大妈"是普通老百姓,她们出手抢购实体黄金,当然也有传统观念的"存金藏银"因素,但主要还是期望财富保值和规避通货膨胀。"抢金潮"其实映衬着民间投资理财渠道的匮乏与不足,"大妈"们把钞票换成"黄货",也更凸显提振内需消费的隐忧。

据当时世界黄金协会发布的报告显示,2013年第二季度全球黄金消费需求大幅攀升53%,黄金消费需求创下5年来的最高水平。对黄金销售商而言,"大妈"是绝对的金主,她们很久没有见到金价如此低,对她们来说,这是一种巨大的吸引力。

"大妈"走向世界后,更多人开始讨论这个特殊的群体,有媒体撰文指出,"大妈"挤进由英语把持的秩序森然的金融词汇队伍,有点儿瞎胡闹。贴上"大妈"这个标签的群体大体是这样的:热情但冲动,精力充沛但经常盲从,擅长利益计算但缺乏眼光。一切都在暗示,"大妈"很难是生意场上笑到最后的人。其实,这些人并不明白,"大妈"根本无意要与华尔街精英一决高下,支撑"大妈"对黄金不懈追求的并不全是升值诱惑,而主要是提升安全感。

思考:

为什么"大妈"钟爱黄金?其他群体,如大爷、大叔、爷爷、奶奶为什么没成为"金主"?不同群体的消费行为和消费心理有什么特点?

消费者作为社会成员之一,必然生活在一定的社会环境中,其购买行为不可避免地要受到所处社会环境和各种群体关系的制约和影响。

任务1 认知消费者群体

6.1.1 消费者群体的概念

要了解消费者群体,首先要了解群体的概念。群体或社会群体是指通过一定的社会关系结合起来进行共同活动而产生相互作用的集体。它是为了实现共同的特定目标而形成的相互作用、相互影响和相互依赖的集合体,其成员之间存在一种稳定的联系和心理依附关系。

从消费者行为来分析,研究群体影响至关重要:首先,群体成员在接触和互动过程中,通过心理和行为的相互影响与学习,会产生一些共同的信念、态度和规范,对消费者的行为将产生潜移默化的影响;其次,群体规范和压力会促使消费者自觉或不自觉地与群体的期待保持一致,即使是那些个人主义色彩很重、独立性很强的人,也无法摆脱群体的影响;最后,很多商品的购买和消费是与群体的存在和发展密不可分的,如加入某一球迷俱乐部,不仅要参加该俱乐部的活动，而且要购买与该俱乐部的形象相一致的商品，如印有某种标志或某个球员头像的球衣、球帽等。

社会成员构成一个群体，应具备以下4个基本特征。

（1）群体是一个有组织的结构。群体成员需要以一定的纽带联系起来，如以血缘为纽带组成了氏族和家庭，以地缘为纽带组成了邻里群体，以业缘为纽带组成了职业群体等。同一群体的成员在共同的活动中会表现出观念与行为的一致性，当与其他群体相比较时，成员就会产生一种属于自己群体的感觉，这称为归属感。群体成员之间相互依靠、相互作用和相互制约，共同目标使群体成员有了极强的凝聚力和归属感。在群体中，每个成员都能意识到他人的存在，具有相关活动的意识，并通过成员的相互影响、相互作用和相互制约，达到群体行为的统一性和整体性。

（2）成员之间有共同目标和持续的相互交往。例如，公共汽车上的乘客、电影院里的观众不能称为群体，因为他们是偶然和临时性地聚集在一起的，缺乏持续的相互交往。群体中的每个成员都能相互依存，在行为上互相影响、互相联系。群体成员有一致认同的特定目标，在组织的分工下有共同的行为方向，所做的一切工作都紧紧围绕群体目标展开。在目标的实现过程中，每个成员都具有一定的角色地位，并使行为与角色一致，彼此合作使群体朝着共同的目标前进。

（3）成员之间具有认同感。同一群体的成员对重大事件和原则问题的认知倾向于与群体保持一致。当个人对外界情况不明时，这种认同就会发生很大的影响，有时甚至会是盲目的，如在认知方面的影响。

（4）群体成员有共同的群体意识和规范。群体成员之间会进行观念、思想、情感等信息交流，成员之间有共同的群体意识和规范。

> **与相关课程的联系**
>
> 某一消费群体内成员之间的消费行为具有很大的相似性，为企业进行市场细分提供了依据。

社会群体的种类众多，可以按照不同的标准对群体进行分类。

（1）以群体是否存在为标准，可以把群体分为假设群体和实际群体。假设群体是指为了研究、统计有市场区分需要的有某些共同特点而没有联系和组织的群体，如40～50岁的知识分子组成的"中年知识分子"群体。实际群体则是指客观存在的群体，如家庭、学校、机关、工厂等。

（2）按照群体的组织程度，可以把群体分为正式群体和非正式群体。正式群体是指有明确的组织目标、正式的组织结构，成员有着具体的角色规定的群体，如一个单位的基层党组织、大学里的教研室、工厂里的新产品开发小组均属于正式群体。非正式群体是指人们在交往过程中，由于共同的兴趣、爱好和看法而自发形成的群体。非正式群体可以是在正式群体之内，也可以是在正式群体之外，或者跨几个群体，其成员的联系和交往比较松散、自由。

（3）按照个人卷入的程度，可以把群体分为主要群体和次要（次级）群体。主要群体又称初级群体，是指成员之间会进行经常性面对面接触和交往，形成亲密人际关系的群体，主要包括家庭、邻里、儿童游戏群体等。次要（次级）群体是指人类有目的、有组织地按照一定社会契约建立起来的社会群体。典型的次要（次级）群体是各类社会组织，如公司、政府机构、学校等。次要（次级）群体规模一般比较大，人数比较多，群体成员不能完全接触或接触比较少。在主要群体中，成员之间不仅有频繁的接触，而且有强烈的情感联系，正因为如此，像家庭、朋友等这类关系密切的主要群体对个体来说是不可或缺的。

（4）按照群体发展的水平和层次，还可以把群体分为松散群体、联合群体和集体。集体是群体发展的最高水平，衡量这种发展水平的标准通常有以下 3 个。

① 共同活动。松散群体只在共同的时间、空间里集群，没有共同活动，或者没有共同活动的内容；联合群体仅有共同活动的内容；而集体的共同活动不仅有共同活动的内容，而且有广泛的社会意义，成员能认识到活动对个人、所在集体和整个社会的意义。

② 人际关系的基础。人际关系有两种基础：一是直接性的人际关系，主要是彼此的好感与厌恶、相互能否接受影响、相互能否积极交往等；二是间接性的人际关系，即群体的价值与评价、共同活动的任务和目的等。在松散群体的人际关系中，直接性人际关系占主导地位；而在集体中，间接性的人际关系占绝对优势；联合群体则介于二者之间。

③ "集团意识"的强弱。即成员个人是否意识到自己是该群体中的一员，以及在该群体中的地位、与群体中其他成员的关系。松散群体的"集团意识"最差，成员以"私"字当头；集体的"集团意识"最强，成员把自身看成是集体的一部分；联合群体则介于两者之间。

（5）按照个人是否为一个群体的成员，可以把群体分为隶属（成员）群体和参照群体。隶属（成员）群体是消费者实际参加或隶属的群体，如家庭、学校等。参照群体是这样一个群体，即群体的看法和价值观被个体作为其当前行为的基础，是个体在某种特定情境下作为行为指南而使用的群体。美国社会学家 H. 海曼于 1942 年最先使用"参照群体"这一概念，用以表示在确定自己的地位时与之进行对比的人类群体，当消费者积极参加某一群体的活动时，该群体通常会作为其参照群体。

6.1.2　消费者群体对消费心理的影响

通过对消费者群体的分析，可以看到消费者群体对消费心理的影响体现在以下 5 个方面。

1. 群体规范

群体规范是指人们共同遵守的行为方式的总和，是群体对成员确定的行为标准。广义的群体规范包括社会制度、法律、纪律、道德、风俗和信仰等，都是一个社会中大多数成员共有的行为模式，不遵循规范就要受到谴责或惩罚。群体规范的基本作用是对成员具有比较和评价的作用，可以为成员提供认知标准和行为准则，用以调节、制约成员的思想和行为，使成员行为保持一致。群体规范还可以作为成员彼此认同的依据。

但是，群体规范并非对成员的一言一行都加以约束，而是规定了成员思想行为的可接受和不可接受范围。群体规范因群体存在的正式性和非正式性，以及有无明文规定和监督、处罚，而分为正式的规范和非正式的规范。群体内的期望或规范可能不为局外人所觉察，但置身于其中的成员却能明显地体验到这些规范的存在，并对他们的购买心理与行为产生影响。例如，大学教师购买服装的时候，一般不购买过于浮夸的服装。

2. 从众心理

当某人的意见、行为与群体不一致时，就会产生一种紧张、恐惧的心理，促使其产生与群体行为保持一致的愿望，甚至会受到很大的压力，产生顺从群体规范的倾向，这种现象称为从众或顺从。例如，某消费者原计划购买甲品牌的电视机，后来发现群体中的大多人认为乙品牌电视机更好，那么他会在从众心理的支配下转而购买乙品牌电视机。

3. 群体的一致性

群体的一致性表示群体各成员间相互影响、相互吸引和具备共同性的程度。一致性既是群体得以形成的前提，又可以在群体活动中得到发展。例如，一群素不相识的人，起先只是由于目的上的某种一致聚合成一个整体，但随着群体活动的展开，各个成员间逐渐了解，找到了更多的共同点，由此建立起信任和友好的人际关系，一致性程度逐渐加深。消费者为了维持与群体的一致性，经常会对照其他成员的偏好和购买行为，自觉或不自觉地选择与群体内其他人一致的品牌和商品。

4. 群体规模

群体规模对消费者心理具有一定的影响。一般群体人数越多，对个体成员的压力就越大，个体的顺从心理也就越强；反之，压力逐步降低，个体的服从心理也就相应减弱。这种群体规模对消费者心理的影响，尤其在日常购物活动组成的临时群体中表现得更为显著。例如，某消费者一人去商场购物，除非有明确目标，面对各种琳琅满目的商品时往往犹豫不决；而三四个人同时结伴购物时，则很容易做出是否购买的决策。

5. 群体的内聚力

内聚力是成员被群体吸引并愿意留在群体内的愿望，一般指的是群体成员彼此之间的"粘合力"。没有内聚力一，人群就不能称为一个群体。美国社会心理学家 S. 沙赫特等人的研究证明：群体内聚力越强，其成员就越遵循群体的目标和规范。群体内聚力的实质是群体对成员、成员对成员的吸引力，它对于群体的存在、活动起着至关重要的作用。

在社会交往中，人们在利益、价值观、兴趣、观点、习惯、态度、个性特征、社会背景等方面存在一致性，这种一致性正是形成相互认同的基础。有了一致性就会形成认同，有了相互的认同就会产生内聚力，有了内聚力就会形成群体。

6.1.3 决定消费者群体影响力的因素

任何社会群体都会对与之有关或所属的消费者心理产生一定的影响，而影响程度的大小主要取决于以下4个方面。

1. 消费群体的特征

消费群体的特征包括该群体的权威性、合法性、强制力、规范与压力等众多方面。在通常情况下，规模较大、正式、长期地拥有社会广泛认可的合法力量，或者法律赋予权力的、有严格的群体规范与适当压力的群体，对其成员的影响较大；反之则不然。

2. 消费者个体的特征

消费群体内部成员由于个人性格、生活经历和知识经验等方面的差异，导致其对群体规范的认知与遵从程度不同。一般来说，性格内向、生活阅历浅、受教育程度较低的消费者往往缺乏自信心，易受外来干扰，对群体的依赖性较强，也容易受到群体的影响与制约。

3. 商品的特征

对于不同的商品，群体对消费者个体选择品牌与品种的影响也不同。这种不同的影响主要体现在两个方面：第一，商品的必需与非必需程度。商品的必需程度越高，群体对其影响就越小。例如，对于生活必需品，每个家庭都会经常使用，已经形成了稳定的消费习惯，此时群体对其影响较小；相反，对于非必需品，如住房、汽车、高档时装等商品，群体对其影响则较大。第二，商品与群体的关系，即他人对这种商品的认知程度、是公众的还是私人的等。在通常情况下，一件商品的公众性越强，商品或品牌的使用可见性就越高，受群体的影响也就越大。

4. 信息沟通的状况

信息沟通是决定消费群体影响力的重要因素。群体成员之间交际越频繁，信息沟通就越顺畅，也就越有助于加强群体规范的形成，并对消费者个人行为及群体的共同行为产生积极影响。另外，适宜的信息沟通内容、方式、范围、速度等，也会大大加强对消费群体的影响力度。

任务2　熟悉不同消费者群体的心理分析

6.2.1　家庭消费心理特点

1. 家庭的概念

家庭是建立在婚姻、血缘关系或继承、收养关系的基础上，组成的一种社会生活组织形式。它是社会结构的基本单位，也是消费的基本单位：一方面，家庭是社会这个综合系统的一个基本组织单位（简称"社会细胞"），为其成员参加社会经济活动提供了基本立足点；另一方面，家庭又是社会的基本经济收支单位（简称"经济细胞"），主要表现为家庭是消费品的基本消费单位，对市场及市场的消费品而言，是基本的货币支出单位。世界上消费品市场的消费几乎都是以家庭为单位进行的购买活动。家庭的这种双重身份，称为家庭的二重性。

家庭具有多种功能，其中与消费心理行为密切相关的功能有经济功能、情感交流功能、赡养与抚养功能、教育功能等。经济功能是指为每一个家庭成员提供生活的条件和保障；情感交流功能是指家庭可以作为成员思想与情感交流最充分的场所；赡养与抚养功能是指家庭抚养未成年家庭成员、赡养老人和丧失劳动能力的家庭成员；教育功能是指家庭是家庭成员接受价值观、学习社会行为模式的场所，这种功能对儿童尤为重要。

2. 不同家庭生命周期的消费行为

家庭生命周期一般是指根据家庭主人的婚姻状况、家庭成员的年龄、家庭规模等因素所形成的家庭发展阶段。在我国，家庭一般经过以下5个不同的发展阶段。

（1）单身期。单身主要是指已长大成人但尚未结婚者，在国外这种家庭被称为单亲家庭，在我国这种情况多不构成家庭。在这一时期，单身消费者的消费心理多为自我消费中心观。这部分消费者最大的特点是在交往中表现得大方、慷慨、阔绰，呈现出明显的炫耀心理。他们的个性特征和个人爱好表现突出，舍得花钱满足自己的爱好。由于这一时期的消费者大多没有经济负担，又有较多可支配的货币，所以消费弹性大、稳定性差。可见，这部分消费者是市场经营者最好的争取对象。

（2）新婚期。新婚期即青年男女结婚自立门户，但没有要孩子的阶段。这种家庭多处在独立生活时期，在经济上一般也很独立，无过重的家庭负担。这一时期的消费者多以二人世界为主，以规划自己的小家庭为目的，物质和精神消费都比较充分。随着社会的进步，在开放地区和文化层次较高的地区，这一时期有延长的趋势，而且出现了越来越多不打算要孩子、只有夫妻二人共同生活的所谓"丁克"族。这一时期的消费心理多以夫妻为中心消费观，消费较多且带有浪漫色彩，他们多进行家庭的装修及美化、服饰的购买等。精神消费是这一时期的主流，如外出旅游、文娱、体育方面的消费等。

（3）生育期。生育期即夫妻生养子女的阶段。这一时期往往持续很长，具体可分为以下两个阶段。

第一个阶段是青年夫妻子女较小时期。这一时期的家庭较前一时期有明显的变化，从子女出生到上学，家庭的经济负担开始加重。由于家庭生育观念的转变，子女的生活开支在家庭消费支出中的比例日趋增加。在这一时期，家庭消费多以子女的一般生活费用、教育、保健费用为主，教育投资的比重逐年加大。夫妻对自身消费表现出务实的消费心理，希望子女出人头地的强烈愿望使得双方围绕孩子产生的消费较多，而自身的消费水平由于经济原因往往很难提高，有时甚至下降。

第二个阶段是子女长大尚未独立时期。这一时期家庭的基本消费状况稍好于上一时期，但以子女消费为中心的观念稍有淡化。消费的表现形式也不同于前一时期，主要以培养子女未来的自主生活能力为主，父母开始为子女的预期消费做更充分的准备，如婚嫁、出国深造等。这一时期家庭消费开始逐步由比较紧张转向宽松，家庭日常消费最突出的是务实心理，而预防性储蓄意识的增强是这一时期最明显的特点。

（4）离巢期。离巢期也称空巢期，即子女工作、成家独立，剩下两位老人的时期。这一时期，夫妻已退休或接近退休，家庭经济状况一般较好，消费观念往往表现为两种类型：一种是继续以子女甚至下一代为消费的着眼点，但实际支出比例大大下降；另一种是基本上与子女无过多经济往来，较重视自身的存在价值，消费类型也以营养、保健、舒适为主，注重健康导向，对自我教育方面的消费也很感兴趣，更多地体现自我的消费兴趣。随着社会人口老龄化的加剧，老年家庭将急剧增加，他们对社会服务的消费需求也将显著增加。

（5）鳏寡期。鳏寡期即两位老人先后谢世的时期。这一时期的家庭多以夫妻双方一方去世或生活自理能力极大下降为标志，进而转向依靠子女。由于自身生活能力不足，消费行为减少甚至没有购买能力，这时的消费基本上以食品和保健方面为主，家用方面的消费极低。对于有充足退休养老金的老人来说，这时的嗜好心理往往趋于增强，同时也舍得花钱满足嗜好，如种花养鸟、学习书画等。

3. 家庭决策角色

（1）丈夫决策型。丈夫决策型是指家庭主要商品的购买决策由丈夫决定。这在有较强中国传统的家庭中比较常见，这种家庭的特点是旧的传统观念较强，文化水平相对较低，家庭的主要收入来源仍以丈夫为主。因此，男性的购买行为与心理在很大程度上代表了家庭的购买行为。同时，还有一类丈夫决策型家庭，即丈夫的生活能力大于妻子，有较强的理家购物能力。

（2）妻子决策型。妻子决策型是指家庭主要商品的购买决策由妻子决定。这种类型的家庭成因较为复杂：一是由于丈夫忙于事业，家务劳动从决策到具体购买都由妻子承担；二是家庭收入很高，消费支出的决策已不构成家庭生活的主要话题，生活内容是家庭成员关心的对象，消费支出的货币量已不是家庭成员关心的对象；三是妻子生活、购物、理家能力大于丈夫。前两类家庭在购买行为上是比较随意的，并且机动性较大；而后一类家庭在购买行为上则比较精明，往往是市场上的挑剔购买者。

（3）共同决策型。共同决策型是指由家庭成员主要是夫妻双方协商决策。这种家庭的主要特点是夫妻双方关系融洽，有着良好的教育基础，思想较为开放，能适应时代潮流。这类家庭的购买决策往往较为慎重、全面，购买行为比较理智。

（4）夫妻自主决策型。夫妻自主决策型是指构成家庭的夫妻双方在经济上相对独立，各自都能自主地做出决策而对方也从不过多干预。这种类型多为开放型家庭，一般在经济收入较宽裕、层次较高的家庭中常见，他们在购买行为上自主性和随意性都比较强。

4. 家庭消费的特征

（1）阶段性。每一个家庭都有自身形成、发展、消亡的过程。这个过程被称为家庭的生命周期，即一个家庭从建立到解体、消亡的全部过程。在家庭生命周期的不同阶段，消费者的购买心理与购买行为有着明显的差异。

（2）相对稳定性。很多家庭的收入相对稳定，日常消费的支出及其他各项支出也相对均衡和稳定。同时，我国传统道德观念、法律规范的约束也能使大多数家庭维系持久而稳定的婚姻关系，也能使家庭消费相对稳定。

（3）传承性。由于每个家庭都可以归属于不同的群体和社会阶层，具有不同的价值观念，并受一定经济条件的制约，因此形成了不同的家庭消费特色、消费习惯和消费观念等。这些具有家庭特色的消费习惯和观念，对家庭成员的日常消费行为具有潜移默化的影响。例如，当子女脱离原有家庭并组建自己的家庭时，必然带有原有家庭的消费特征。

5. 不同社会阶层的消费特点

社会阶层是指按照一定的社会标准，如收入、受教育程度、职业、社会地位及名望等，将社会成员划分成若干社会等级。不同社会阶层的人由于价值观、消费观、审美观和生活习惯等不同，形成了不同的消费需求和购买行为。不同阶层的消费特点见表6-1。

表6-1 不同阶层的消费特点

阶　层	特　点
现实的温饱型阶层	安定、传统的中国式家庭，消费中档品
积极的小康型阶层	努力工作、追求高档消费品的小康型家庭
富裕阶层	首先购买的富裕人，人口数少，但购买力很强
保守的老百姓阶层	比起质量更重视数量的一般家庭，主要是低收入的城市居民和贫民
知识分子阶层	开放性的，重视文化消费的知识分子
专门人员和管理人员	重视金钱/生活节奏快，从事专门或管理职业的白领人，流行的倡导者
新一代	缺乏传统观念，关心股票、体育、广告等

社会阶层对消费行为的影响主要表现在以下3个方面。

（1）消费观念不同。社会阶层对人们的消费心理与行为具有较大的影响。同一阶层的消费者的消费心理具有相似性，如富裕阶层的消费者求新求异心理突出，追求高档消费；富裕阶层的消费者追求消费个性化是其消费主题；温饱阶层的消费者存在一种立即获得满足感的消费心理，追求经济实惠、物美价廉的商品，支持子女教育、储蓄是其主要消费心理；贫困阶层的消费者几乎要将全部收入用来维持基本生活，求廉、求实是其主导性消费动机。不同阶层的消费者由于其收入水平、教育程度、职业等方面存在明显的差异，消费心理和行为也存在较大差异。

（2）购物方式的不同。一般来说，人们会形成特定商店适合特定阶层消费者惠顾的看法，并倾向去与自己社会地位相一致的商店购物，如较高阶层特别青睐那些购物环境幽雅、品质和服务上乘的商店，而且乐于接受新的购物方式；较中层消费者比较谨慎，对购物环境有较高要求，但也经常在折扣店购物；较底层消费者由于受收入限制，对价格特别敏感，多到廉价的地摊、批发市场购物。

（3）获取信息的渠道不同。一般较低阶层消费者习惯于口碑式人际传播，而较高阶层消费者爱从专业性刊物上或其他大众传播媒介中获取信息。不同阶层的消费者在商品选择和使用上、休闲活动、认知方式、心理感受等方面也会存在差异。

6.2.2 少年儿童群体消费心理特点

少年儿童消费者群体一般是指由0～14岁的消费者组成的群体。这部分消费者在人口总数中占有较大比例，从世界范围来看，年轻人口型国家中少年儿童占30%～40%，老年人口型国家中少年儿童占30%左右；在我国，这一比例为30%～40%。这一年龄阶段的消费者构成了一支庞大的消费大军，形成了具有特定心理的消费者群体。

这一部分消费者又可根据年龄特征分为儿童消费者群体（0～10岁）和少年消费者群体（11～14岁）。下面分别就这两个年龄阶段的消费者群体的心理特征进行介绍。

1. 儿童消费者群体的消费心理

从出生婴儿到10岁的儿童，受一系列外部环境因素的影响，他们的消费心理变化幅度最大。这种变化在不同的年龄阶段，即乳婴期（0～3岁）、学前期（3～6岁，又称幼儿期）、学初期（6～10岁，又称童年期），表现得最为明显。在这3个阶段中，儿童的心理会出现3次较大的质的飞跃，即开始了人类的学习过程，逐渐有了认知能力、意识倾向、学习兴趣、爱好、意志及情绪等心理品质，学会了在感知和思维的基础上解决简单的问题。这种心理特征在消费者活动中表现为以下3种情况。

（1）从纯生理性需要逐渐发展为带有社会性的需要。儿童在婴幼儿时期，消费需求主要表现为生理性的，且纯粹由他人帮助完成的特点。随着年龄的增长，儿童对外界环境刺激的反应日益敏感，消费需求从本能发展为有自我意识加入的社会性需求。例如，四五岁的儿童就学会了比较，表现出了有意识的支配行为，而且年龄越大，这种比较也会越深入。然而，这时的儿童仅仅是商品或服务的使用者，而很少成为直接购买者。处于幼儿期、学前期的儿童，已经具有一定的购买意识，并对父母的购买决策发生影响，有的还可以单独购买某些简单商品，即购买行为由完全依赖型向半依赖型转化。

（2）从模仿型消费逐渐发展为带有个性特点的消费。儿童的模仿性非常强，尤其在学前期，对于其他同龄儿童的消费行为往往有强烈的模仿欲望。随着年龄的增长，这种模仿性消费逐渐被有个性特点的消费代替，购买行为也开始有了一定的目标和意向，如自己的玩具一定要好于其他同龄儿童的玩具。

（3）消费情绪从不稳定发展到比较稳定。儿童的消费情绪极不稳定，易受他人感染，也易发生变化，这种心理特性在学前期表现得尤为突出。随着年龄的增长，儿童接触社会环境的机会增多，有了集体生活的锻炼，意志力得到增强，消费情绪逐渐趋于稳定。

总之，儿童的消费心理多处于感情支配阶段，购买行为以依赖型为主，但已有影响父母购买决策的倾向。

2. 少年消费者群体的消费心理

少年消费者群体是指10～14岁年龄阶段的消费者。少年期是儿童向青年过渡的时期。在这一时期，他们生理上呈现第二个发育高峰；与此同时，心理上也有较大变化，如有了自尊与被尊重的需求，逻辑思维能力增强。总之，少年期是依赖与独立、成熟与幼稚、自觉性和被动性交织在一起的时期。少年消费者群体的消费心理特征可以从以下3点表现出来。

（1）有成人感，独立性增强。有成人感，是少年消费者自我意识发展的显著心理特征。他们认为自己已长大成人，应该有成年人的权利与地位，要求得到尊重，在学习、生活、交友等方面都不希望父母过多干涉，而希望能按自己的意愿行事。在消费心理上，表现出不愿受父母束缚，要求自主独立地购买自己所喜欢的商品等行为。他们的消费需求倾向和购买行为尽管还不成熟，甚至有时会与父母发生矛盾，但已经在形成之中。

（2）购买的倾向性开始确立，购买行为趋向稳定。少年时期的消费者，知识不断丰富，对社会环境的认识不断加深，幻想相对减少，有意识的思维与行为增多，兴趣趋于稳定。随着购买活动次数的增加，他们的感知性经验越来越丰富，对商品的分析、判断、评价能力逐渐增强，购买行为趋于习惯化、稳定化，购买的倾向性也开始确立，购买动机与实际的吻合度有所提高。

（3）从受家庭的影响转向受社会的影响，而且受影响的范围逐渐扩大。儿童期的消费者主要受家庭的影响，而少年消费者则由于参与集体学习、集体活动，与社会的接触机会增多、范围扩大，受社会环境影响比重逐渐上升。这种影响包括新环境、新事物、新知识、新产品等内容，其消费影响媒介主要是同学、朋友、名人、书籍、大众传媒等。与家庭相比，他们更乐于接受社会的影响。

3. 面向少年儿童消费者群体的市场营销心理策略

少年儿童消费者构成了一个庞大的消费市场。企业把握少年儿童的心理特征，是为了刺激其购买动机，满足他们的心理和物质需求，积极培养、激发和引导他们的消费欲望，从而大力开发这一具有极大潜力的消费市场，通常可以采取以下3种策略。

（1）根据不同对象，采取不同的组合策略。乳婴期的儿童，一般由父母为其购买商品，企业对商品的设计要求、广告诉求和价格制定可以完全从父母的消费心理出发。商品质量要考虑父母对儿童给予保护、追求安全的心理，生活用品和服装要适应不同父母审美情趣的要求，玩具的价格要适当。学龄前期的儿童不同程度地参与父母为其购买商品的活动，企业既要考虑父母的要求，又要考虑儿童的兴趣，如玩具的外观要符合儿童的心理特点、价格要符合父母的要求、用途要迎合父母提高儿童智力及各方面能力的需求。

（2）改善外观设计，增强商品的吸引力。少年儿童虽然已能进行简单的逻辑思维，但直观的、具体的形象思维仍起主导作用，对商品优劣的判断较多地依赖商品的外观形象。因此，商品的外观形象对他们的购买行为具有重要的支配作用。企业在儿童用品的造型、色彩等外观设计上，要考虑儿童的心理特点，力求生动活泼、色彩鲜明，如用动物头像做成笔帽、用儿童喜爱的卡通形象作为服装装饰图案等，以增强商品的吸引力。

（3）树立品牌形象。少年儿童的记忆力很好，一些具有特色并为少年儿童所喜爱的品牌、商标或商品造型，一旦被其认知就很难忘记；相反，如果他们对某商品产生了不良印象甚至厌恶情绪，也很难改变。因此，企业在给商品命名、设计商标图案和进行广告宣传时，要针对少年儿童的心理偏好，使他们能够对品牌产生深刻印象，还要不断努力在商品质量、服务态度上狠下功夫，使少年儿童能够长期保留对企业及其商品的良好印象。

6.2.3 青年群体消费心理特点

青年是指由少年向中年过渡的人群。处于这一时期的消费者，形成了青年消费者群体。不同的国家和地区由于自然条件、风俗习惯、经济发展水平的不同，人的成熟早晚各异，青年的年龄范围也不一致。在我国，青年消费者一般是指年龄在15~35岁的消费者。

1. 青年消费者群体的特点

（1）青年消费者群体人数众多，是仅次于少年儿童消费者群体的另一个庞大的消费者群体。

（2）青年消费者群体具有较强的独立性和很大的购买潜力。这一时期的消费者，已具备独立购买商品的能力，具有较强的自主意识。尤其是参加工作以后有了经济收入的青年消费者，由于没有过多的负担，独立性更强，购买力较高。因此，青年消费者群体是消费潜力巨大的消费者群体。

（3）青年消费者群体的购买行为具有扩散性，对其他各类消费者都会产生深刻影响。他们不仅具有独立的购买能力，而且购买意愿也多为家庭所尊重。例如，新婚夫妇的购买代表了最新的家庭消费趋势，对已婚家庭会形成消费冲击和诱惑。孩子出生后，他们又以独特的消费观念和消费方式影响下一代的消费行为，这种高辐射力是任何一个年龄阶段的消费者所不及的。因此，青年消费者群体应成为企业积极争取的对象。

2. 青年消费者群体的消费心理

（1）追求时尚，表现时代。青年人典型的心理特征就是思维敏捷、思想活跃，对未来充满希望，并具有冒险和创新精神，任何新事物、新知识都会使他们感到新奇、渴望并大胆追求。这些心理特征反映在消费心理方面就是追求新颖与时尚，力图站在时代前列，领导消费新潮流。他们始终对现实世界中新兴事物抱有极大的兴趣，渴望更换品牌以体验不同的感受。因此，青年消费者强烈的求新、求异思维决定了他们往往是新产品、新消费方式的追求者、尝试者和推广者。

（2）追求个性，表现自我。这一时期的消费者自我意识迅速增强，他们追求个性独立，希望确立自我价值，形成完美的个性形象，因而非常喜爱个性化的商品，并力求在消费活动中充分展示自我。

（3）追求实用，表现成熟。青年消费者的消费倾向从不稳定向稳定过渡，因而在追求时尚、表现个性的同时，也注重商品的实用性和科学性，要求商品经济实用、货真价实。由于青年消费者大多具有一定的文化水准，接触信息较多，因而在选择与购买过程中盲目性较少，购买动机及购买行为表现出一定的成熟性。

（4）注重情感，冲动性强。青年消费者处于少年到成年的过渡阶段，思想倾向、志趣爱好等还不完全稳定，行动易受感情支配。这些特征反映在消费活动中，表现为易受客观环境的影响，情感变化剧烈，经常发生冲动性购买行为。同时，直观选择商品的习惯使他们往往忽略综合选择的必要，款式、颜色、形状、价格等因素都能单独成为其购买理由，这也是冲动购买的一种表现。

3. 面向青年消费者群体的市场营销心理策略

企业要想争取到青年消费者市场，必须针对青年消费者群体的心理特征，制定相应的市场营销心理策略，通常可以采取以下 5 种策略。

（1）满足青年消费者多层次的心理需要。商品的设计、开发要能满足青年消费者多层次的心理需要，以商品功能刺激他们产生购买动机。青年消费者进入社会后，除了生理、安全保障需求，还产生了社会交往、自尊、成就感等多方面的精神需求。企业开发的各类商品，既要具备实用价值，又要满足青年消费者不同的心理需求。例如，个性化的商品会使青年消费者感到自己与众不同，名牌皮包、时装等会体现出拥有者的成就和社会地位，所以受到青年消费者的青睐。

（2）开发时尚商品，引导消费潮流。青年消费者学习和接受新事物快，富于想象力和好奇心，因此在消费上追求时尚、新颖。每个时期、年代的时尚都在发生变化，企业要研究和预测国内外消费的变化趋势，从而适应青年消费者的心理，开发各类时尚商品，积极引导青年消费者消费。

（3）注重个性化商品的生产、营销。个性化的商品、与众不同的另类商品往往被青年消费者认为很"酷"而大受欢迎，企业在商品的设计生产中，要改变传统思维方式，面向青年消费者开发个性商品，尤其是服装、饰品、手机等外显商品的设计生产，要改变千篇一律的大众化设计，寻求特性，以便于消费者打造个性形象。在市场销售过程中，也应注重个性化，如在商场设立形象设计顾问，帮助消费者挑选化妆品、设计发型；在时装销售现场，帮助青年消费者进行个性化着装设计，推荐购买穿着类商品等。

（4）缩小差距，追求商品的共同点。青年消费者由于职业、收入水平的不同，形成了不同的消费阶层，他们在购买商品时也因收入不同而有所差别。但是，青年人好胜、不服输的天性又使这种差别的表现并不明显，如城市中青年人结婚的居室布置多被农村青年模仿；尽管在房屋装修、家用电器等方面，农村青年群体也布置得一应俱全，但在商品的品牌、质量选择上还是有所不同。企业在开拓青年消费者市场时，要考虑这些不同的特点，生产不同档次、不同价格水平、面向不同收入水平的同类产品，确保这些产品在外观形式上差别不太大，但在质量和价格上形成多种选择，以满足不同收入水平青年消费者的需求。

（5）做好售后服务工作，使青年消费者成为推动市场开拓的力量。青年消费者购买商品后，往往会通过使用和其他人的评价，对购买行为进行评判，将其购买预期与商品性能进行比较。如果发现商品性能与预期相符，就会基本满意，进而向他人推荐；如果发现商品性能超过预期，就会非常满意，进而大力向他人展示、炫耀，以显示自己的鉴别能力；但如果发现商品达不到预期，就会感到失望和不满，会散布对该商品的负面评价，进而影响该商品的市场销路。企业在售出商品后，要收集相应信息，了解消费者的反馈以改进产品；同时，要及时处理好消费者投诉，以积极的态度解决产品存在的问题，使青年消费者对企业的服务感到满意。

6.2.4 女性群体消费心理特点

在消费活动中有较大影响的是中青年女性群体，她们一般处在 20～50 岁这一年龄段，不仅人口数量大，而且在购买活动中起着特殊而重要的作用。女性不仅对自己所需的消费品进行购买决策，而且在家庭中承担了母亲、女儿、妻子、主妇等多种角色，也是绝大多数儿童用品、老人用品、男性用品等家庭用品的购买者。

相关调查显示，不管女性的社会地位如何，在家庭消费上，女性可谓绝对的当家作主。在家庭消费中，女性完全掌握支配权的占到了一半以上，与家人协商的接近一半。同时，女性的审美观影响着社会消费潮流，年轻女性的心境和感性支配着流行，她们不仅自己爱美，而且注意丈夫、儿女等的形象。很多商品的流行大多是随女性审美观的变化而变化的，研究女性消费，尤其是青年女性的消费，可以洞悉社会消费心理的变化和趋势。

1. 女性消费者群体的消费心理

（1）情感性心理。女性消费者在个性心理的表现上具有较强的情感性特征，即感情丰富、细腻，心境变化剧烈，富于幻想和联想。这种特征反映在消费活动中，就是在某种情绪或情感的驱动下产生购买欲望，从而实行购买行为。导致她们情绪或情感萌发的原因是多方面的，如商品品牌的寓意、款式色彩产生的联想、商品形状带来的美感、环境气氛形成的感觉等，这些都可以使女性萌发购买欲望，甚至产生冲动性购买行为。在给丈夫或恋人、子女、父母购买商品时，她们的这种心理特征表现得更加强烈。

（2）注重商品的实用性和细节设计。由于女性消费者在家庭中的地位及从事家务劳动的经验体会，她们对商品的关注角度与男性有所不同。她们在购买生活日常用品时，更关注商品的实际效用，关心商品带来的具体利益。商品在细节之处的设计优势，往往更能博得女性消费者的青睐，如家庭洗涤剂精巧的喷头设计、家用微波炉使用的专用器皿、多用途的厨房刀具等。女性消费者在购买商品时反复询问，了解商品的使用方法，使人明显感觉到她们的细心。

（3）注重商品的便利性和生活的创造性。在现代社会，中青年妇女的就业率很高，她们既要工作，又要担负起家庭的大部分家务劳动。她们对日常生活用品的便利性具有强烈的要求，大多数新的、能减轻家务劳动强度、节省家务劳动时间的便利性消费品，都能博得她们的青睐，如人性化设计的整体洗碗机、多用搅拌切片机等以家庭为对象的厨房用品成为现代女性的新选择。同时，女性消费者对于生活中新的、富于创造性的事物也充满热情，如购置新款时装、布置新房间、烹调一道新菜等。

（4）有较强的自我意识和自尊心。女性消费者一般都有较强的自我意识和自尊心，对外界事物反应敏感。在日常消费活动中，她们往往以选择的眼光、购买的内容及购买的标准来评价自己和他人。当自己购物时，她们希望通过明智的、有效的消费活动来体现自我价值。当他人购物时，即使作为旁观者，她们也愿意发表意见，并且希望自己的意见被采纳。在购买活动中，营业员的表情、语调、介绍及评论等，都会影响女性消费者的自尊心，进而影响其购买行为，如营业员说句"您穿这件衣服显得人特别年轻"等恭维话也会激发女性的购买欲望。

（5）购买商品挑剔。由于女性消费品品种繁多，弹性较大，加之女性特有的细腻、认真，因此她们通常在选择商品时比较细致，也就是更加"挑剔"，商品某些细微的优点或不足都会引起她们的注意。另外，女性消费者通常具有较强的表达能力、感染能力和传播能力，善于通过说服、劝告、传话等方式对周围其他消费者的购买决策产生影响。

（6）攀比炫耀心理。炫耀心理是指以购物来显示自己某种超人之处的心理状态，是爱美心理和时髦心理的一种具体表现。当代女性，特别是家庭收入较高的中青年女性，喜欢在生活上和人攀比，总希望比自己的同事、亲友过得更舒适，显得更富有。她们在消费活动中除了要满足自己的基本生活消费需求或使自己更美、更时髦，还可能通过追求高档次、高质量、高价格的名牌商品，在外观上具有奇异、典雅、洒脱等与众不同的特点的商品或前卫的消费方式，来显示其地位上的优越、经济上的富有、情趣上的脱俗等。

2. 面向女性消费者群体的市场营销心理策略

女性消费者在购买活动中地位重要，影响决策力强，其消费心理具有情感性、挑剔性、求实性等特点。鉴于这些特点，面向女性消费者的市场营销心理策略主要有以下4种。

（1）销售环境布置要典雅温馨、热烈明快，具有个性特色。女性消费者在购买家庭装饰品、穿着类商品、首饰和化妆品时，一般追求浪漫的心理感觉。因此，销售这类商品的环境布置要符合女性消费者心理，要创造条件营造一个相对安静、舒适的场所，使她们能休闲地观赏、浏览商品，使环境能给她们带来感情联想，从而使其产生购买动机。

（2）女性商品设计要注重细节，色彩、款式、形状要体现流行时尚，并且使用方便。例如，一些女性消费者经常购买的厨房刀具、小型电器、家庭日常卫生用品等商品，其生产设计要为消费者着想，应简单、方便、实用。又如，一些方便食品、半成品等商品设计，也应能为女性消费者节省时间、减轻劳动强度，而且品种样式要丰富，使她们可以有更多选择，避免其因产生生活单调的心理而不愿意接受。

（3）对女性消费者个人消费和经常购买的商品要进行广告宣传，并且要针对女性心理特点，注重传递商品的实用性、具体利益等信息，传递有关商品的质量、档次、时尚与商品的品牌、性能、价格等方面的信息。也就是说，要靠商品特色打动女性消费者，开拓市场。

（4）现场促销推广活动要关注女性消费者的情绪变化。营销人员用语要规范，有礼貌，讲究语言表达的艺术性，尊重女性消费者的自尊心，赞美女性消费者的选择，以博得她们的心理满足感；切忌对女性消费者已购商品的选择、评价下简单生硬的断语，更不能抢白、顶撞。现场促销面向女性消费者的折扣商品，要注意说明理由，允许其挑选。不过实践表明，喧闹的促销现场有时反而会使女性消费者"敬而远之"，收不到预期的效果。

6.2.5 中年群体消费心理特点

中年消费者群体一般是指由35～59岁的消费者组成的群体。中年消费者购买力强，购买活动多，购买的商品既有家庭日用品，又有个人、子女、父母的穿着类商品，还有大件耐用消费品。争取这个消费者群体，对于企业巩固市场、扩大销售具有重要意义。

1. 中年消费者群体的消费心理

（1）经验丰富，理智性强。中年消费者生活阅历广，购买经验丰富，情绪反应一般比较平稳，能理智地支配自己的行动，感情用事的现象较少见。他们注重商品的实际效用、价格与外观的统一，从购买欲望形成到实施购买往往要经过分析、比较和判断的过程，随意性很小。在购买过程中，他们即使遇到营销人员不负责任的介绍与夸大其词的劝诱，以及其他外界因素的影响，一般也不会感情用事，而是冷静理智地进行分析、比较、判断与挑选，使自己的购买行为尽量正确、合理。

（2）量入为出，计划性强。中年处于青年到老年的过渡阶段，大多数中年消费者肩负着赡老抚幼的重任，是家庭经济的主要承担者。在消费上，他们一般奉行量入为出的原则，多养成了勤俭持家、精打细算的习惯，消费支出计划性强，很少出现计划外开支和即兴消费的现象。他们在购物时往往格外注重商品的价格和实用性，并对与之有关的各项因素，如商品的品种、品牌、质量、用途等进行全面衡量后再做选择。一般来说，物美价廉的商品往往更能激发中年消费者的购买欲望。

（3）注重身份，稳定性强。中年消费者正处于人生的成熟阶段，大多数生活稳定。他们不再像青年时那样赶时髦、超前消费，而是注意建立和维护与自己所扮演的社会角色相适应的消费标准与消费内容，更注重个人气质和内涵的体现。

2. 面向中年消费者群体的市场营销心理策略

（1）注重培育中年消费者成为忠实消费者。中年消费者在购买家庭日常生活用品时，往往是习惯性购买，习惯去固定的场所购买经常使用的品牌商品。企业要满足中年消费者的这种心理需求，使其消费习惯形成并保持下来，不要轻易改变企业长期形成的、历史悠久的商品品牌包装，以免失去忠实消费者；商品的质量标准和性能价格比，要照顾到中年消费者的购买习惯，也不要轻易变动。

（2）在商品的设计上要突出实用性、便利性。在商品销售现场，要为中年消费者着想，提供良好的服务，因为中年消费者的消费心理稳定，追求商品的实用性、便利性。华而不实的包装，热烈、刺激的造型，强烈对比、色彩动感的画面往往不被中年消费者青睐。在销售那些中年消费者参与购买的商品时，应根据中年消费者的消费习惯，提供各种富有人情味的服务，如提供饮水、休息场所、物品保管、代为照看小孩等，这样会收到良好的促销效果，使中年消费者成为经常光顾的忠实消费者。

（3）切实解决购物后发生的商品退换、服务等方面的问题。中年消费者购物后发现问题，多直接找经营者解决，而且态度坚定、理由充分。经营者应切实为他们解决问题，冷静面对争端，切忌对他们提出的问题推诿、不负责任，避免失去忠实消费者。

（4）促销广告活动要理性化。面向中年消费者开展商品广告宣传或现场促销活动要理性化，因为中年消费者购物多为理性购买，不会轻易受外界环境因素影响和刺激。在广告促销活动中，既要靠商品的功能效用打动消费者，又要靠实在的使用效果、使用人的现身说法来证明。在现场促销时，营销人员面对中年消费者要以冷静、客观的态度及丰富的商品知识来说服他们、推荐商品并给其留下思考的空间和时间，切忌推销情绪化、过分热情，否则会招致中年消费者的反感。

总之，面向中年消费者开展市场营销，要充分认识中年消费者的心理特征，采取适当的策略。当然，这里介绍的中年消费者的心理特征，是根据大多数人的行为特点总结归纳出来的，并不排除特殊情况出现。例如，在现代社会，一些40岁左右的中年消费者更有一种接近青年人的心理特征，企业在制定市场营销策略时不能绝对化处理。

6.2.6 老年群体消费心理特点

老年消费者群体一般是指退休后离开工作岗位的，由 60 岁及以上的消费者组成的群体。按照国际通行的划分标准，我国已步入老龄化社会。由于老年人在吃、穿、用、住、行方面都有特殊要求，因此这个群体要求有自己独特的商品和服务。对老年消费者消费需求的满足，从一个侧面反映了一个国家的经济发展水平和社会稳定程度，研究老年消费者群体的消费心理特征，满足老年消费者的消费需求是非常有必要的。老年消费者由于生理演变的结果，他们的消费心理与其他消费者群体有许多不同之处。

1. 老年消费者群体的消费心理

（1）消费习惯稳定。消费行为理智的老年消费者在几十年的生活实践中，不仅形成了自身的生活习惯，而且形成了一定的购买习惯，这些习惯一旦形成就难以改变，并且会在很大程度上影响老年消费者的购买行为。反过来说，这会使老年人商品市场变得相对稳定。因此，为争取更多的老年消费者，企业要注意"老字号"及传统商标品牌的宣传，经常更换商标、店名的做法是不明智的。由于年龄和心理的因素，与年轻人相比，老年人的消费观较为成熟，消费行为理智，冲动型的热情消费和目的不明的盲目消费相对较少。他们往往对消费新潮的反应会比较迟钝，不赶时髦，只讲究实惠。

（2）商品追求实用。老年消费者把商品的实用性作为购买商品的第一目的，他们看重商品的质量可靠、方便实用、经济合理、舒适安全，至于商品的品牌、款式、颜色、包装等，都是放在第二位考虑的。我国现阶段的老年消费者一般都经历过较长时间的并不富裕的生活，因此他们生活一般都很节俭，价格便宜对于他们选择商品来说具有一定的吸引力。但随着人们生活水平的改善、收入水平的提高，老年消费者在购买商品时也不是一味地追求低价格，品质和实用性仍是他们考虑的主要因素。

（3）消费追求便利。老年消费者由于生理机能逐步退化，对商品消费的需求侧重于易学易用、方便操作，以减轻体力和脑力的负担，同时希望有益于健康。老年消费者对消费便利性的追求还体现在对商品质量和服务的追求上，他们对商品质量和服务质量的要求高于一般消费者，这是老年消费者的质量特征。质量高、售后服务好的商品能够使老年消费者用得放心、用得舒服，不必为后续的保养和维修消耗太多的精力。

（4）需求结构发生变化。随着生理机能的衰退，老年消费者对保健食品和用品的需求量大大增加，只要某种保健食品和用品对健康有利，价格一般不会成为老年消费者的购买障碍。同时，由于需求结构的变化，老年消费者在穿着及其他奢侈品方面的支出大大减少，而对满足其兴趣、嗜好的商品购买支出明显增加。例如，老年消费者对服饰类商品的需求下降的原因在于他们不再追求时尚流行，一件衣服往往可以穿很多年，所以添置得少；而在用的商品方面，老年消费者对旅游、休闲、娱乐、健身用品的需求比例不断上升。全面提升人们的生活标准和满足精神需求是中老年人生活的重点，尤其对于"空巢老人"来说，他们更渴望精神消费和服务消费，以满足自身的精神和文化的需求。

（5）部分老年消费者抱有补偿性消费心理。在子女长大成人并独立、自身经济负担减轻之后，一些老年消费者产生了强烈的补偿心理，试图补偿过去因条件限制而未能实现的消费愿望。他们不仅在美容美发、营养食品、健身娱乐、旅游观光等方面和青年消费者一样有着强烈的消费兴趣，甚至还乐于进行大宗支出。

（6）注重健康，增加储蓄。对于一些身体状况较差的老年人来说，健康无疑是他们最关心的问题。这类人群一般更加注重保养身体，较多购买医疗保健品。老年人退休之后，他们的收入都有所下降，特别是大多数农村的老年人，一旦不再劳作，几乎没有收入来源，就得依靠自己以往的储蓄来生活，或由子女赡养。因此，随着年龄的增加，为了保证以后有足够的医疗支出，他们会更加节省开支以增加储蓄，为以后看病做更多的准备。

2. 面向老年消费者群体的市场营销心理策略

针对老年消费者的消费心理特点，企业不仅要提供老年消费者所希望的方便、舒适、有益于健康的消费品，而且要提供良好的服务，同时要考虑老年消费者娱乐休闲方面的要求，提供适合老年人特点的健身娱乐用品和休闲方式。此外，老年消费者用品的购买者既可能是老人自己，又可能是子女、孙子女等，因此，针对老年消费者可采取以下3种市场营销心理策略。

（1）企业要针对老年消费者注重实用性、方便性、安全性及舒适性的消费心理，开发、生产出适合老年消费者需要的各类商品。目前市场上真正适合老年消费者的商品品种仍显单调，因而大有潜力，可专为老年消费者生产各种食品、保健品，直接面向他们销售，挖掘传统商品并赋予时代特色，以更适合老年消费者的心理。例如，有的企业就看准了"银发市场"有利可图，在老年人商品开发上大做文章，针对老年消费者患高血压者众多，而普通血压计使用不便的问题，它们就推出了体积小、易携带的"手指式自动血压计"；针对老年消费者血脉不通，冬天特别怕冷的生理特征，它们又推出了防冻背心和设计别致的暖脚器。它们生产的老年人商品，由于充分考虑了老年消费者的特殊需要，为老年消费者解决了具体困难，因此备受欢迎，走俏市场。

（2）帮助老年消费者增强消费信心。老年消费者由于体力和智力都处于明显的衰退状态，所以他们的心理可能会变得脆弱、敏感、失落，在购买心理和行为上常常表现为反复权衡、仔细挑选、犹豫不决。针对这种情况，企业应采取一些策略，帮助老年消费者恢复自信，增强其消费信心。例如，选派商品知识丰富、富有亲和力、态度热情的营业员为老年消费者服务，制定商品无理由退换制度，售前咨询、售后服务制度，送货上门、服务到家制度及免费试用、先用后买、操作演示等，这些都是提高老年消费者购买欲望的有效措施。

（3）广告促销活动不仅可以针对老年消费者，而且可以针对老年消费者的子女开展。例如，像老年人健身用品、营养品等商品，不仅可以面向老年人设计广告，而且可以面向青年人设计广告，提倡尊老敬老的社会风尚，激发青年人孝敬老人的心理，从而产生购买行为。又如，像专门服务于老年人的旅游团、有些营养保健品等，很多情况下子女主动购买来孝敬父母。可见，老年人商品的广告如果面向青年人，也能取得一定的销售效果。

总之，企业在策划老年消费市场的营销策略时，要考虑老年消费者的购买特点，根据老年消费者心理制定各项营销策略，满足老年消费者群体的需求。

课堂互动

党的二十大报告指出，坚持多劳多得，鼓励勤劳致富，促进机会公平，增加低收入者收入，扩大中等收入群体。请谈谈"增加低收入者收入，扩大中等收入群体"对促进内需的作用。

与相关课程的联系

不同消费群体的消费心理有很大的差异，商品的设计、包装、品牌的策划要适合目标市场的需求。不同的群体可以划分出相应的目标市场。

任务3 掌握相关群体对消费心理的影响

6.3.1 消费者群体规范与消费行为

群体规范是在群体成员互动的过程中形成的,通过群体成员日常生活中对某些行为的强化和对某些行为的负强化而逐渐形成。群体规范的形成有一定的心理机制。人们在共同的生活中,对于外界事物的经验具有一种将其格式化、规范化的自然倾向,这种规范化的经验被称为定型,它有助于人们在重新遇到这类事物时尽快做出反应。群体规范就其形成过程来说,也属于定型。

另外,群体规范的形成还受模仿、暗示、从众、服从等因素的影响,是群体成员为了实现目标而发生相互作用的结果。群体规范一旦形成,就会影响成员的行为。群体规范具有一种无形的压力,约束着人们的行为表现,而这种约束力往往没有被人们意识到。因此,群体规范会成为群体成员的行为准则,群体成员会自觉或被迫遵守它。为了成为某一个群体的一员,人们往往尽力做到符合其所在群体的规范,因为不符合群体规范的代价也许是受到群体成员的排斥,甚至被嘲笑。从某种程度上说,群体规范是控制人们行为的有效办法。

1. 群体规范的类型

(1)正式规范。正式规范就是明文规定的规范,一般存在于正式群体之中。这类规范往往通过群体成员讨论,以文字形式保存下来,并辅之一系列配套制度来维护,如奖励制度及其实施办法等。

(2)习惯性规范。习惯性规范就是自发形成或约定俗成的规范,主要存在于非正式群体之中,也存在于正式群体之中。在一定情况下,习惯性规范比正式规范对人的约束和压力更大,如经常可以听到大家议论某人说话比较放肆、某人过分表现自己等,一般都是这种规范在起作用。因此,了解群体规范既要注意统一可见的正式规范,又要特别注意隐蔽多样的习惯性规范的影响。

(3)反社会规范。反社会规范就是不被社会所承认的规范,所以具有很大的危害性和反动性,如流氓团伙、危害社会的集团等群体的特定规范都属于这一类规范。

2. 群体规范的功能

(1)群体规范有利于增强凝聚力,促进群体生存。群体规范通过强化那些保护群体的特性,阻止其成员的越轨行为,能够增加成功机会的规范,把群体成员的意见和行为统一起来,实现共同的目标,从而尽量减少其他群体和个人的干扰,防止"一盘散沙",增强群体的整体性,进而对群体起到维护作用。

(2)群体规范有利于增加群体成员行为的可预测性。群体规范通过建立共同准则和行为基础来促进群体的平稳运行,降低人们预期行为中的不确定性,从而使群体和群体成员能够相互预测彼此的行为,简化群体的工作方式,并做出适当的反映,从而提高群体的效率。

(3)群体规范有利于减少摩擦,改善人际关系。群体规范通过界定成员间的适当行为,有利于减少和避免尴尬的人际关系,从而尽可能减少人际摩擦,防止对抗,使群体成员在一种相对"安全"的心理环境中进行工作。因此,没有群体就没有群体规范,没有群体规范也就没有群体。

(4)群体规范成为认知的标准化。群体的规范就像一把尺子,摆在每个群体成员面前,约束着他们，使他们的认知和评价有一个统一的标准，从而形成了共同的看法和意见。群体规范不仅约束着成员的认知和评价，而且约束着他们的行为，使其表现出一定的群体行为特点。群体规范对行为的定向作用，主要是为成员划定了活动的范围，制定了日常的行为方式，也就是告诉人们应该做什么、不应该做什么、怎样去做等。

群体规范也有消极的一面，会使群体成员产生惰性。规范是一种多数人的意见，并且要求所有成员都要无条件地遵守，从而把成员的行为限制在一个中等水平，既不能积极，又不能落后。在规范的限制下，人们往往把一些创造性行为看作越轨或不符合社会要求的行为，这些行为者往往会受到打击和排斥，因而不利于群体成员积极性和创造性的发挥。

3. 消费者群体规范因素对消费行为的影响

（1）消费者群体规范为消费者提供可供选择的消费行为或生活方式的模式。社会生活是丰富多彩、变化多样的，处于不同群体中的人，其行为活动会有很大差别。例如，营业员在为顾客服务时，要求仪表整洁、服装得体、举止文雅，但不要打扮得过于时髦；电影演员在表演时要适应剧中角色的要求，更换各种流行服装和发式。这些不同的消费行为通过各种形式传播给消费者，为其提供模仿的榜样。特别是对于那些缺乏消费经验与购买能力的人，他们经常不能确定哪种商品更适合他们，在这种情况下，消费者对消费者群体的依赖性超过了对商业环境的依赖性。

（2）消费者群体引起消费者的仿效欲望，从而影响他们对商品购买与消费的态度。模仿是一种普遍的社会心理现象，但模仿要有对象，即我们通常所说的偶像。模仿的偶像越具有代表性、权威性，就越能激起人们的仿效欲望，模仿的行为也就越具有普遍性。而在消费者的购买活动中，消费者对商品的评价往往是相对的，当没有具体的模仿模式时，就不能充分肯定自己对商品的态度；当某些消费者群体为其提供具体的模式，而消费者又非常欣赏时，那么便会激起其强烈的仿效愿望，从而形成对商品的肯定态度。

（3）消费者群体促使行为趋于某种一致化。消费者对商品的认知、评价往往会受到消费者群体中其他人的影响，这是因为相关群体会形成一种团体压力，使团体内的个人自觉地符合团体规范。例如，当消费者在选购某种商品，但又不能确定自己选购的这种商品是否合适时，如果群体内其他成员对此持肯定的态度，就会促使其坚定自己的购买行为；反之，如果群体内其他成员对此持否定的态度，就会促使其改变自己的购买行为。

6.3.2 相关群体及其在市场营销中的作用

1. 相关群体的概念

相关群体也称为参考群体或参照群体，是指消费者在认知、情感的形成过程和消费行为的实施过程中，用来作为参照标准的群体。相关群体能对消费者心理与行为产生持续性影响，并对其消费决策产生重要作用。相对于一般的消费者群体，它与个体消费者的关系更为密切，对消费活动的影响更大，主要包括家庭、朋友、购物群体、工作群体、成员群体等相关团体。

2. 相关群体的类型

（1）主要团体。主要团体包括家庭成员、亲朋好友和同窗同事等，对消费者的购买行为产生直接和主要的影响。

（2）次要团体。次要团体包括消费者所参加的工会、职业协会等社会团体和业余组织，对消费者购买行为发生间接的影响。

> **与相关课程的联系**
>
> 推销学中寻找消费者的"中心开花法",就是要找到意见领袖,如著名歌手、球员等。

3. 相关群体对消费行为的影响

（1）信息性影响。相关群体的价值观和行为被个人作为有用的信息加以参考。

（2）功利性影响。相关群体的价值观和行为对消费者发生作用后,可以帮助其获得奖赏或避免惩罚。

（3）价值表现的影响。相关群体的价值观和行为方式被个人所内化,不需要任何外在的奖罚就会依据群体的价值观或规范行事。

4. 相关群体在市场营销中的作用

（1）相关群体消费者能够为企业提供明确的目标市场。通过对不同消费者群体的划分,企业可以准确地细分市场,从而减少经营的盲目性和降低经营风险。企业一旦确认了目标市场,就可以根据其消费心理,制定出正确的营销策略,提高企业的经济效益。

（2）相关群体消费者的形成对消费活动有调节、控制的意义,可以使消费活动向健康的方向发展。任何消费,当消费活动以群体的规模进行时,不仅会对个体消费产生影响,而且有利于推动社会消费的进步,因为消费由个人活动变为群体行为的同时,消费活动的社会化程度大大提高,而消费的社会化又将推动社会整体消费水平的提高。

（3）相关群体消费者的形成还为有关部门借助群体对个体的影响力,对消费者加以合理引导和控制,为其向健康的方向发展提供了条件和可能。

自测试题

【参考答案】

一、判断题

1. 家庭对个人的消费心理和消费行为有着决定性影响。（ ）
2. 针对家庭新建时期药品购买的特点,可以通过大量的广告宣传促进销售。（ ）
3. 家庭购买的倡导者、影响者、决策者和执行者可能是同一个人,也可能是不同的人。（ ）
4. 中年群体往往是新产品的试用者和推广者。（ ）
5. 男性是绝大多数儿童用品、老人用品、男性用品、家庭用品的主要购买者。（ ）
6. 电视媒体对越高层的消费者影响越大,印刷媒体则相反。（ ）
7. 在我国消费人群中,以产业工人阶层和农业劳动阶层为主的体力劳动阶层占大多数。（ ）
8. 针对体力劳动阶层,营销策略应在价格上走中低档路线,薄利多销。（ ）
9. 针对女性消费者,在产品广告和宣传中要给予更多的人文关怀,利用情感因素打动她们。（ ）
10. 文职阶层的药品消费者越来越倾向于价格低、疗效一般、毒副作用小的药品。（ ）

二、不定项选择题

1. 以下属于群体的是（   ）。
   A. 团支部   B. 路上来往的行人
   C. 公园里的游人   D. 病友组织
2. 根据各种群体的概念来看,消费者群体属于（   ）。
   A. 实际群体   B. 假设群体
   C. 正式群体   D. 非正式群体
3. 群体成员在群体中能感受到的心理影响有（   ）。
   A. 群体凝聚力   B. 群体归属感

C. 群体认同感 D. 群体心理压力

4. 由尚未入学的孩子和青年夫妇组成的家庭时期属于家庭生命周期中的（　　）阶段。
A. 家庭新建时期 B. 家庭发展中期
C. 家庭发展后期 D. 家庭空巢时期
E. 家庭衰亡期

5. 子女与父母分开居住后，家中剩下中老年夫妻二人的家庭时期属于（　　）阶段。
A. 家庭新建时期 B. 家庭发展中期
C. 家庭发展后期 D. 家庭空巢时期
E. 家庭衰亡期

6. 下列不属于我国现阶段社会阶层的划分依据的是（　　）。
A. 职业 B. 年龄
C. 经济收入 D. 受教育程度
E. 政治地位

7. 针对少年儿童群体，可以采用（　　）药品营销策略。
A. 重视知识营销，提供专业化服务 B. 药品应体现文化内涵
C. 广告有艺术性和渲染力 D. 采用小动物、卡通人物等包装图案
E. 选择中年影星做形象代言人

8. 老年群体的消费心理特征包括（　　）。
A. 注重商品的科技成分 B. 对保健品的需求加大
C. 品牌忠诚度高 D. 追求方便舒适
E. 群体性突出

9. 女性群体的消费心理特征包括（　　）。
A. 注重商品外观 B. 购买行为带有情感性和冲动性
C. 讲求商品的精神价值而不是实际效用 D. 希望别人对自己的购买行为作出好的评价
E. 讲求实际效用和具体利益

10. 在现实生活中，人们的社会交往经常发生在同一阶层内，如不同学历者之间的联系远低于相同学历者之间的联系，体现出社会阶层的（　　）特点。
A. 等级分布 B. 多维性
C. 对成员行为的约束性 D. 同质性
E. 动态性

三、简答题

1. 消费者群体的概念和分类是怎样的？
2. 影响相关群体消费的因素是什么？
3. 针对少年儿童家具的营销策略是怎样的？
4. 针对老年群体的旅游营销策略是怎样的？
5. 针对老年群体的药品营销策略是怎样的？

四、论述题

1. 论述女性消费者的消费行为。
2. 论述群体规范对消费行为的影响。

五、案例分析题

上网阅读"2022年中国大学生群体消费行为调研分析"并回答问题。

分析：

1. 大学生作为一个新型的消费群体有哪些特点？
2. 如何引导大学生树立正确的消费观念？

项目实训

1. 分组讨论：如购买手机、电脑等商品，你作为大学生的购买决策受哪些群体的影响？
2. 做一个简单调查，了解自己和周围同学的消费水平，并分析如果商家开拓大学生市场可从哪些方面着手。

课后拓展

1. 上网了解目前我国的社会阶层划分情况。
2. 分别访问10名男性与10名女性机关单位工作人员、工人、教师、农民，并总结性别群体与职业群体的消费特点。

项目 7
摸准商品价格脉搏实现利益最大化

》【学习指导】

学习重难点	学习重点	价格的需求弹性、消费者的价格心理特征和反应、定价的心理策略
	学习难点	心理策略与技巧,商品定价、调价的心理策略
学习目标	知识目标	理解价格弹性;了解定价的方法;掌握定价和调价的技巧
	能力目标	掌握消费者的价格心理表现,价格变动对消费心理和消费行为的影响,以及商品定价和调价的心理策略,并能在实际工作中进行运用

》【思维导图】

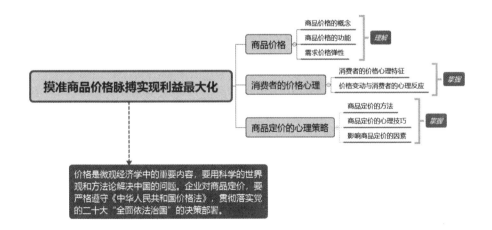

价格是微观经济学中的重要内容,要用科学的世界观和方法论解决中国的问题。企业对商品定价,要严格遵守《中华人民共和国价格法》,贯彻落实党的二十大"全面依法治国"的决策部署。

【导入案例】

在某画廊发生了一个有趣的故事：A 画商看中了 B 画商带来的三幅画，B 画商要价 5000 元。当时一幅画的平均价格在 1000～1500 元，A 画商嫌贵，谈判陷入僵局。那位 B 画商被惹火了，怒气冲冲地跑出去，把其中一幅画烧了，A 画商见到这么好的画烧了，觉得太可惜了，十分心痛，问 B 画商剩下两幅愿卖多少？B 画商还是要价 5000 元，A 画商思来想去，拒绝了这个报价。B 画商又烧掉其中一幅，A 画商只好乞求，可千万别烧到最后一幅。又问 B 画商愿卖多少？B 画商张口就要 7500 元。A 画商说，一幅画怎么比三幅画的价钱还高呢？B 画商说，这三幅画均出自已经过世的名家之手，本来三幅画都在的时候，价格是 5000 元，现在只剩这一幅画了，已经是绝世之宝了，它的价值远远超过三幅画的价值，现在最低要价 7500 元。A 画商一脸苦相，没办法，最后只好以 7500 元成交。

思考：

一幅画的平均价格在 1000～1500 元，B 画商把三幅画的价格定为 5000 元，依据是什么？一幅画的平均价格不到 1700 元，为什么最后一幅画的价格可以调高到 7500 元？

价格是一只看不见的手，合理的定价是商品竞争的主要手段，也是企业利润的重要来源。在自由竞争的市场上，价格是由市场决定的。那么，企业应该如何对商品进行正确的定价呢？商品价格的高低取决于什么？在消费过程中，价格的变动应该考虑哪些心理因素？你又是如何看待"买涨不买跌"的心理？

任务 1　认知商品价格

在现实生活中，影响消费者心理与行为的因素很多，但毫无疑问，价格是影响消费者购买决策的最具刺激性、敏感性的重要因素之一。在现代市场经济条件下，价格的制定、调整和价格水平的涨落，既调节着市场供求和企业的经营活动，又影响和制约着消费者的消费活动。

7.1.1　商品价格的概念

在激烈的市场竞争过程中，价格已成为众多商家展开"厮杀"的重要利器。那么，什么是商品的价格？

在日常生活中，价格一般是指进行交易时，买方所需要付出的代价或付款。按照经济学的严格定义，价格是商品同货币交换比例的指数；或者说，价格是价值的货币表现，是商品的交换价值在流通过程中所取得的转化形式，是一项以货币为表现形式，为商品、服务及资产所订立的价值数字。

经济学理论认为，价格是商品价值的货币表现，是商品与货币交换比例的指数，是商品经济特有的一个重要经济范畴。而消费心理学有关价格的含义则是指建立在消费者心理基础之上的各种商品价值的货币表现形式。

商品价格是消费者每天都要直接或间接接触的经济现象，它像一只看不见的手，通过涨落、波动无形地指挥着生产者、经营者、消费者的行为，牵动着亿万消费者的心。

7.1.2　商品价格的功能

在消费者行为学的研究中，商品价格的功能是指商品价格对消费者心理的影响，以及影响过程中消费者所产生的价格心理现象。

消费者在选购商品时，通常把价格与商品的其他要素（如质量、品牌、性能等）综合起来加以评价，在此基础上决定是否购买。然而，就对消费者的影响而言，价格又有着与其他商品要素不同的心理作用机制。

1. 衡量商品价值的功能

商品价值是价格的内在尺度，价格围绕价值上下波动，并最终趋向于价值。商品价值凝聚了生产过程和流通过程中活劳动和物化劳动的时间耗费，从理论上讲，消费者在选购商品时应以商品的价值为尺度来判断是否购买。然而，常常有些内在质量相似的商品，因包装不同而价格相差较大，对此消费者宁愿购买价格高的商品；而对于一些处理品、清仓品，降价幅度越大，消费者的疑虑就越重，不敢贸然购买。

这类现象的产生，是由于价格的心理功能在起作用。由于商品信息的非对称性、消费者购买行为的非专业性，因此消费者在选购商品时，总是自觉或不自觉地把价格同商品品质及内在价值联系起来，把价格作为衡量商品品质优劣和价值大小的最重要的尺度。他们往往认为，商品价格高，则意味着商品质量好、价值大；商品价格低，则说明商品质量差、价值小。所谓"一分钱，一分货""好货不便宜，便宜没好货"，便是消费者在现实生活中通常奉行的价格心理准则。例如，同样的两件衬衣，质地看上去很相似，款式也差不多，如果其中一件用精制的盒子包装并标价280元，另一件只用普通的塑料袋包装并标价140元，大多数消费者的第一反应就是认为标价280元的那件品质好、价值高。

2. 自我意识比拟的功能

从价格心理的角度分析，商品价格不仅被消费者用来比较商品价值和品质，而且能使消费者产生自我意识比拟的心理功能。消费者在购买商品的过程中，通过联想和想象等心理活动，把商品价格与个人的偏好、情趣、个性心理特征等联系起来，通过价格的比拟来满足其社会心理需求和自尊心理需求。

（1）社会经济地位比拟。有些消费者只到高档、大型百货商场或专卖店购买"名、特、优、新"的商品，以显示自己的社会地位和经济地位；有些消费者则是大众商店、低档摊位的常客，专门购买折价、过季降价、清仓处理的廉价商品。假如这两类消费者的行为发生了错位，则第一类消费者会为去低档次的场所购物而感到不安，认为有损自己的社会形象；而第二类消费者去高档购物场所消费，则会产生局促不安、自卑压抑的感觉。

（2）文化修养比拟。有些消费者尽管对书画作品缺乏鉴赏能力，但要花费大笔支出购买昂贵的名人书画挂在家中，希望借此来显示自己具有很高的文化修养，以得到心理上的慰藉。还有一些消费者既没有看书的习惯，又没有藏书的爱好，却购置大量豪华的精装书籍，以显示自己的博学及高品位。

（3）生活情趣比拟。有些消费者既缺乏音乐素养，又对音乐没有特殊兴趣，却购置钢琴或高档音响设备，去欣赏体验自己听不懂的高雅音乐会，期望得到别人"生活情趣高雅"的评价，以获得心理上的满足。

（4）观念更新比拟。有些消费者怕别人说自己跟不上潮流，即使不会使用笔记本电脑，也要花一大笔钱买台先进的笔记本电脑作为摆设，希望能够以此获得"与时代发展同步"的心理安慰。还有一些消费者受广告影响，会萌发出追赶科技潮流的冲动。

自我意识比拟这种心理功能，在消费者心理上的反应可能是有意识的，也可能是无意识的，但都有一个共同特点，就是从满足社会心理需求和自尊心理需求出发，更多地重视商品价格的社会价值象征意义。

3. 调节需求的功能

商品价格对消费需求有巨大的影响。通常，在其他条件不变的情况下，当市场上某种商品的价格下降时，其消费需求量会增加；当该商品的价格上涨时，其消费需求量会减少。也就是说，价格的变动与消费需求量的变化成反比，因为消费者一般认为，商品价格上涨意味着购买这种商品会带来损失，而商品价格下降则意味着购买这种商品会带来更多的利益。例如，奢侈品价格稍有变动，需求量就会发生较大的变化；生活日用品价格变动很大，需求量变化也很小，需求对价格变化反应不强；生活必需品如粮食、食盐等，需求对价格变动无反应。价格对需求的调节，还与消费者需求强度和预期心理有关。消费者对某种商品的需求越强烈、越迫切，对价格的变动就越敏感；反之则相反。当某种商品价格上涨时，消费者认为还会上涨，就会去抢购，这就是生活中常见的"越涨越买""买涨不买跌"的现象。

7.1.3 需求价格弹性

需求价格弹性是指因价格变动而引起的需求量的相应变动率，它反映了需求变动对价格变动的敏感程度。需求价格弹性的大小，会因为商品种类的不同和消费需求程度的不同而有所差别。一般来说，与消费者生活密切相关的生活必需品的需求弹性较小，而非生活必需品的需求弹性较大。需求价格弹性的强弱，主要受两个方面的因素影响，即商品的需求强度和商品的可替代性。

商品的需求强度与该商品的需求弹性相关。一般情况下，人们对生活必需品的需求程度高于生活享受用品，因而生活必需品的价格变化对其需求量的影响作用小，即生活必需品的需求弹性小；反之，生活享受用品因其需求程度低而表现为富有弹性，即生活享受用品的需求弹性大。

商品的可替代性与该商品的需求弹性正相关。商品的可替代性是指不同商品使用效果类似、使用价值可以互相代替的性质，如羊毛衫与棉绒衣、塑料杯与玻璃杯之间都存在不同程度的替代关系。可替代性强的商品的价格的提高会引起消费需求向其他可替代商品转移，这种需求转移强化了价格变动对该商品需求量的影响，从而表现出较大的需求弹性；反之，若某种商品难以替代，消费者别无选择，则只能提高对价格变动的承受能力。这种需求对价格反映的低敏感程度，使得该商品表现为较小的需求弹性，如图7.1所示。

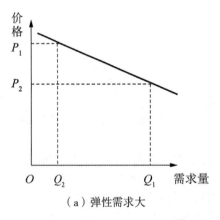
（a）弹性需求大

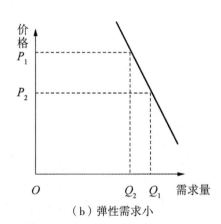
（b）弹性需求小

图7.1　需求价格弹性

一般来说，需求价格弹性大的商品，如名表、高档服装等，降价会大幅度增加销量，能够增加销售收入；需求价格弹性小的商品，如普通食品、药品等，降价则不会大幅度提高销量，涨价反而会增加销售收入。

> **与相关课程的联系**
>
> 价格是微观经济学、市场营销学"4Ps"中的重要内容，价格是影响消费需求最重要的因素之一。

任务 2　掌握消费者的价格心理

消费者的价格心理是指消费者在购买过程中对价格刺激的各种心理反应及其表现，它是由消费者自身的个性心理和对价格的知觉判断共同构成的。消费者的价格判断既受其心理影响，又受到某些客观因素，如销售环境、气氛、地点和商品等因素的影响。价格判断具有主观性和客观性的双重属性。

7.2.1　消费者的价格心理特征

1. 消费者对价格的习惯性

消费者对价格的习惯性是指消费者根据自己以往的购买经验，对某些商品的价格反复感知，从而决定是否购买的习惯性反应。

消费者对商品价格的认知，往往是从多次购买活动中逐步体验出来的结果。特别是一些日用消费品，消费者由于长期购买，在大脑中留下深刻的印象，因此形成了习惯价格。在习惯价格的基础上，他们便形成了一种对商品价格上限和下限的概念。如果商品价格高于上限，则会令消费者感觉太贵；如果商品价格低于下限，则会令消费者产生怀疑。只有商品价格处于上限和下限之间，消费者才会乐于接受。如果商品价格恰好为消费者所认同，消费者则会产生很大的依赖感。

消费者的价格习惯心理一旦形成，往往会稳定并维持一段时间，很难轻易改变。当有些商品价格必须变动时，企业一定要认识到价格的习惯心理对消费者购买行为的影响，在制定和调整商品价格时，对那些超出消费者习惯性价格范围之外的商品要慎重行事，一定要弄清这类商品的价格在消费者心目中的价格上限和下限的幅度。当价格超过上限，就要尽可能地让消费者了解商品的优秀品质；当价格低于下限，则要想办法打消消费者可能认为这类商品是低档货或质量上有问题的顾虑，促使其尽快由不习惯转为习惯，增加购买。

2. 消费者对价格的敏感性

消费者对价格的敏感性是指消费者对商品价格变动的反应程度。由于商品价格直接影响消费者的生活水平，所以消费者对价格的变动会做出不同程度的反应。消费者对价格变动的敏感心理，既有一定的客观标准，又有经过多年购买实践形成的一种心理价格尺度，因而具有一定的主观随意性。消费者对价格的敏感性是因商品而异的，对那些与消费者生活密切相关的商品的价格，由于其购买频度较高，消费者的敏感性较高，如食品、蔬菜、肉蛋类等，这些商品的价格略有提高，消费者马上会做出强烈反应；而对于一些高档消费品，如笔记本电脑、钢琴、轿车等，由于其购买频度较低，即使价格比原有价格高出几十元甚至上百元，消费者也不会太计较，即消费者对这类商品的价格敏感性较低。例如，学校的师生每天在餐厅就餐，饭菜价格哪怕变动了 0.5 元，他们也会议论纷纷；而市场上同样一台电冰箱的价格就是涨了 300 元，消费者也不会放在心上。

3. 消费者对价格的感受性

消费者对价格的感受性是指消费者对商品价格高低的感知程度。消费者对商品价格高低的认知和判断，不完全基于某种商品价格是否超过或低于他们认定的价格尺度，他们还会通过与同类商品的价格进行比较，以及与购物场所不同种类商品的价格比较来进行认知。这种受背景刺激因素的影响而导致价格在感受上的差异，一般称为价格错觉。不同的商品或服务、不同的环境和营销氛围、消费者的不同心境和个性等，都会产生不同的价格感受。这种感受性会直接影响消费者的价格判断。例如，一瓶普通的葡萄酒在超市售价几十元，而在高档酒店定价高达几百元甚至上千元，这是因为豪华幽雅的环境和气氛影响了消费者对价格的感受性。

消费者对商品价格的感受性心理在他们购买商品时的反应比较普遍，企业在市场营销中可以用优质的商品、优良的服务、优美的装饰、幽雅的环境来影响消费者的心理活动，影响消费者的观念和态度，从而影响其对商品价格的感受性，进而取得较好的销售效果。

4. 消费者对价格的倾向性

消费者对价格的倾向性是指消费者在购买过程中对商品价格选择所表现出的倾向。商品的价格有高档、中档、低档的区别，它们分别标志着商品不同的品质与质量标准。一般来说，当消费者对同类商品进行比较时，如果没有发现明显的差别，往往倾向于选择价格较低的商品。对于各种不同种类商品的价格，消费者在比较时的倾向性也是不同的：对于日常生活用品、短期时令商品，消费者倾向于选择价格较低的；对于耐用消费品、高级奢侈品，消费者则倾向于价格较高的。目前，消费者的消费心理明显地呈现出多元化的特征，既有追求高档名贵的求"名"心理，又有追求经济实惠的求"廉"心理，也有居于二者之间的要求价格适中、功能适中的求"中"心理，还有满足情感、文化需要的求"情"、求"乐"、求"知"心理。由于不同消费者的社会地位、经济收入、文化水平、个性特点之间存在差异，因此他们在选购商品时的价格倾向也不同，他们会根据自己的不同需求特点，做出不同的价格选择。

企业在制定营销决策时，要充分考虑不同层次消费者的不同需求，研制生产高档、中档、低档等系列产品，采用合适的定价策略，满足消费者对价格的倾向性需求。

5. 消费者对价格的逆反性

消费者对价格的逆反性是指消费者在某些特定情况下对商品价格的反向表现。在正常情况下，消费者总希望买到物美价廉的商品，对于同等质量的商品总是希望其价格更低。但在某些特定情况下，商品的畅销性与其价格却呈反向表现，即并非价格越低越畅销，这是由消费者对价格的逆反心理造成的。

商品的主观价格是依据其客观价格而制定的，但主观价格与客观价格经常会出现相互不一致甚至相互背离的情况，消费者在心目中经常会产生这样的判断：商品的价格太高，或者商品的价格偏低。主观价格是构成商品形象的一个组成部分。对于一个有较高自我比拟意识的人来说，购买一件他认为价格偏低的商品会感觉有失身份。例如，一件女式风衣在一家商店出售，刚开始的标价是 68 元，这个价格是低于同等商品平均价格水平的，但在商店挂了很久都无人问津。消费者在购买时看到这一低价会很自然地认为这件风衣可能是滞销商品，或者存在质量问题，即使价格偏低也不愿意购买。但是，当商家把价格改成 680 元之后，就有很多消费者因为这一高价而注意到这件风衣，这件风衣很快便以 500 元的价格出售了。

7.2.2 价格变动与消费者的心理反应

在经营实践中，商品价格的变动与调整会经常发生。调价的原因除了生产经营者的自身条件发生了变化，还包括市场供求状况变化、商品价值变动、市场货币价值与货币流通量变动、国际市场价格波动、消费走向变化等方面因素的影响。企业在调整商品价格时，既要考虑这些因素的影响，又要考虑消费者对商品调价的心理要求。

1. 消费者对价格调整的心理及行为反应

价格调整可分为两种情况：一种是降价，另一种是提价。价格的变动会使消费者的利益受到影响，引起消费者心理与行为上的反应。此外，消费者对企业调整价格的动机、目的的理解程度不同，也会做出不同的心理反应。通常，消费者无法直接了解企业调整价格的真实原因，因此对价格调整的理解不易深入、准确，在心理和行为反应上难免出现偏差。

（1）调低商品价格。调低价格通常有利于消费者，理论上会激发消费者的购买欲望，促使其大量购买。但在现实生活中，消费者会产生与之相反的各种心理和行为反应，往往会"持币待购""越降越不买"，之所以如此，主要有以下5点原因。

① 消费者由"便宜—便宜货—质量不好""便宜没好货，好货不便宜"等联想产生心理不安。

② 消费者自认为不同于一般低收入阶层，不可以购买低档货，因为产生了"便宜—便宜货—有失身份—有损自尊心和满足感"等联想。

③ 消费者猜测企业可能有即将问世，所以才降价抛售老商品；老商品不久就会被淘汰，买了这种商品会很快落伍；企业不再生产该商品的零部件，零部件的维修更换无法得到保证。

④ 消费者认为降价商品可能是过期商品、残次品、库存品或低档品，功能少，质量不好，不符合未来发展趋势。

⑤ 消费者认为既然商品已降价，就可能还会继续降，因此可以暂且耐心等待，等待新一轮的降价来临，从而买到更便宜的商品。

（2）调高商品价格。调高价格通常不利于消费者，理论上会抑制消费者的购买欲望，挫伤其购买积极性，减少实际购买需求。但在现实生活中，消费者同样会做出与之相反的各种反应，之所以如此，主要有以下5点原因。

① 商品涨价，可能是因其具有某些特殊的使用价值，或具有更优越的性能，好东西应该赶快购买。

② 商品已经涨价，可能还会继续上涨，应尽快抢购，以防将来购买更吃亏。

③ 商品涨价，说明它是热门货，有流行的趋势，应尽早购买。

④ 商品还在涨价，可能是限量发行，说明它有升值的潜力，不如购买一些囤积起来，待价而沽。

⑤ 商品在涨价，可能出现断货，为保证急用而预先购买。

此外，消费者对价格调整的反应还表现为其他复杂的心理动机。例如，在艺术品市场上，由于艺术品总是限量发行的，价格上涨则说明它具有增值潜力，所以很多收藏者出于投机或投资心理会考虑购买。

可见，商品价格的调整引起的心理反应非常复杂，既可能激发消费者的购买欲望，促使商品需求增加，又可能抑制其购买欲望，导致商品需求减少。因此，企业在调整价格的时候，一定要仔细分析各种因素的影响，准确把握消费者的价格心理，事先做好市场预测工作，采取行之有效的调价策略，以便达到扩大销售总额、增加利润的目的。

2. 价格调整的心理策略及技巧

根据消费者对商品降价和提价的心理与行为反应，企业可以采取相应的降价策略和提价策略。

（1）商品降价的心理策略及技巧。造成商品降价的原因有很多方面：某些商品升级换代造成的旧商品过时、积压；商品保管不善造成的品质降低；市场行情不明造成的盲目进货；新技术、新科技的应用使商品生产成本下降等。凡此种种，都有可能导致商品降价出售。商品降价能否促进销售，关键在于商品是否具备降价条件，企业能否及时把握降价时机和幅度，以及能否正确应用相关技巧。

① 企业考虑降价的原因。企业的生产能力过剩，需要扩大销售，而又不能通过改良商品和加强销售来达到目的；在强大的竞争压力下，企业的市场份额下降，不得不降价竞销；企

业的生产成本费用低于竞争对手，试图通过降价来提高市场份额。

② 商品降价应具备的条件。消费者注重商品的性能与质量，而应较少将所购商品与自身的社会形象相联系；消费者对商品的质量和性能非常熟悉，如某些日用品、食品降价后，仍对其保持足够的信任度；消费者需要企业向其充分说明降价的理由，并使其感到能够接受；即使企业及其商品品牌信誉度高，消费者只有在以较低的价格买到"好东西"时才会满意。

③ 降价的时机。时尚和新潮商品，进入流行阶段后期就应降价；季节性商品，应在换季时降价；一般商品，进入成熟期的后期就应降价；"假日经济"现象，重大节假日可实行降价优惠；商家举行庆典活动时，可实行降价；市场领导品牌率先降价，作为竞争对手应采取跟进策略；其他特殊原因降价，如商店拆迁、商店改变经营方向、柜台租赁期满等。

④ 降价的幅度。降价幅度要适宜：幅度过小，不能激发消费者的购买欲望；幅度过大，企业可能会亏本经营，或导致消费者对商品品质产生怀疑。实践经验表明，降价幅度在10%以下时，几乎收不到什么促销效果；降价幅度要在10%～30%，才会产生明显的促销效果；降价幅度超过50%时，必须说明大幅度降价的充分理由，否则消费者的疑虑会显著加强，会怀疑是假冒伪劣商品，反而不敢购买。

⑤ 降价的原则。商品降价必须坚持"一步到位"的原则，不能过于频繁地降价，否则会造成消费者对降价不切实际的心理预期，或者对商品的正常价格产生不信任感。

⑥ 降价的技巧。企业在降价的操作方式与技巧上要注意以下问题：少数几种商品大幅度降价，比起很多种商品小幅度降价的促销效果更好，因为这样更具有轰动效应。

企业向消费者传递降价信息的一般做法是把降价标签直接挂在商品上，这样能最大限度地吸引消费者立刻购买。消费者不仅能一眼看到降价前后的两种价格或降价金额、幅度，而且能看到降价商品，眼见为实，从而立即做出购买决策。有的企业会把前后两种价格标签同时挂在商品上，以证明降价的真实性。

（2）商品提价的心理策略及技巧。一般来说，商品价格的提高会对消费者利益造成损害，引起消费者的不满。但在营销实践中，成功的提价可以使企业的利润增加。掌握提价策略对于企业来说，既具有现实意义，又有困难和阻力。

① 企业考虑提价的原因。由于通货膨胀、物价上涨，企业的成本费用提高，不得不提高产品价格；企业的商品供不应求，不能满足所有消费者的需求，在这种情况下可以适当提价；资源稀缺或劳动力成本上升，也会导致商品生产成本上升。

② 商品提价应具备的条件。消费者的品牌忠诚度很高，他们是品牌偏好者，忠诚于某一特定品牌，不因价格上涨而轻易改变购买习惯；消费者相信商品具有特殊的使用价值，或具有更优越的性能，是其他商品所不能替代的；消费者有求新、猎奇、追求名望、好胜攀比的心理，愿意为自己喜欢的商品支付高价；消费者能够理解商品价格上涨的原因，能容忍价格上涨带来的消费支出增加。

③ 提价的时机。商品在市场占据优势地位；商品进入成长期；季节性商品达到销售旺季；一般商品在销售旺季；竞争对手商品提价。提价要掌握好时机，看准火候。提价后，可能有大批消费者将转向其他品牌，分销商也会因此而放弃经营，这就给竞争对手抢占市场提供了可乘之机。如果企业提价失败，再想恢复原价，后果将更加严重，单单是企业品牌信誉的损失就足以使企业元气大伤。

④ 提价的幅度。提价的幅度不应过大，幅度过大，会损失一大批消费者。但是，提价幅度并没有统一的标准，一般视消费者的价格心理而定。国外一般以5%为提价幅度上限，认为这样符合消费者的心理承受能力；而我国某些商品以30%、50%甚至更高的幅度提价，但也能引起消费者的购买行动。企业应尽可能避免大幅提价情况的出现。

⑤ 提价原则。企业提价要信守谨慎行事的"走钢丝"原则，尽量控制提价的幅度和速度，即提价的幅度宜小不宜大，提价的速度宜慢不宜快。要循序渐进，不能急于求成；要走小步，走一步看一步，而不能走大步，追求一步到位。

⑥ 提价技巧。在提价技巧与方式的选择上，分为直接提价和间接提价两种：直接提价是指以一定的幅度提高原有商品的标价；间接提价是指商品的市面标价不变，通过商品本身的变动，实际提高价格。企业通常的做法是更换商品型号、种类，变相提价，这种方法多用于家电上，如减少一些不必要的功能等；另外的做法是减少商品数量而价格不变，这种方法多用于食品上，如减少食品净含量。企业应尽可能多采用间接提价，把提价的不利因素减到最低程度，使提价既不影响销量和利润，又能被消费者普遍接受。

为使消费者接受上涨的价格，企业应针对不同的提价原因，采取相应的心理策略：通过各种渠道向消费者说明提价的原因，做好宣传解释工作；帮助消费者寻找节约途径，组织替代品的销售；提供热情周到的增值服务；尽量减少消费者的损失等，以求得消费者的谅解和支持，增强消费者的信心，刺激其消费需求和购买行为。

总之，商品提价要充分考虑消费者的心理要求，提价幅度应与消费者对商品的觉察价值基本相符。只有这样，商品提价才会被消费者接受。

与相关课程的联系

很多企业的促销手段就是降价，结果并不如人意。市场营销策划课程中曾强调过，价格策划一定要考虑消费者的心理感受、竞争对手的反应和企业的利润目标。

任务 3　掌握商品定价的心理策略

7.3.1　商品定价的方法

定价方法是企业为实现定价目标所采取的价格制定方式。企业制定价格是一项复杂的工作，必须考虑各方面的因素，企业产品价格的高低要受市场需求、成本费用和竞争情况等因素的影响和制约。成本是价格的最低点，竞争对手和替代产品的价格是企业在考虑定价时的出发点，消费者对企业产品独有特征的评价是价格的上限。下面重点介绍几种商品定价的方法。

1. 成本导向定价法

成本导向定价法是一种以成本为主要依据，按卖方意图定价的一种方法，具体分为以下5种方法。

（1）成本加成定价法。成本加成定价是指按照单位成本加上一定百分比的利润来确定产品销售价格，其计算公式为

$$单位产品价格 = 单位产品成本 \times (1 + 成本加成率)$$

这种方法的特点就是计算方便，同行业成本加成率基本一致，若单位产品成本也接近，则按照这种方法定价可以避免价格竞争，而且对买方较为公平，不会因需求量大增而大幅度抬价。但其缺点也很明显，仅限于卖方市场，缺少对市场竞争的适应性和对市场供求反映的灵活性，成本加成率的确定缺乏科学的依据，而且单位产品成本是估计值。

（2）售价加成法。售价加成法是企业普遍采用的一种定价方法，其计算公式为

$$单位产品价格 = 单位产品成本 / (1 - 售价加成率)$$

式中，售价加成率 = 预期到期利润 / （价格 × 销售量）。

售价加成法的特点基本与成本加成定价法的特点相同。

（3）投资收益率定价法。投资收益率定价法也称目标收益率法，企业希望确定的价格能实现目标投资收益率。例如，通用汽车公司就使用这种方法定价，规定汽车的投资收益率15%～20%。对于将投资收益率限制在合理范围内的企业来说，也适合采用这种定价方法。其计算公式为

$$单位产品价格＝总成本×（1＋目标利润率）／预计销售量$$

这种方法有利于加强企业管理的计划性，可较好地实现投资回收。但是，这种方法要求企业有较高的管理水平，能够正确地测算价格与销量之间的关系，以避免价格过高导致销量达不到计划水平的被动局面。同时，这种方法还有一个显著的弱点，即企业根据估计的销售量求出应制定的价格，殊不知价格恰恰是影响销售量的重要因素，不能忽略这一点。

（4）边际成本定价法。边际成本定价法也称边际贡献定价法，以变动成本作为定价基础，只要定价高于变动成本，企业就可以获得边际收益（边际贡献），用以抵补固定成本，剩余即为盈利。其计算公式为

$$单位产品价格＝（总的变动成本＋边际贡献）／预计销售量$$

式中，边际贡献＝预计销售收入－总的变动成本。

如果边际收益（边际贡献）等于或超过固定成本，企业就可以保本或盈利。这种方法适用于产品供过于求、卖方竞争激烈的情况，在这种情况下，与其维持高价导致产品滞销积压、丧失市场，不如以低价保持市场，不计固定成本，尽力维持生产。

（5）盈亏平衡定价法。盈亏平衡定价法是按照生产某种产品的总成本和销售收入维持平衡的原则，来制定产品的保本价格。其计算公式为

$$单位产品保本价格＝（固定成本＋总的变动成本）／预计销售量$$
$$＝固定成本／预计销售量＋单位变动成本$$

盈亏平衡定价法会使企业无利润可言，只有在市场不景气时，企业为了维持生存不得已才会采取这种定价方法。

2. 需求导向定价法

需求导向定价法是一种以市场需求强度及消费者感受为主要依据的定价方法，分为理解价值定价法、区分需求定价法、可销价格倒推法和拍卖定价法等。

（1）理解价值定价法。理解价值定价法是适用于一般企业的认知价值定价法。越来越多的企业根据对产品的理解、认知价值来制定价格。它们认为定价的关键是消费者对价值的认知，而不是销售的成本，因此利用市场营销组合中的非价格变量，在购买者心目中确立认知价值，其制定的价格符合消费者心目中理想的价值。这种方法与市场定位思想非常相符。企业要开发出一系列新商品，就要对其质量和价值严格把关，并根据这个条件下能销售的产品数量等定出价格。

由于理解价值定价法的关键在于准确地评价市场对企业产品的价值认知，因此，如果卖方高估了自己产品的价值，则其产品定价就会偏高；相反，如果卖方低估了自己的产品价值，则其产品定价就会偏低。为了有效地定价，企业就必须考虑消费者的购买心理和需求价格弹性，有效地进行市场调查，这种市场调查可以按照以下5个步骤进行。

① 以理解价值为基础确定初始价格。
② 预测销量。
③ 确定目标和税值。

④ 预测目标成本。预测目标成本 = 初始价格 × 预测销量 – 目标利税。

⑤ 做出决策。若目标成本＞实际成本，初始价格可行；若目标成本＜实际成本，初始价格不可行。然后，采取措施，降低目标利税或实际成本。

（2）区分需求定价法。区分需求定价是指针对同一质量、功能、规格的商品或劳务，对待不同需求的顾客采取不同的价格。这种价格差并非以成本差异为基础，而是依据消费者需求的差异来制定，主要内容包括以下 4 个方面。

① 以不同的顾客群为基础。同一商品在不同市场上以不同的价格出售，使每一市场的边际收入相等，以达到总收入最大的目的。另外，在同一市场上，针对不同的买方，同一商品可以定不同的价格，因为不同买方的需求是有差异的，甚至在定价时可以灵活运用讨价还价的技巧。

② 以商品特征为基础。对于外观、功能不同的商品，可以制定不同的价格。有时为满足不同的心理需求，对商品的特征、功能、用途等予以不同的描述，以便制定不同的价格。

③ 以地区效用为基础。不同地区由于存在自然环境、人文背景的差异，同一种商品的效用也是有差异的，如空调在夏季气温差异很大的地区，其效用是不同的。针对这种差异，对同一商品可以在不同地区制定不同的价格。

④ 以时间效用为基础。许多商品的需求具有时间性，如服装、旅游需求有淡季和旺季之分，经济周期各个阶段的需求呈现出明显的差异。以这些差异为基础，企业可制定不同的价格。

（3）可销价格倒推法。产品的可销价格是指消费者或进货企业能够接受的价格。这种方法是根据消费者可以接受的价格水平或下一个环节的买主愿意接受的利润水平来倒推计算商品销售价格的定价方式。这种方法不以实际成本为主要依据，而是以市场需求为定价出发点，力求使价格被消费者或下一个环节的买主接受，如分销渠道中的批发商和零售商多采取这种定价方法。

（4）拍卖定价法。拍卖定价法一般用于文物、古董、旧货等物品的定价，因为这些物品的成本与价值都难以确定。在拍卖时，消费者根据自己对被拍卖物品的喜好和需求程度报出自己愿付的价格，大家互相竞争，价格可能越抬越高，到最后无人愿意再提高价格时，该物品即按已报出的最高价格卖出。现在，拍卖定价法已被应用于一些权利和配额的拍卖。

3. 竞争导向定价法

在市场竞争日益激烈的情况下，企业通过研究竞争对手的生产条件、服务状况、价格水平等因素，依据自身的竞争实力，参考成本和供求状况来确定商品价格，这种定价方法就是竞争导向定价法。其特点是价格与商品成本和需求不发生直接关系，虽然商品成本或市场需求发生了变化，但竞争者的价格也未发生变化，而且维持在原价；反之，虽然商品成本或需求都没有变动，但竞争者的价格变动了，则需要相应地调整其商品价格。当然，为实现定价目标和总体经营战略目标，以谋求生存或发展，企业可以在其他营销手段的配合下，将价格定得高于或低于竞争者的价格，并不一定要和竞争对手的商品价格完全保持一致。竞争导向定价法主要分为以下 3 种方法。

（1）随行就市定价法。在垄断竞争和完全竞争的市场结构条件下，任何一家企业都无力凭借自己的实力在市场上取得绝对的优势，为了避免竞争特别是价格竞争带来的损失，大多数企业都采用随行就市定价法，即将本企业某产品价格维持在市场平均价格水平上，利用这样的价格来获得平均报酬。此外，如果采用随行就市定价法，企业就不必去全面了解消费者对不同价差的反应，从而可以为营销人员节约了很多时间。

采用随行就市定价法，最重要的就是确定目前的"行市"。在实践中，"行市"的形成有两种途径：第一种途径是在完全竞争的环境里，各家企业都无权决定价格，通过对市场的无数次试探，相互之间取得默契而将价格保持在一定的水平上；第二种途径是在垄断竞争的市场条件下，某一部门或行业的少数几家企业首先定价，其他企业参考定价或追随定价。

（2）竞争价格定价法。这是一种主动竞争的定价方法，一些实力雄厚、信誉好的企业多采用这种方法。这种方法的关键在于知己知彼，勤于分析，随时调整。一般情况下，企业通过多方面因素与其竞争对手进行竞争定价，如比价格，与其他竞争对手的同类商品进行价差比较定价；通过对产量、成本、性能、品质、样式等商品的基本特点进行比较定价，明确商品的优势、特色，凭借企业实力进行定价。

（3）密封投标定价法。密封投标定价法主要适用于投机交易的方式，投标目的在于中标并获利。企业无须在预测竞争者的价格意向的基础上提出自己的报价，最佳报价应该是使预期收益达到最高的价格。

在招投标方式下，投标价格是企业能否中标的关键性因素。高价格固然能带来较高的利润，但中标的可能性小；低价格能使中标的概率增大，但中标机会成本可能大于其他投资方向。那么，企业应该怎样确定投标价格？

首先，企业根据自身的成本，确定几个备选的投标价格方案，并依据成本利润率计算出企业可能盈利的各个价格水平；其次，分析竞争对手的实力和可能报价，确定本企业各个备选方案的中标机会，竞争对手的实力包括产销量、市场占有率、信誉、声望、质量、服务水平等项目，其可能报价是在分析历史资料的基础上得出的；最后，根据每个方案可能的盈利水平和中标概率，计算每个方案的期望利润，计算公式为

预期收益 =（报价 – 直接成本）× 中标概率 – 失标损失 ×（1 – 中标概率）

= 毛利 × 中标概率 – 失标损失 × 失标概率

显而易见，企业在报价时，既要考虑实现企业的利润目标，又要结合竞争状况考虑中标概率。

7.3.2 商品定价的心理技巧

制定合理的价格，是商品成功走向市场、满足消费者需求的重要前提。在对商品定价时，企业除了要考虑成本、需求和竞争等因素，一种商品价格推出还必须得到消费者的认可和接受，才能称为成功的定价。因此，企业制定商品价格时必须考虑消费者的心理，深入探求消费者的价格心理表现，采取适当的心理定价技巧，从而制定出令企业满意、让消费者易于接受的合理价格。

1. 定价的心理技巧

随着科学技术的不断进步、生产工艺的不断提高，不断涌现，企业也面临着一个新的课题，即如何为定价。定价是企业定价的一个重要方面，关系到能否顺利进入市场并站稳脚跟，能否取得较好的经济效益以实现预期目标。可见，定价问题既关系到商品的命运，又关系到企业的前途，根据具体特点选择合理的定价技巧具有重要意义。

对于价格，消费者缺少参照物，也没有形成习惯，往往在企业制定销售策略时，的定价是最复杂、最困难的一个环节。投入市场初期，处于产品生命周期的第一个阶段——导入期，消费者对商品的质量、性能、先进性和适用性等了解甚少，只有价格是实实在在的，消费者最易了解，价格的高低决定了消费者对的最初认知。因此，价格合理与否，是消费者对做出主观判断的重要的影响因素，而要制定合理的价格，关键在于定价技巧的选择。

（1）撇脂定价。撇脂定价以在鲜牛奶中撇取奶油为比喻，先取其精华，后取其一般，是

指在新商品进入市场初期,利用消费者的求新、猎奇和追求时尚的心理,将价格定得很高,大大超出商品的实际价值,其目的在于从市场上"撇取油脂",以便在短期内获取厚利,尽快收回投资,减小经营风险。随着竞争对手的日益增多,"奶油"已被撇走,此时企业可根据市场销售状况逐渐降低价格。

这种定价技巧的优点:能尽快收回成本,赚取利润,减少经营风险;提高新商品身份,塑造其优质商品的形象,从而提高知名度;扩大价格调整的回旋余地,提高了价格的适应能力,有助于提高企业的盈利能力。

这种定价技巧的缺点:由于价格过高,在一定程度上有损消费者的利益;当新商品尚未在消费者心中树立较高声誉时,价格超过消费者的心理标准,可能会导致商品无人问津,不利于开拓市场;利润丰厚迅速吸引其他竞争者进入,会诱发竞争,最终迫使商品降价;长期占领市场或进一步提高市场占有率比较困难,除非具有绝对优势的商品迎合目标市场的需要,企业才能在快速赚取暴利的同时,提高市场占有率。

在选择撇脂定价时,企业必须考虑自身的实际情况。适宜采取撇脂定价的情况有:在市场上有相当一部分消费者对这种商品缺乏弹性的需求,这样即使价格再高,人们也愿意购买;小批量的生产和销售商品的成本和费用并不高,如果成本和费用过高,将会抵消高价,难以实现厚利;高价在一定时间内不致引起竞争者的加入,若较高利润引致更多企业加入,导致竞争激烈,则会引起价格暴跌,好景难以维持;高价能给商品树立高级品的形象,这是对商品质量、档次方面的要求。高价商品在消费者心目中,通常是质量好、档次高的商品,如果新商品达不到档次和质量标准,不但难以给商品树立高级商品的形象,反而会使人们认为企业唯利是图。

(2)渗透定价。渗透定价与撇脂定价相反,是以低价投放新商品,利用消费者求实惠、求价廉的心理,使商品在市场上广泛渗透,以提高企业的市场份额,然后随着市场份额的提高调整价格,实现企业盈利。这种定价技巧特别适用于需求弹性较大的新商品。

这种定价技巧的优点:低价能迅速打开新商品销路,有利于提高企业的市场占有率,为新商品的生存打下根基;物美价廉的产品,能够争取到更多的消费者,使新商品一进入市场就能在消费者心中树立良好的价格形象;低价薄利不易引发竞争,有利于企业长期占领市场。随着销售量的增加、市场份额的扩大,生产成本随之降低,从而为企业增加利润提供了可能。而且,随着生产的扩大、市场占有率的提高,生产成本逐步下降,企业可以提高产品的价格以赚取较丰厚的利润。这时,其他企业即使想加入,由于生产能力、技术水平、市场份额和生产成本等因素的影响,也难以与其相抗衡,只能望尘莫及。

这种定价技巧的缺点:投资回收期较长,且价格变动余地小,难以应对在短期内骤然出现的竞争或需求的较大变化,增大了企业的经营风险;逐步提高价格会使消费者产生抵触心理,有些消费者会转而购买其他品牌商品;要求新商品必须具备较高的品质—投入市场就能迅速建立起良好的声誉,吸引大量的消费者,为今后逐步提高价格打下基础。因为低价商品往往给人一种档次较低的印象,所以这种印象一旦形成,将很难改变。

适宜采取渗透定价的情况有:对于价格弹性大的商品,低价会促进销售。虽然单位利润低,但销量增加也会提高利润总额;企业将之作为先发制人的竞争策略,有助于夺取市场份额;在成熟市场上竞争,往往要采取这种策略,以便和竞争者保持均势;当大多数竞争者都降低了价格,尤其是在消费者对商品价格很敏感,并且企业的主要竞争对手提供了本企业无法提供的附加价值时;对于需求价格弹性大、购买率高、周转快的商品,如日常生活用品,适宜采用薄利多销、占领市场的定价技巧。

（3）满意定价。满意定价是介于撇脂定价和渗透定价之间的一种定价技巧。它既不像撇脂定价那样，一开始就把新商品的价格定得很高，也不像渗透定价那样，一开始就把新商品价格定得很低，而是一种根据消费者对新商品所期望的支付价格，将其定在高价和低价之间，兼顾企业和消费者的利益，使二者均感到满意的定价策略。这种定价技巧适用于那些日常生活消费品和技术含量不高的新商品。企业选择这种定价技巧的目的是在长期稳定的销售增长中获取平均利润。

由于撇脂定价把价格定得过高，虽然在一定条件下对企业是有利的，但它既有可能遭到消费者的拒绝，又有可能招致竞争者的加入，使企业的利益受损。渗透定价把商品价格定得过低，虽然从一般意义上说对消费者有利，但有可能引起消费者对商品质量、性能等的怀疑。而且，价低利薄、资金回收期长，会增加企业的经营风险。而满意定价使新商品价格介于高价与低价之间，考虑了消费者的购买能力和购买心理，比较容易建立稳定的商业信誉，能最大限度地适应广大消费者的需求，增强消费者的购买信心。在国内外定价实践中，对新商品进行定价多采用这种定价技巧。

2. 一般商品定价的心理技巧

企业对于那些已经进入市场的处于成长期、成熟期和衰退期的商品，也要考虑它们的价格在消费者心目中的变化情况，进而运用适当的定价心理技巧，来组织这些商品的销售活动。一般来说，处于成长期和成熟期的商品大多数是市场上的畅销商品，此时的商品生产技术已经成熟，生产具备了一定的规模，拥有较高的市场占有率，消费者对商品的认识程度也高，从而降低了商品的生产成本。这时，企业应重视的影响利润高低的重要因素之一是如何利用消费者的心理因素，制定适合消费者心理标准的价格。对处于衰退期的商品，企业应继续维持商品在消费者心目中的形象，以避免经营中的亏损。

（1）习惯定价。习惯定价是指根据消费者的价格习惯心理而制定的符合消费者习惯的商品价格。由于某些商品如日用品、生活便利品等的价格，在长期的销售实践中已形成了消费者习惯的价格，企业在确定这些商品价格时要尽量去适应这些消费习惯，一般不应轻易改变，以免消费者拒绝购买。这种定价技巧的特点是商品的质量和零售价格具有稳定性。例如，消费者经常购买的日用小商品，他们因经常使用而对商品的性能、质量、替代品等方面的情况有详细的了解，形成了自己的购买经验、消费习惯和主观评价，从而在心理上对商品的价格有一个不易改变的标准。即使商品的生产成本略有变化，也不应过快地变动销售价格，否则容易引起消费者的逆反心理。提价，容易促使消费者去寻找代用品和替代品，导致市场占有率的下降；降价，往往容易造成消费者对商品质量的怀疑，从而使销售量下降。可见，如果商品价格偏离了习惯价格，消费者的心理倾向会促使其缩减商品的购买量。

（2）声望定价。声望定价是指企业利用自己在长期的市场经营实践中在消费者心目中树立起的声望，通过制定较高的价格，来满足消费者的求名心理和炫耀心理的一种定价技巧。消费者的求名心理通常表现为对名牌产品的追求、对去高档商店购物的追求、对购物地点的追求、对某种特定服务的追求等，因此，这种定价技巧只适用于高档名牌商品、奢侈品，有特色的服务、商店或特定地点等。当消费者在得到某种特定服务或购买某名牌商品时，心理上会感到自己的声望、地位也随之提高了，这样其求名心理和炫耀心理同时得到了满足，从而认为支付高价也值得。企业采取这种定价技巧时，必须注意以下4点。

① 经营的商品、服务必须保证高质量，以维持和巩固消费者对商品、服务和企业的信任，维护商品、服务和企业的声誉。

② 价格并不是越高越好，应将其定在消费者愿意接受的适当水平上；否则，价格定得过高，会抑制消费。

③ 重视消费者对商品或服务的反应，不断改善商品的质量及功能，加强售后服务，提高服务质量，以增强消费者对商品、服务和企业的安全感、信赖感。

④ 切忌将这种定价技巧滥用到一般的商品和服务上或一般商店中，引起消费者的反感，给企业经营招致不可挽回的损失。

（3）尾数定价。尾数定价是指商品的价格处于整数和零头的分界线时，定价不能取整数而取零头的定价技巧。这是一种典型的心理定价技巧，利用消费者对商品价格的感觉、知觉的差异所造成的错觉来刺激他们的购买行为。一般情况下，大多数消费者在购买日用品时，比较愿意接受零头价格，而不喜欢接受整数价格，特别是购买次数频繁的日用品。求廉心理促使消费者更偏爱零头价格，如某种水果定价为 4.98 元，消费者会认为不到 5 元钱，符合其一般消费水平，从而激发其购买欲望；如果这种水果定价为 5.01 元，虽然仅仅多了 3 分钱，但是给消费者的感觉就是超过了 5 元钱，就可能超出其消费预期。

目前，尾数定价技巧是国际市场上广为流行的一种零售商品的定价技巧。但由于世界各地的消费者有着不同的风俗习惯和消费习惯，因此不同国家和地区运用这种定价技巧时存在一些差别，其关键在于零头部分的确定上。因受不同风俗习惯的影响，有些数字是人们乐于接受的，而有些数字却是人们忌讳的，零头部分定得好，有利于促进销售，否则就会阻碍销售。相关调查表明，美国零售商品的价格尾数以奇数居多，而以奇数为尾数的价格中又以 9 居多，一般商品价格零头是 9 美分、49 美分、99 美分等。而且，49 美分的商品的销售数量远远超过 50 美分和 48 美分的商品的销售数量。对于 5 美元以下的商品，价格零头为 9 的最受欢迎；而对于 5 美元以上的商品，价格零头为 95 的销售效果最佳。在日本，人们喜欢偶数，认为偶数给人以稳定、安全的感觉，商品价格尾数尤以偶数 8 最受欢迎，因为 8 在日本被认为吉祥如意的象征。西方人一般认为 13 是不吉利的数字，因此商品定价尽量避免使用 13。在我国，4、7 这样的数字的谐音为"死"和"气"，被人认为不吉利，因此很少作为商品价格尾数。

尾数定价给消费者的心理感受有以下 3 点。

① 商品价格非常精确。如果企业制定的商品价格非常精确，连角和分都计算得清清楚楚，消费者会认为企业认真负责，从而认为其商品定价准确合理；相反，如果把价格定在整数位上，则给消费者一种概略定价、不负责任的感觉。

② 尾数定价给消费者以价格偏低的感觉。消费者总希望能买到物美价廉的商品，尾数定价正是利用了这种心理倾向，如一件商品定价 98.5 元与定价 100 元，虽然只差 1.5 元，但给消费者在心理上造成的差距远不止 1.5 元钱。

③ 尾数定价易使消费者产生价格下降的心理错觉。当一种商品价格在整数以下时，会使消费者产生价格下降的印象；而当商品价格在整数以上时，会给消费者造成商品可能提价的印象，从而抑制购买。

尾数定价技巧一般给人以计算精确、价格已达最低限度的感觉，深受广大消费者欢迎。但这种定价技巧只适用于价值小、数量大、销售面广、购买次数频繁的日用品，且价格宜低不宜高。

（4）整数定价。整数定价是指企业把商品价格定在整数上的一种定价技巧。它与尾数定价正好相反，其特点是舍零取整，价格宜高不宜低。这种定价技巧实质上利用了消费者的"一分钱，一分货"的心理，主要适用于对"名、优、特"或高档耐用消费品的定价。消费者常常把价格看作商品质量的象征，如果价格定得较低，会被消费者认为价低质次，不愿意购买；相反，如果把价格定得稍高，而且是一个整数，则可以在消费者心目中树立价高质优的产品形象，给人以可靠性强的心理感受。对于一些高档耐用消费品，价格若为一个数目较大的整数，还可以显示购买者的高贵和富有，满足其炫耀心理，从而达到刺激购买的目的。例如，对于一套进口组合音响，将其价格定为9800元就比定为9795元更适合消费者的心理。

从经营的角度来看，价格定为整数既便于记忆，又方便购买，避免了找零的麻烦，因此，价位较低的方便商品也适合选择这种定价技巧。例如，一些儿童食品定价为1元、2元等，就有利于吸引儿童购买，起到促进销售的作用。

（5）分级定价。分级定价是指企业根据市场细分理论，对不同档次的商品采取差别定价的技巧。企业在出售商品时，将不同厂家生产的同类商品，按品牌、规格、花色、型号和质量等标准划分为若干档次，对每一个档次的商品制定一个价格，以适应不同消费者的不同心理需要。例如，冬季商场里出售的羽绒服经常按品牌分为几个档次，每个档次之间都存在价差，使消费者很容易相信这是由质量差别引起的，给消费者以"一分钱，一分货"的感受。又如，一些名酒纷纷推出其二线、三线品牌以扩大市场面，适应不同层次的消费需求。这种定价技巧既便于消费者购买合适的商品，又便于简化交易手续，通过制定不同档次的商品价格，来反映不同商品的品质水平，从而满足不同消费者的消费心理、消费习惯和消费水平。

选择分级定价时，必须充分考虑不同消费者的心理需要，商品档次的划分应根据不同的商品来定，既不能过多，又不能太少，要便于消费者挑选；价差要符合消费者的购买心理，既不能过大，又不能过小，应以消费者能够接受且有利于企业促销为原则。

（6）折扣定价。折扣定价是指企业在一定的市场范围内，以目标价格为标准，为维持和扩大市场占有率而采取的减价求销的定价技巧。例如，我们经常见到的"全场商品六折起"商品打折，寒暑假期间学生购买飞机票打五折等，均为企业在促销中利用消费者的折扣心理而常用的手法。消费者的折扣价格心理是一种求"实惠"、抓"机会"的心理，企业利用这种心理采取低于原有价格的优惠价格来吸引消费者，可以使消费者感到"有利可图"，激发其购买欲望，促使其大量购买、重复购买甚至超限购买。在实际运用时，折扣定价技巧有以下3种不同的形式。

① 数量折扣。数量折扣是指企业根据消费者所购商品数量的多少，给予不同的减价优惠，即批量作价。消费者购买的数量越多，折扣就越大。从表面上看，这种定价技巧似乎降低了企业的利润，其实不然。消费者的购买数量越大，产品的销售速度就越快，从而使企业的资金周转速度加快、流通费用减少，不仅不会降低利润，而且会迅速收回投资，降低企业的经营风险，这不失为一种薄利多销的形式。数量折扣有累计数量折扣和一次性数量折扣两种具体形式：累计数量折扣是指在一定时期内（如一个月、半年、一年等），消费者的购买累计达到一定数量时，按总量给予一定的折扣，目的是在企业和消费者之间建立起长期的、较稳定的合作关系，有利于企业合理安排生产经营；一次性数量折扣是指按一次性购买数量的多少而给予的折扣，目的在于鼓励消费者加大一次购买的数量，便于企业大批量生产和销售。

② 付款折扣。付款折扣是指企业按照消费者在不同的约定日期付款而给予不同折扣的一种定价技巧。它是在"信用购货"这个特定的条件下产生的，在美国和日本相当流行。付款折扣的目的在于鼓励消费者尽早付款，以加速企业的资金周转。例如，在美国的食品行业，典型的付款折扣有这样的形式"5/15，Net（净）30"，其含义是指交易和延期付款30天，消费者若在开出发票的15天内付款，可得到5%的折扣，超过15天但在30天以内付款不给折扣，超过30天付款则需加付利息。在我国的商品房销售中，也经常采取这种策略，如购房者若一次性付款，则给予10%～15%的优惠；若分期付款或通过银行按揭，则不给折扣。

③ 季节折扣。季节折扣是指企业为了促进这季商品的销售，利用优惠价格激发消费者即时购买热情的一种价格技巧。对于过季商品，若不采取一定的措施促进销售，往往会造成积压，有的要积压半年、一年，而有的可能会成为永久性积压品。例如时装，有着较强的流行性，一旦过时，就处于淘汰期，则会成为滞销品，影响企业的资金周转，如果在临近换季时或换季以后，在价格上给予一定的减让，仍可刺激那些追求实惠的消费者，减轻企业的滞销压力。

折扣定价注意到了实际市场价格与目标价格的差异，是一种竞争力较强、弹性较大、买卖双方都愿意接受的定价技巧。不过，减价优惠的幅度要适中，时机把握要准，以免遭到买方的拒绝。为此，企业必须深入研究市场供求、竞争状况、消费者心理及企业的经济利益，使目标价格保持较高的灵活性，增强商品在市场上的竞争力，扩大销量，加速资金周转，节省流通费用，以取得较高的经济效益。

（7）招徕定价。招徕定价是指企业为了招徕更多的消费者，有意将某些日用品的价格定得很低，甚至远远低于成本，以吸引消费者由此及彼购买其他商品，从而增加总盈利的一种定价技巧。这种定价技巧利用了消费者从众、求廉、投机的心理。对于习惯性消费的日用品，消费者普遍存在求廉心理，一旦某种商品价格低于市场价格，消费者就会蜂拥而至，这种冲动性从众心理使很多消费者根本不考虑该商品对自己是否有用或用途有多大而盲目购买，许多滞销品正是通过这种定价技巧打开了销路。

有些企业在采用这种定价技巧时，巧妙地利用了消费者的投机心理。它们经常在报纸、电视、广播等媒体上做广告，决定以比平常或其他企业低得多的价格（有时会低于成本）出售某些商品，消费者往往怀侥幸心理来购买这些"特价"商品，企业正是以此招徕消费者的。因为这些企业经营的品种很多，消费者既然光临，除购买特价商品，也许还会购买一些其他商品，这样企业虽然在某些商品经营上受到损失，但总的营业额却会因此而增加。

值得注意的是，采用招徕定价技巧时，选择用来招徕消费者的"特价"商品应该是消费者熟悉的、质量得到公认的或容易鉴别的日常用品或生活必需品。

（8）组合定价。组合定价是指企业在生产经营两种及以上互相关联、互相补充的商品时，根据消费者的心理而采取的相互补充的定价技巧。一家企业一般要经营多种商品，而这些商品之间往往具有可替代或互补关系。在这种情况下，如果只从某一种商品的竞争状况、生产特点等出发定价，往往会影响另一种商品的销售，从而影响企业总体经营目标。因此，企业在定价时，应着眼于长远利益、从全局出发，对于有补充关系的商品应区别对待。对那些价值大、购买次数少、消费者对价格变动较为敏感的商品价格定得低些，以吸引消费者；而对于那些补充使用的、价值小、购买次数多、消费者对价格变动反应迟钝的商品，价格可适当定得高些。例如，有一家企业生产一种新型的高档圆珠笔，同时生产专用笔芯，根据这两种产品的互补关系和消费特征，把圆珠笔的价格定为5.80元，低于正常市场价格2角，使消费者感到便宜、愿意购买。同时，把笔芯的价格定为1.20元，高于正常市场价格1角。由于圆珠笔是"低价易耗品"，因此价格提高一两角，消费者并不在意。但是，圆珠笔的价格定得较低，可以促进销售，从而将带动笔芯的销售，这样圆珠笔销售上的损失可以从笔芯的销售中得到弥补，盈亏相抵后，甚至可以增加总利润。

对于配套商品，既可以实行成套购买优惠价，又可以实行赠送配套小商品的定价技巧，以促进消费者成套购买，节约营销成本，扩大销售量，加速资金周转，增加盈利。例如，销售西装时，对单独购买一件上衣的消费者，可按原价出售；若购买成套西装（包括上衣、裤子和马甲），则可以给予一定的价格优惠，或赠送配套的衬衣或领带，这样既可以扩大销售、节约销售费用，又可以达到增加利润的目的。

企业对商品定价,除了采取上述技巧,还要严格遵守《中华人民共和国价格法》的相关规定,贯彻落实党的二十大报告提出的"全面依法治国"的决策部署。

7.3.3 影响商品定价的因素

1. 影响定价的一般因素

(1)产品价值量。产品价值量是凝结于产品中的社会必要劳动时间,是产品价格的内在决定因素之一,其外在形式则通过货币表现为某种产品的价格。也就是说,价格是价值的货币表现。因此,价值成为产品价格的支配性因素。在实际中,产品价格由于受供求等多种因素的影响而表现活跃,并不总是与其价值相一致,而是常常与其价值相背离。但这种背离始终以价值为中心,是围绕价值上下波动的,从长远的发展及波动的平均值来考察,价格与价值应是基本吻合的。

(2)货币价值。货币价值是除了产品价值量,决定产品价格的另一个内在要素。当货币代表的价值发生变化时,即使产品本身的价值不变,其价格也必然发生变化。一般来说,货币价值量的变动会引起产品价格的反向变动。在实际中,纸币是由国家发行并强制流通的价格符号,纸币所代表的价值,主要取决于产品和货币之间流通数量的合理比例,即要求社会货币流通量与产品流通相适应。一旦纸币的发行量超过了流通中实际需要的货币量,就会引起纸币贬值,从而导致市场物价普遍上涨,这就是通货膨胀;反之,通货紧缩会使物价下降,也可能造成流通不畅、市场不景气,从而导致经济萎缩。

(3)产品供求关系。在市场经济条件下,产品价格是通过消费者心理选择过程及其表现出的购买行为来实现的。价格的最终形成表现为同消费者直接见面并为消费者所接受的价格。因此,在实际购买行为中,价值并不能直接决定价格,而直接影响现行市场价格的是产品供求关系。一般来说,当产品供给量高于市场需求量时,价格呈下降趋势;反之,则价格呈上涨趋势。只有当二者基本持平时,产品的市场价格才是均衡价格。因此,产品供求关系可对产品价格产生最直接、最外在的影响。

(4)市场竞争。竞争是市场经济的重要机制。市场竞争包括消费者竞争和生产者竞争,这两种竞争都会影响市场产品价格的变动。在充分竞争的市场条件下,竞争对企业产品定价有较大的影响和限制,一家企业在决定其产品价格时,自主权的大小在很大程度上取决于生产者竞争和消费者竞争的强度。从生产者角度分析,生产某产品的企业数量、产品质量、产量及采取的营销策略,都直接影响企业对该产品的价格决策;从消费者角度分析,消费者对产品的认知程度、需求迫切性、价格心理标准及消费偏好等,同样对企业的价格决策有重要影响。如果企业是市场上唯一的产品提供者,在确定产品价格时就有广泛的自主决策权。如果某产品的弹性系数较小,企业甚至可以不考虑消费者的心理倾向;反之,如果市场上有多家企业参与竞争且实力相当,那么其中任何一家企业都无法对价格产生决定性影响,而只能接受市场上由消费者心理倾向所反映出的价格标准。这时企业应按照消费者心理标准决定的市场价格来调整自身的生产与经营,因为公式化的价格策略将会受到极大的限制。

(5)国际市场价格。随着我国改革开放的不断深入,特别是加入世界贸易组织后,商品的国际市场价格对国内商品价格的影响越来越大。在不考虑通货膨胀和供求关系等因素的情况下,国际市场价格高的商品会拉升国内商品价格的水平;反之,国际市场价格低的商品会迫使国内商品价格下调。

2. 影响定价的社会心理因素

社会心理是人们在一定的社会环境、文化和社会条件影响下,通过人员传播、潜移默化等，由社会现象引起的感情、意识等心理现象。当消费者的社会心理表现为外部消费活动时，便促成了人们的消费行为。这种行为在一定程度上是企业经济活动和消费者消费行为的调节器，也影响产品价格的形成与变动。消费者的社会心理因素对市场价格的调整、涨跌起着明显的影响和牵制作用，对企业价格策略的制定和调整产生抑制或推动作用。

（1）价格预期心理。价格预期心理是指在经济运行过程中，消费者群体或消费者个人对未来一定时期内价格水平变动趋势和变动幅度的一种心理估测。从总体来看，这是一种主观推测，它是以现有社会经济状况和价格水平为前提的推断和臆想。如果形成一种消费者群的价格预期心理趋势，就会极大地影响市场某类商品现期价格和预期价格的变动水平。因此，企业在制定价格策略时，必须考虑这一重要心理因素。

（2）价格攀比心理。攀比心理是人们普遍存在的一种心理活动。价格攀比心理常表现为不同消费者之间的攀比和生产经营者之间的攀比。消费者之间的攀比心理会导致抢购、超前消费乃至诱发和加重消费膨胀，成为推动价格上涨的重要因素，如拍卖市场中的竞相抬价就是这种心理的突出表现。生产经营者之间的价格攀比会直接导致价格的盲目涨跌，进而冲击消费者在正常时期的消费判断能力，使市场出现较突然的盲目波动。

（3）价格观望心理。价格观望心理是指消费者对价格水平变动趋势和变动量的观察等待，当其达到自己期望的水平时，才采取购买行动，从而取得较为理想的对比效益，即观望现价与期望价格之间的差额。价格观望心理是价格预期心理的一种表现形式，是以主观臆断为基础的心理活动，一般产生于市场行为比较活跃的时期。消费者往往根据自身的生活经验、自我判断及社会群体的行为表现来确定等待、观望的时间。消费者观望心理对企业营销活动的影响多表现为隐性的，但这种心态一旦成为消费者群体的意识后，会对企业乃至社会造成很大的压力，可表现出社会性的购买高潮和社会性的拒绝购买两种极端行为。这种心理在耐用消费品及不动产的消费方面表现较为突出。企业在确定价格策略时，应增加市场信息的透明度，注意信息传播的广泛性，以减少观望心理带来的持币待购行为。

（4）倾斜心理与补偿心理。倾斜心理在心理学中反映了某种心理状态的不平衡，补偿心理则是掩盖某种不足的一种心理防御机制，二者都是不对称心理状态的反应。这种心理状态来自利益主体对自身利益的强烈追求。在日常生活中，许多人都可以被认为既是营销者又是消费者。对于营销人员而言，这种心理状态可导致价格决策中的心理矛盾和选择错误，他们总希望自己商品的价格越高越好，而他人商品的价格则越低越好；购入价格越低越好，而销售价格则越高越好。而作为消费者，总希望自己的收入越多越好，商品价格越低越好。这种不平衡的心理态势，会促使人们成为"价格两面人"。这种心理态势如果在社会群体中不断强化，就会产生一种社会的冲动，尤其是在法制不健全的情况下，这种冲动将演变为市场上的假冒伪劣、低质高价、以次充好、短斤缺两等不正当行为，扰乱多年来在消费者心目中形成的价格心理标准，使消费者失去对价格质量的信任感。

自测试题

一、单项选择题

1. 在市场上影响消费行为的主要因素是（　　）。
A. 营销活动　　　　　　　　　　B. 促销手段
C. 消费心理　　　　　　　　　　D. 货币收入

2. 比较适宜于消费者地位显示心理的定价策略是（　　）。
A. 反向定价策略　　　　　　　　B. 组合定价策略

【参考答案】

C. 尾数定价策略　　　　　　　　　　D. 整数定价策略
3. 消费者对某种商品的心理需求越强烈，该商品价格的调节作用就越（　　）。
A. 强　　　　　　　　　　　　　　　B. 弱
C. 真实　　　　　　　　　　　　　　D. 隐蔽
4. 针对消费者对新产品的求新、好奇心理而在定价时采用先高价后低价的方法是（　　）。
A. 撇脂定价法　　　　　　　　　　　B. 渗透性定价法
C. 满意定价策略　　　　　　　　　　D. 习惯性定价法

二、多项选择题

1. 迎合消费者求廉心理的定价策略是（　　）。
A. 整数定价　　　　　　　　　　　　B. 尾数定价
C. 招徕定价　　　　　　　　　　　　D. 习惯定价
E. 撇脂定价
2. 商品价格的功能包括（　　）。
A. 商品价值功能　　　　　　　　　　B. 比拟功能
C. 减少支出功能　　　　　　　　　　D. 调节需求功能
3. 产品定价的方法主要有（　　）。
A. 成本导向定价　　　　　　　　　　B. 需求导向定价
C. 竞争导向定价　　　　　　　　　　D. 任意定价
4. 消费者的价格心理特征主要有（　　）。
A. 消费者对价格的习惯性　　　　　　B. 消费者对价格的敏感性
C. 消费者对价格的感受性　　　　　　D. 消费者对价格的倾向性
E. 消费者对价格的逆反性
5. （　　）是影响定价的一般因素。
A. 产品价值量　　　　　　　　　　　B. 货币价值
C. 产品供求关系　　　　　　　　　　D. 市场竞争
E. 国际市场价格

三、简答题

1. 什么是商品价格？商品价格有哪些功能？
2. 消费者的价格心理主要有哪些特征？
3. 价格调整的心理策略及技巧有哪些？
4. 常用的商品定价方法有哪些？
5. 商品定价有哪些主要的心理技巧？

四、论述题

1. 论述消费者对价格调整的心理及行为反应。
2. 论述影响商品定价的因素。

五、案例分析题

工厂的职责是确保低成本，市场营销的职责是确保高价格，定价的重要性再怎么强调也不为过。

一般来说，一家公司的产品价格哪怕只上涨1%，利润就会上升11.3%，所以在定价策略上花再多的精力也不算过分。相比于促销和品牌打造，定价得到的注意力和尊重是远远不够的。一些公司都会聘用广告公司和公关公司等，但是却没有定价公司。

有一个试验，让精神病学家决定要不要释放某一精神病患者，当精神病学家被告知"100个相似的病人中有20个会在被释放后6个月内发生暴力行为"时，59%的精神病学家会选择释放这个病人；而当被告知"相似的病人有20%会在被释放后6个月内发生暴力行为"时，79%的精神病学家会选择释放这个病人。

因此，如果希望人们把一个数字想得大一点，就得讲绝对数字，而不是百分比；如果希望人们把一个数字想得小一点，就得讲百分比。例如，汽车公司搞促销，优惠条件是如果客户在月底前买车，那么可以享受"2000元的现金折扣"，2000元听起来比8%的折扣（假设汽车售价为25000元）要大得多。相反，基金经理们每年只收取1.9%的"费用"，因为他们打折时讲绝对金额，收费时讲百分比。

分析：

1. 对于"定价公司"，你认为是否可行？
2. "打折时讲绝对金额，收费时讲百分比"利用了消费者的什么定价心理？

项目实训

1. 到各大商场进行调查，了解目前它们主要采取的定价技巧有哪些？
2. 调查身边同学最近的消费行为，分析学生消费者对商品价格变动的心理反应与社会普通消费者有何异同？
3. 你在商品降价时参与过抢购吗？如果参与过，请总结当时的消费心理。

课后拓展

1. 查阅资料，归纳"看不见的手"词条的含义。
2. 查阅资料，了解淘宝网店商品定价策略。
3. 如果你开淘宝店或做微商，产品要进行价格调整，你应该采取哪些价格调整策略？

项目 8
追求卓越产品赢得消费者之心

▶【学习指导】

学习重难点	学习重点	品牌、包装的含义及特征，品牌的心理效应，品牌策略，包装的功能，包装设计的心理策略
	学习难点	
学习目标	知识目标	掌握商品名称、品牌、包装的含义及特征，品牌、包装的心理效应，品牌、包装设计的心理策略
	能力目标	充分认知商品名称、品牌、包装对消费心理的影响，能根据品牌、包装设计的心理策略设计商品的品牌及包装

▶【思维导图】

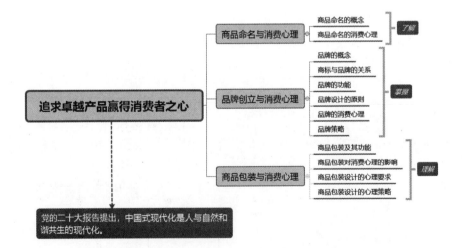

党的二十大报告提出，中国式现代化是人与自然和谐共生的现代化。

【导入案例】

消费者在使用产品后才能体验商品的性能,在接触商品前,他们对产品性能、用途的了解更多来自商品名称。好的商品名称能给消费者留下良好的第一印象,给商品取一个恰如其分的名称就显得尤为重要,如农夫山泉。

农夫山泉是在中国市场上同时具备规模性、成长性和盈利能力的饮料龙头企业,成立于1996年,1997年6月农夫山泉桶装矿泉水上市,伴随着"农夫山泉有点甜"的广告语迅速在全国铺货。"农夫"二字给人一种淳朴真诚的感觉,能让消费者联想到产品本身过硬的品质和企业务实的作风;"山泉"二字给人绿色自然的印象,贴合产品健康天然的理念,展现了企业长期为消费者提供天然健康服务的宗旨。

问题:

农夫山泉的成功命名,为其确立市场龙头位置立下了汗马功劳。正像我们每个人都有名字一样,所有的商品都有名称。那么商品的名称有什么作用和意义?如何才能给商品取一个好的名称呢?

商品名称是企业运用语言文字对商品的主要特性进行概括反映的称号。商品命名的主要目的就是引起消费者的注意并容易让人记住,最好还要能激起消费者的联想,以激发消费者的购买兴趣。

任务1 商品命名与消费心理

如今的市场行情已不再处于从前的"酒香不怕巷子深"的时代了,好的商品也需要好的包装、好的策划。商品名称在其中起到了举足轻重的作用,它就是企业为商品所取的名字,是运用语言文字对商品的主要特性进行概括反映的称号。一个好的商品名称是一家企业及其商品拥有的一笔永久性的精神财富,能时时唤起人们美好的联想,刺激消费者的购买欲望,也会使商品拥有者受到鞭策和鼓励。如果根据消费者的心理特点给商品命名,对刺激消费欲望、扩大商品影响、促进市场营销等方面都具有十分重要的作用。

8.1.1 商品命名的概念

商品命名一般选定恰当的语言文字,概括地反映商品的特征、用途、形状、性能等属性。例如,健胃消食片是一种具有健胃消食功能的药片,抽油烟机是清除油烟的机器,山地车是便于山地行走的自行车等。这些商品名称都明确地传达了其所代表的商品的基本用途和性能,使消费者能够迅速地获得商品的相关信息。

此外,商品名称也是消费者记忆和识别商品的重要标志之一。一个引人注意、富于美感、言简意赅、符合消费者购买心理的商品名称,不仅能使消费者了解商品的基本情况,而且会刺激消费者的购买欲望,给消费者带来享受;反之,一件名称粗俗不堪的商品,即使质量再优良、包装再精美,也会大大降低或抑制消费者的购买欲望。例如,以"体操王子"李宁的名字命名的"李宁"体育用品系列,寄寓了企业"要以李宁的拼搏精神改变我国体育用品落后的局面,追求世界一流产品"的企业精神。"李宁"对于消费者来说,与其说是一个商标,不如说是一种企业精神的缩略语。

商品命名一般具有以下6个方面的具体作用。

(1)标志作用。商品名称就像人的名字一样,它是代表商品的一种符号。无论给商品取什么名字,一旦名字与商品实体紧密联系在一起,只要一提起这个名字,就能让人想到这件商品。

（2）显示作用。以商品的某一特点加以命名，能显示商品内在的或与商品相关联的某一特点，或者能显示商品的某种功效，从而帮助消费者对商品做出正确判断。

（3）记忆作用。对于大多数消费者而言，记忆文字性的商品名称比记忆商品实体本身要简单方便。朗朗上口、言简意赅的商品名称，能给人留下深刻的印象，当消费者有购买需求的时候，就会想起这种商品。

（4）传播作用。无论是大众传播还是人际传播，都必须借助于商品名称来传递信息。

（5）刺激作用。一个富有刺激性的商品名称，能激发消费者的兴趣，使其对商品产生良好的情感，从而产生购买欲望。

（6）增值作用。一个富有情感和文化内涵的商品名称，还能增加商品的心理价值。

8.1.2 商品命名的消费心理

1. 商品命名的心理原则

商品命名应能概括并准确地反映商品的主要特点和性能，易于消费者理解和引起联想，进而激发消费者的购买欲望。商品的名称代表着一定的商品质量与特征，是企业经营信誉的象征和标志。企业在商品命名时要注意以下5个心理原则。

（1）名实相符。名实相符是指商品的名称要与商品实体的主要性质和特点相适应，而不应出现商品名不符实或有损商品形象的现象。这样消费者能够通过商品的名称直观地了解商品的主要功效和特性，有助于他们进行选择购买，如电冰箱、洗衣机等命名都遵循了这个原则。

（2）便于记忆。商品的名称要简洁明了，文字不能过长；用词要通俗易懂，不要用艰深冷僻的词；用字要力求笔画简单，易于书写印刷，不要用笔画复杂、难以辨认的字；读音要响亮顺口，有音乐美感，要避免平仄不分。心理学研究表明，人的注意力、记忆力难以容纳5个字以上的要素，超过5个字，阅读起来就会绕口，所以商品名称使用的字数最好控制在5个字以内。例如，曾经位于北京崇文门的"金朗美丽殿大酒店"，因名字过长且绕口，后来改为"金朗大酒店"。

（3）引人注意。商品命名要对商品有恰当的形象描述，应根据商品目标消费者的年龄、职业、性别、知识水平等所产生的不同心理要求进行商品命名，使消费者产生良好的印象和兴趣。例如，女性用品命名应突出商品的柔和清丽、高雅大方，男性用品命名应突出商品的刚柔相济、浑厚朴实，青年用品命名应体现年轻人的青春气息，老年用品命名则应以朴素庄重为宜。但是，商品命名不必拘泥于固定的格式，只要突出了商品特点、考虑了消费者的心理特征，就可以为商品取一个引人注意、独具特色的商品名称，如"王麻子剪刀"等。

（4）诱发情感。积极的情感是消费者购买商品的增效剂，如果消费者对商品没有良好的情感，就很难促进其购买行为完成。例如，锐步公司曾推出了一款名为"梦魇"（Incubus）的女士运动鞋，可是锐步公司没有想到，在中世纪的民间传说中，"Incubus"是一个魔鬼的名字，锐步公司了解这个传说后立马停止生产这款运动鞋。又如，消费者熟悉的"舒肤佳"香皂通过强调"舒"和"佳"两大特点，给人以使用后会全身舒爽的联想，使其商品更具亲和力。因此，商品的命名应根据不同购买者的个性心理特征，使其具有某种情绪色彩和特殊意义，以诱发消费者积极的情绪，增强其购买欲望。

（5）启发联想。启发消费者关于商品的美好联想，是商品命名应当具备的一种内在功能。为达到这一目的，商品命名应力求具有形象性、趣味性、科学性和艺术感染力，以便启发消费者的美好联想，刺激消费者的购买欲望。引起消费者对历史典故、生活经历、故乡风情、美好事物的联想，唤起其对美好事物的追忆和对未来生活的向往，可以刺激其购买欲望。例如，"白桦林餐厅""忆苦思甜大杂院"等命名，对一代知青具有特殊的意义和心理感受。

总之，商品命名要避免雷同和一般化，应力求寓意深远、美好，高度概括商品的特性，富于情趣，健康向上，便于记忆。只有这样，才能既满足消费者的心理需求，又促进其购买行为。

2. 商品命名的心理方法

商品命名的方法很多，每一种都有其特色和使用范围，但所有命名方法的核心都是使商品名称更好地适应消费者的心理特点，满足他们的需求。但由于商品性质的差异和用途限制，选择命名方法时要注意使用恰当与否及其所带来的实际效果，而不能千篇一律或信手拈来。

（1）根据商品的主要效用命名。这种命名方法就是用直接反映商品的主要性能和用途的文字作为商品名称。其心理意义在于能突出商品的性能和功效，便于消费者迅速了解商品，并迎合其对商品求实用、实效的心理要求。日用工业品和医药品等商品的命名多采用这种方法，如治疗感冒的药品"感康"、防治牙齿过敏的牙膏"冷酸灵"等均属此类。

（2）根据商品的主要成分命名。这种命名方法就是将商品所含的重要成分体现在商品名称上，通常多用于食品、药品的命名。其心理意义在于可以直接或间接反映商品的主要成分，为消费者了解商品的价值、功效等提供资料，使商品在消费者心目中建立信任感和名贵感，从而引起其购买欲望。例如，"燕之屋碗燕"从名称上突出了商品所使用的名贵食材，"板蓝根冲剂"从名称上交代了药品的主要成分是中草药板蓝根。

（3）根据商品的产地命名。这种命名方法就是用商品产地或传统商品生产所在地作为商品名称，如"贵州茅台""青岛啤酒""西湖龙井"等。根据产地进行商品命名意在反映商品的历史渊源和天时地利之禀赋，通过消费者对于地域的信任，进而衍生为对商品及其品牌的信任感，给消费者以货真质好、独具地方特色、历史悠久、工艺精湛的印象，从而激发消费者的信任感，使其产生购买欲望。

（4）根据人名命名。这种命名方法是用历史或现代名人、民间传说人物、商品首创人的名字作为商品名称，如"东坡肘子""中山装""张小泉剪刀"等。其心理意义在于借助于消费者对名人的崇拜和对创制者的崇敬心理，以语言文字为媒介，将特定人物和特定商品相关联，诱发消费者的名人联想，从而刺激其购买欲望。

（5）根据商品的外形命名。这种命名方法是用商品独特的外形和色彩作为商品名称，如月饼、动物饼干、鸭舌帽等。其心理意义在于突出商品的优美造型，引起消费者的兴趣和注意，便于消费者辨别或满足其审美欲望，还因形象独特而使消费者留下深刻印象和记忆。采取这种命名方法，可以做到名称和形象相统一，使人产生强烈的立体感，从而加深对商品的印象和记忆。

（6）根据商品的制作方法命名。这种命名方法是以商品独特的加工过程或传统工艺作为商品的名称。其心理意义在于能使消费者了解商品的制作方法或不寻常的研制过程，从而提高商品的品牌内涵，容易使消费者产生货真价实、质量可靠的感觉。例如，"220红药水"俗称"二百二"，就因为它是经过220次实验得出来的结果，才以此命名。

（7）以美好事物或形容词命名。这种命名方法是根据商品的使用效果和所带有的感情色彩加以形容比喻作为商品的名称，可以暗示商品的性能和质量。其心理意义在于通过形容词褒誉商品，使消费者产生美好联想，满足其各种心理欲求，从而激发其购买欲望。例如，修车工具"千斤顶"能够力顶千斤、"百岁酒"暗示此酒具有延年益寿的功效。又如，在一些中药里，有些作为原材料的动物、植物外观虽然令人害怕，但药效极好，考虑到病人的心理作用，命名时就规避了中药名称对病人造成的不良心理影响。譬如说，在中药里蚯蚓被称为"地龙"、壁虎被称为"天龙"、蝙蝠的粪便被称为"夜明砂"。这些巧妙的命名，给消费者留下了美好的印象，拉近了消费者与商品的距离。

（8）根据外文译音命名。这种命名方法就是用商品的外文直译为中文的谐音作为商品的名称。其心理意义在于能够激发消费者的好奇心理，满足其求新、求变、求异的需求，也克服了某些外来语翻译上的困难。例如，"沙发""咖啡""可口可乐""凡士林"等，都是以外文译音命名的。

除了以上列举的方法，商品的命名方法还有很多。但不管是哪种命名方法，商品的名称都应既要反映出商品的特性，又要具有强烈的感染力和诱惑力。只有这样，才能引起消费者的注意和联想，在一定的程度上满足消费者对商品的某种心理要求，激发其购买欲望。

与相关课程的联系

商品名称策划是产品策划的重要内容，如"特仑苏""莫斯利安"等，开创了牛奶概念营销之路。

任务2 品牌创立与消费心理

在现代市场经济中，品牌已被公认为企业极为重要的无形资产，其价值甚至远远超过企业的有形资产。例如，广大消费者所熟知的"华为"品牌，是全球领先的信息与通信基础设施和智能终端提供商，业务遍及许多国家和地区。又如，"海尔""联想"这些知名品牌也都价值不菲，这些品牌之所以价值连城，是因为它们已在消费者心中树立了稳固而持久的良好形象。消费者只要看到这些品牌，就会想象拥有这些品牌商品的感觉。正如可口可乐的CEO曾说过，可口可乐的品牌可以让倒闭的可口可乐重新成为一个跨国大公司。可见，企业树立并维持一个良好的品牌形象，就等于拥有了一笔巨大的财富。

8.2.1 品牌的概念

品牌是一个复合概念，由品牌外部标记（包括名称、术语、图像），品牌识别，品牌联想，品牌形象等内容构成。"现代营销学之父"菲利普·科特勒认为品牌是一种名称、术语、标记、符号或图案，或者它们的组合或总和，用以识别某个消费者或消费人群的商品或服务，并使之与竞争对手的商品或服务相区别。

在品牌的构成中，通常把可用语言称呼的部分，如单词、字母和数字称为品牌名称，如联想、海尔、长虹等；通常把品牌中可被认识，但不能用语言称呼的部分成为品牌标志，品牌标志常常是某种符号、图案等。其中，品牌名称是品牌的核心要素，它作为一种语言符号是品牌在人际进行传播的基础。

品牌一般具有以下5个方面的特征。

（1）品牌的专有性。品牌是用以识别生产或销售者的商品或服务的。品牌的专有性是指商品一经企业注册或申请专利等，其他企业不得再用，一件商品可以被竞争者模仿，但品牌却是独一无二的。品牌在其经营过程中，通过良好的质量、优质的服务建立良好的信誉，这种信誉一经消费者认可，便很容易形成品牌忠诚度，也强化了品牌的专有性。

（2）品牌的价值性。品牌拥有者可以凭借品牌的优势不断获取利益，可以利用品牌的市场开拓力形成扩张力，使得品牌具有价值性。品牌是企业的一种无形资产，这种资产并不能像有形资产那样用实物形式表现，必须通过一定的载体来表现。直接载体就是品牌元素，间接载体就是品牌知名度和美誉度。

（3）品牌发展的风险性和不确定性。正因为品牌是无形资产，所以其收益具有不确定性。品牌创立后，需要不断地投资，在其成长的过程中，由于市场不断变化、需求不断提高，因此企业的品牌资本可能壮大，也可能缩小，甚至可能在竞争中退出市场。企业若不根据市场的变化及时进行调整，就可能面临品牌贬值的危险。品牌的成长存在一定的风险，对其评估也存在难度。品牌的风险有时源自企业的产品质量出现意外，有时源自服务不过关，有时源自品牌资本盲目扩张和运作不佳。

（4）品牌的表象性。品牌是企业的无形资产，不具有独立的实体，不占有空间，但目的是让人们通过一个比较容易记忆的形式来记住某商品或企业。因此，品牌必须有物质载体，需要通过一系列的物质载体来表现自己。品牌的直接载体主要有文字、图案、符号等，间接载体主要有商品的质量、服务、知名度、美誉度、市场占有率等。优秀的品牌在载体方面表现较为突出，如"可口可乐"的文字，可使人们联想到饮后效果，其红色图案及相应的包装也能产生独特的效果。

（5）品牌的扩张性。品牌具有识别功能，代表一种产品、一家企业。企业可以利用这一优势施展品牌对市场的开拓能力，还可以利用品牌帮助自身进行资本扩张。

与相关课程的联系

品牌策略、品牌策划都是市场营销和市场营销策划的重点内容。

8.2.2 商标与品牌的关系

商标是指生产者、经营者为使自己的商品或服务与他人的商品或服务相区别，而使用在商品及其包装或服务标记上的由文字、图形、字母、数字、三维标志和颜色组合，以及上述要素的组合所构成的一种可视性标志。

商标是一种法律术语。一个品牌，经过必要的法律注册后，就成为商标。商标具有专有权，并受法律保护，其特点如下所列。

（1）商标是用于商品或服务上的标记，与商品或服务不能分离，并依附于商品或服务。

（2）商标是区别于他人商品或服务的标志，具有特别显著性的区别功能，从而便于消费者识别。进一步说，商标的构成是一种艺术创造。

（3）商标是由文字、图形、字母、数字、三维标志和颜色组合，以及上述要素的组合的所构成的一种可视性标志。

（4）商标具有独占性。使用商标的目的就是区别于他人的商品或服务，便于消费者识别。因此，注册商标所有人对其商标具有专用权，受到法律的保护，未经商标权所有人的许可，任何人不得擅自使用与该注册商标相同或相类似的商标；否则，就会构成侵犯注册商标权所有人的商标专用权，将承担相应的法律责任。

（5）商标是一种无形资产，具有价值。商标代表着商标所有人生产或经营的质量信誉和企业信誉、形象，商标所有人通过商标的创意、设计、申请注册、广告宣传及使用，使商标具有了价值，也增加了商品的附加值。商标的价值可以通过评估确定，可以有偿转让，经商标所有权人同意，许可他人使用。

（6）商标是商品信息的载体，是参与市场竞争的工具。生产经营者的竞争就是商品或服务质量与信誉的竞争，其表现形式就是商标知名度的竞争，商标知名度越高，其商品或服务的竞争力就越强。

商标和品牌是两个概念，有着不同的内涵。商标是一个法律概念，而品牌是一个市场概念。品牌无须注册，品牌一经注册即成为商标；商标只有注册后，方可受法律保护并享有商标专用权。仅注册不使用的商标不是品牌，一个企业品牌和商标可以一致，也可以不同，因为品牌比商标有更宽泛的外延。商标和品牌实际上是一个问题的两个方面。

（1）从市场的角度来说，品牌积累的是市场利益。

（2）从法律的角度来说，通过商标可以保护品牌积累的市场利益。所以，品牌只有转化为商标，其积累的市场利益才能得到合法的保护；但品牌转化为商标，必须支付一定的费用，有些企业不愿意支付这笔费用，其品牌就得不到法律的保护。

（3）从数量的角度来说，品牌和商标的数量是不等的。商标是品牌的一部分，是品牌当中获得了商标专用权的那一部分。品牌要想做活、做长、做远、做大的话，就必须转化成商标，因为只有获得合法的保护才能使品牌延续下去。

8.2.3 品牌的功能

在现代市场经济中，绝大多数企业及其产品都有自己的品牌。那么，为企业及其产品打造一个品牌究竟有什么作用？只有弄清楚这个问题，才能充分认知品牌的价值。

1. 识别功能

消费者通过品牌可以了解商品是哪家企业生产的、在哪个国家设计、产地在哪里等信息。例如，许多消费者都知道："飘柔"洗发水、"舒肤佳"香皂是宝洁公司的产品，"奥妙"洗衣液、"力士"香皂是联合利华的产品，茅台酒产地在贵州，五粮液产地在四川。

2. 导购功能

市场上的商品琳琅满目，消费者在挑选商品时，只要按照品牌查找，就可以迅速找到所需要的商品，从而减少在购物过程中花费的时间和精力。

消费者在购买商品时，一般先要对各种同类商品的性能、用途、质量、价格等各个方面加以分析、比较，然后做出判断、进行选择。在这个过程中，消费者需要掌握大量的信息。这种信息的来源有两种：一种是外部来源，如广告；另一种是内部来源，即记忆。搜集外部信息费时费力，最简便的方法就是直接从记忆中提取。品牌是记忆中有关商品的提取线索，一个品牌往往与很多商品有关的信息相关联。因此，消费者只要知道是什么品牌，就可以直接由品牌提取出大量有关信息，而无须再去搜集。

例如，当你想购买家电产品时，其中一个供你选择的品牌是海尔，不需要过多调查也能知道海尔是知名品牌，有着完善的售后服务。当消费者所要选择的品牌是知名品牌时，搜集信息就简单多了。

3. 降低购买风险功能

消费者都希望买到自己称心如意的商品，同时还希望能得到周围人的认同。选择信誉好的品牌，有助于降低精神风险和金钱风险。消费者在购物的过程中，购买风险总是存在的。购买风险有时表现为商品的功能是否满足需要，有时表现为会不会花冤枉钱，有时表现为购买的商品会不会得到别人的认同，更大的担心可能是会不会对身体造成危害。因此，在购买之前，消费者会想方设法避免买到不好或不满意的商品，将购买可能遇到的风险降到最低程度。降低购买风险的方法有很多，选择信誉良好的品牌或重复购买同一种品牌是消费者常用的策略。

4. 契约功能

品牌从建立之初到被大众熟悉，需要企业付出巨大的努力，它是为消费者提供稳定优质商品或服务的保障。消费者凭借对品牌的信任选择购买商品，用长期忠诚的购买回报企业，双方最终通过品牌形成一种相互信任的契约关系，而且可以保持长期的合作。

5. 个性展现功能

进行品牌消费，不仅可以满足消费者的物质需求，而且可以极大地满足消费者的社会心理需求。品牌经过多年的发展，能积累独特的个性和丰富的内涵，而消费者可以通过购买与自身相适应的品牌来展现自己的个性、身份、地位及个人所在的群体特征等。

例如，有些人喜欢购买名优品牌来显示自己的经济实力和社会地位，有些人喜欢通过包装自己的各种名牌商品或服务来体现自己的身价。相应的，商品品牌也会利用名人来凸显自己的定位、档次，表达合适的品牌诉求，每个消费者在品牌选择时，心里往往会考虑这个品牌是不是适合自己。

8.2.4 品牌设计的原则

1. 简洁醒目，清晰可辨

品牌设计的首要原则就是简洁醒目、清晰可辨，能在一瞬间吸引消费者的注意。心理学分析结果表明：人们接收到的外界信息中，83%的印象通过视觉，11%的印象借助听觉，3.5%的印象依赖触觉，其余的印象源于味觉和嗅觉。冗长、复杂、令消费者难以理解的品牌名称不容易记忆，不宜把过长的和难以识别的字符串作为品牌名称，而且图案和商标设计应醒目、形象鲜明。

例如，人们熟悉的金色拱门"M"是麦当劳的招牌，无论在哪个国家、哪座城市，只要看到金色拱门"M"，就想到了麦当劳。鲜艳的金黄色拱门"M"，棱角圆润、色泽柔和，给人以自然亲切之感，甚至在很多地方都成为醒目的路标。

2. 新颖别致，暗示属性

品牌设计应力求构思新颖、造型美好，既要有鲜明的特点，与竞争品牌有明显的区别，又要切实反映出商品的特征，暗示商品的优良属性。例如，"农夫山泉"表示自己只是大自然的搬运工，其生产的矿泉水来自浙江千岛湖、长白山天然矿泉水靖宇水源保护区、南水北调中线工程源头丹江口、华南最大国家级森林公园万绿湖四大天然水源地，其"农夫山泉，有点甜"的广告语，更是塑造了农夫山泉与众不同的品牌形象。

3. 容易发音，利于传播

品牌名称设计应力求简短、容易发音，这样才能朗朗上口，易于传播。例如，"娃哈哈"等品牌名称因朗朗上口而深受广大儿童的喜爱，一度占领我国儿童营养液市场，成为知名品牌。

4. 品牌名称与品牌标志协调互映

品牌名称与品牌标志协调互映，容易加深消费者和社会公众对品牌的认知和记忆。例如，"雀巢"（Nestle）是广大消费者比较熟悉的品牌名称，它是瑞士学者 Henri Nestle 创造的育儿用乳制品品牌，以他的名字命名，由于"nestle"的英文含义有"舒适而温暖地安顿下来""偎依"等意思，与英文"nest"（雀巢）是同词根，因此用中文一并译为"雀巢"。值得一提的是，"雀巢"品牌的标志是鸟巢图案，这极易使人联想到待哺的婴儿、慈祥的母亲和健康营养的"雀巢"商品。"雀巢"名称与"雀巢"图案紧密结合、互相映衬与协调，使人们视名称即知图形、视图形即知名称，因此具有较强的感召力。

5. 符合传统民俗，喜闻乐见

由于世界各国在历史文化传统、语言文字、风俗习惯、价值观念、审美情趣等方面具有很大差异，对于一个品牌的认知和联想也有很大差异，因此品牌名称和品牌标志要特别注意各地区、各民族的风俗习惯、心理特征和思维模式，力求避免某些隐喻及不妥之处。特别是出口商品的品牌更要注意，最好能针对目标市场的特点专门命名和设计，注意意译或音译在外文中的含义是否妥当。例如，我国的"白象"牌电池出口到欧洲一些国家备受冷落的主要原因是品牌设计失误，因为在欧洲人眼里，大象是"呆头呆脑"的象征，并且英文"White Elephant"（白象）喻指"无用而累赘的东西"，谁愿意购买无用而累赘的东西呢？又如，我国的"芳芳"品牌化妆品在国外也是因品牌设计失误而受到冷落，"芳芳"的汉语拼音是"Fang Fang"，而"Fang"的英文却是指"毒蛇的牙"，这在无形中引起了国外消费者的反感。

8.2.5 品牌的消费心理

在现实生活中，品牌与消费的活动密切相关，对消费者的购买心理产生重要影响。在消费者购买过程中，商品是最具直接意义的外部刺激物，而品牌作为商品特性的综合、抽象体现，能以其鲜明的标志或口号、独具匠心的设计，通过对商品外观及内在功用的阐释加强对消费者的刺激，激发其购买欲望。当消费需求发生时，品牌的提示作用促使消费者做出相应的反应，根据需求选取品牌商品的购买行为。

品牌对于消费行为具有强大的心理功能。一个形象鲜明、富于想象力、声誉良好的品牌，能够吸引消费者对商品的消费偏向，促使其产生购买冲动，并坚定其购买行为；相反，一个与消费者心理不符甚至相悖或使其产生厌恶情绪的品牌，会导致消费者在选购时对其产生拒绝行为。成功品牌的一个重要特征，就是始终如一地将品牌的功能与消费者心理上的欲求联系起来，并通过这种形式将品牌信息传递给消费者，在其心理上产生效应。

1. 品牌忠诚

（1）品牌忠诚的内涵。品牌忠诚是指消费者在购买决策中，多次表现出来对某个品牌有偏向性的而非随意的行为反应。它是一种行为过程，也是一种决策和评估的心理过程。

形成品牌忠诚的原因很多，可能由于重复购买所致，可能由于品牌形象在消费者的记忆中占据了显著位置，也可能由于消费者对品牌形象产生了联想或对品牌赋予了某种意义。品牌忠诚反映了消费者内在的品牌态度，如果品牌忠诚度较高，当消费者需要这类商品时，就会始终如一地购买这个品牌。尽管品牌忠诚并不能代表消费者会永远购买这个品牌，但至少会在考虑购买的各种品牌之中。

品牌忠诚水平一般表现为3种程度：品牌认知、品牌偏爱和品牌执着。

① 品牌认知是消费者品牌忠诚程度最轻的形式。引进一个新品牌的最初目的就是使品牌被广泛地认识，从而达到品牌认知程度。

② 品牌偏爱体现了对一种品牌偏爱较深的程度。此时，消费者能明确地喜欢一个品牌而排斥其他竞争品牌，只要能够买到，他们一定会买这个品牌；如果买不到这个品牌，消费者可能会接受其替代品牌，而不会花费更多的精力去寻找、购买这个品牌的商品。对企业而言，只要有相当一批消费者建立起了对其特定品牌的偏爱，企业便能在市场中进行有效的竞争。

③ 品牌执着反映出消费者强烈地偏好某个品牌，不愿接受其他替代品，并且愿意为得到这个品牌的商品花费大量时间和精力。如果一个执着于某个品牌的消费者买不到其所需要的

品牌，是不会购买替代品牌商品的。品牌执着是品牌忠诚的最高阶段。

（2）提高品牌忠诚度的策略。忠诚关系着价值的创造，企业为消费者创造更多的价值，有利于培养消费者的品牌忠诚度，而品牌忠诚又会给企业带来利润的增长。

① 人性化地满足消费者需求。企业要提高品牌忠诚度，赢得消费者的好感和信赖，一切活动就要围绕消费者展开，为满足消费者需求服务，让消费者在购买使用商品与享受服务的过程中，产生难以忘怀、愉悦、舒心的感受。因此，企业在经营过程中必须摆正短期利益与长期利益的关系，必须忠实地履行自己的义务和应尽的社会责任，以实际行动和诚信形象赢得消费者的信任和支持。这是品牌运营的市场规则，也是一个普遍的经营规律，是提高品牌忠诚度最好的途径。品牌应不遗余力地做实做细、尽心尽力，不能为追求短期利益犯急躁冒进的错误，否则必将导致品牌无路可走，最终走向毁灭。

人性化地满足消费者需求就是要真正了解消费者，不是只向消费者提供商品的主要使用价值与功能，而是从消费者的角度出发，切实考虑他们的内心世界和潜在需求。例如，双汇火腿肠考虑到消费者每次食用都要找剪刀剪开包装袋，食用起来非常不方便，就在包装袋上留了一条方便撕开的口子，体现了商品设计的人性化。

② 产品不断创新。产品的质量是消费者对品牌忠诚的基础，从某种意义上说，消费者对品牌的忠诚也就是对其产品质量的忠诚。产品只有不断创新，才能让消费者感觉到品质在不断提升。例如，海尔的空调、洗衣机每年都会推出新功能、新技术产品，让人感觉到企业一直在努力为消费者提高产品品质，树立良好的品牌形象，从而提高了消费者的忠诚度。

③ 提供物超所值的附加商品或服务。商品的好坏要由消费者的满意程度来评判，真正做到以消费者为中心，不仅要注意核心商品和有形商品，而且要提供更多的附加商品或服务。在市场竞争日益激烈的今天，企业提供的商品越来越同质化，而谁能为消费者提供物超所值的额外利益谁就能最终赢得消费者。例如，海尔的产品不仅质量卓越，而且其完善的售后服务也是吸引消费者购买的重要原因。企业在向消费者提供额外的利益时，应注意这些附加的商品或服务应该与企业主营的商品有着同样的质量要求；否则，会损害企业的形象。

④ 有效沟通。企业只有通过与消费者保持有效沟通，才能及时了解消费者的需求并有效满足消费者所需。企业可以通过建立消费者资料库、定期访问、公共关系、广告等方式，与消费者建立长期而稳定的互需互助关系，来维持和提高品牌忠诚度。

2. 品牌形象

（1）品牌形象的含义。品牌形象是存在于人们心中的关于品牌各要素的图像及概念的集合体，主要是品牌知识及人们对品牌的主要态度。良好的品牌形象是企业在市场竞争中的有力武器，深深地吸引着消费者。品牌形象的内容主要由两方面构成：一是有形的内容，二是无形的内容。

品牌形象的有形内容又称为"品牌的功能性"，是指与品牌商品或服务相管理效能的特征。从消费者的角度来看，"品牌的功能性"就是品牌商品或服务能满足其使用功能的能力。例如，洗衣机具有洗净衣物、减轻家庭负担的能力，照相机具有留住人们美好瞬间的能力等。品牌形象的有形内容是最基本的内容，是生成形象的基础。品牌形象的有形内容把商品或服务提供给消费者的需求满足与品牌形象紧密联系起来，使人们一接触到品牌，便可以马上将其功能性特征与品牌形象有机结合起来，形成感性的认知。

品牌形象的无形内容主要是指品牌的独特魅力，是营销者赋予品牌并为消费者感知、接受的个性特征。随着社会经济的发展，商品越来越丰富，人们的消费水平、消费需求也在不断提高，人们对商品的要求不仅包括商品本身的功能等有形表现，而且转向了商品带来的无形感受，如精神寄托。品牌形象的无形内容主要反映了人们的情感，显示了人们的身份、地位、心理等个性化要求。

人们在选择品牌时，一方面是品牌功能的满足，另一方面是由品牌唤起的记忆、联想、情感满足。当同类商品竞争时，最能唤起记忆、联想、情感的品牌就会最先被消费者选中。

（2）品牌形象的驱动要素。品牌形象树立的最重要因素是人们对品牌的联想，或者说一提到某个品牌消费者便会想到一些东西。这种联想使品牌形象与众多要素联系起来，驱动品牌形象的建立和发展。

① 商品或服务自身的形象。构成品牌形象的基础就是商品或服务自身的功能性。消费者判断商品或服务形象的最重要的标准，就是它们能在多大程度上满足消费者的使用需求，使用需求满足的程度越高，商品或服务形象就越好，在消费者心目中的品牌形象地位也就越高；反之，则品牌形象地位越低。

商品或服务的形象从硬性表现来看，有价格、功能、耐用性、舒适性、应用性等；从软性表现来看，有青春感、高雅、体面、珍爱、豪放、贵族、魅力等。

② 商品或服务提供者的形象。商品或服务提供者的形象也是驱动品牌形象的重要因素。提供者的形象的指标有科技能力、企业规模、资产状况、服务状况、人员素质等。消费者往往认为，形象好、口碑好的企业，它们的产品也不会差。在品牌形象的树立过程中，营销者常利用企业自身的形象促进品牌的形象，如五粮液集团每推出一种新品牌的酒，使用的广告语便为"系出名门"，欲借"五粮液"的美好形象驱动新品牌形象的确立。

③ 使用者的形象。使用者主要是指商品或服务的消费群体，使用者的形象可以反映品牌形象。使用者的形象的硬性指标有使用者年龄、职业、收入、受教育程度等，软性指标有生活形态、个性、气质、社会地位等。消费者在选择购买商品时，会考虑自己的身份、地位，总是购买符合自己社会阶层的商品，同时购买的商品总会体现出其独特的个性偏好。这样，消费者也会对品牌的形象有一个定位，如高端品牌、奢侈品牌等。因而，使用者形象也成为驱动品牌形象的重要因素之一。

以上3个因素对品牌形象的影响在不同的产品特性、文化背景、人文个性等条件下是不一样的，在塑造品牌形象的过程中，应注意判断三者是如何影响品牌形象的，从而加强其驱动作用。

8.2.6 品牌策略

产品品牌化对企业提出了富有挑战性的决策问题，正确的品牌决策能使自己的产品在众多竞争对手面前脱颖而出，被消费者选择和接受，从而获得更多利润。

1. 品牌化决策

品牌化决策首先要解决的问题就是，企业要不要给产品建立一个品牌。产品品牌化的发展非常迅速，时至今日，已经很少有产品不使用品牌了。品牌意味着市场定位，意味着产品质量、性能、技术、装备和服务等价值，最终体现了企业的经营理念。但是，建立并塑造一个品牌，企业需要进行巨大的投入，同时面临着失败的风险。因此，仍然有一些企业的产品不使用品牌。无品牌策略的目的是节约广告和包装费用，以降低成本和价格，增强产品竞争力，吸引消费者。譬如说，针对以下两种情况，企业可以考虑使用无品牌策略。

（1）未经过加工的原料产品，如大米、棉花、大豆、矿砂等可使用无品牌策略。不过，随着经济的发展和人民生活水平的提高，消费者的需求水平也不断提高，许多农产品经过加工包装、加品牌出售，可以获得更多的利润，如盘锦大米、五常大米等都是知名的大米品牌。

（2）生产过程简单、选择性不大的小商品，如工业用原材料、电力及矿石等可使用无品牌策略。

2. 品牌归属决策

品牌归属决策就是为品牌选择负责人，确定品牌所有权，由谁负责和管理。品牌归属有以下3种情况。

（1）生产者品牌。生产者品牌也称为制造商品牌，即商品或服务的生产者用自己的品牌来标志产品。一些国内品牌几乎都是生产者品牌，如蒙牛、方正等品牌均属生产者品牌。

（2）中间商品牌。中间者品牌就是批发商或零售商开发并使用的自有品牌。一般来说，中间商品牌策略的使用者基本上是实力雄厚的大型零售商，如世界零售业巨头沃尔玛利用自己的品牌推出的商品即为中间商品牌，"家优鲜"就是家乐福超市重点打造的自有生鲜品牌。

（3）两种品牌共存。两种品牌共存是指一部分使用生产者品牌，另一部分使用中间商品牌。企业具体使用生产者品牌还是中间商品牌，需要全面分析两种品牌的利弊、自身产品的特点及消费者的特点后，才能做出正确的判断。当生产者本身拥有良好的市场声誉和较大的市场份额时，应使用生产者品牌；当中间商实力雄厚、知名度高、拥有广阔的销售渠道时，可考虑使用中间商品牌。

3. 品牌质量策略

企业做品牌决策时，还必须决定其品牌的质量水平，以保持其品牌在目标市场上的地位。所谓品牌质量，是指反映产品耐用性、可靠性、精确性等价值属性的一个综合尺度。

（1）决定其品牌的最初质量水平。品牌的质量水平分为低质量、一般质量、高质量、优质量4个档次。一般来说，企业的盈利能力、投资收益率会随着品牌质量的提高而提高，但不会直线上升，优质产品会提高投资收益率，而低质量品牌则会使企业投资收益率大大降低。因此，企业应当不断提高品牌的质量。

（2）品牌质量管理。企业决定其品牌的最初质量水平以后，随着时间的推移还要决定如何管理其品牌质量。在这个方面，企业有3种可供选择的决策：一是提高品牌质量，以提高收益和市场占有率；二是保持品牌质量；三是当企业的产品处于衰退期、准备退出市场时，企业可以减少品牌投入，逐步降低品牌质量。

4. 品牌使用策略

大多数企业采取多元化经营，同时生产多种不同种类、不同规格、不同质量的产品。这时，企业需要选择的是所生产的产品是使用一个统一的品牌，还是分别使用不同的品牌。品牌使用策略主要有以下两种。

（1）统一品牌策略。统一品牌策略是指企业决定其所有的产品统一使用同一个品牌名称，如格力电器的所有的产品都统一使用"格力"这个品牌。使用统一品牌策略，可以集中人力、物力、财力等资源，综合塑造大品牌，同时节省大量的广告费用，增强企业信誉。这样有利于消除消费者对新产品的不信任感，借助原有品牌的声誉可以使新产品迅速打开销路；有利于壮大企业的声势，树立超级企业和超级品牌的市场形象。采用这种策略的企业必须对所有产品的质量严格控制，以维护品牌声誉。这种策略的缺点是如果某一产品出现问题，会给整个品牌带来负面影响。

（2）多品牌策略。多品牌策略是指企业在同一类型的产品上，使用两种及以上相互竞争的品牌。这种策略是宝洁公司首创的。在第二次世界大战以前，宝洁公司的"潮水"牌洗涤剂畅销，之后宝洁公司又推出"快乐"牌洗涤剂。"快乐"牌洗涤剂虽然抢了"潮水"牌的一些市场，但这两种品牌的销售总额大于只经营一个品牌的销售额。自此，宝洁公司开始了多品牌经营之路，如在中国市场上推出了"飘柔""海飞丝""潘婷"3个品牌的洗发水。这3个品牌虽然存在竞争关系，但它们却在日常护理、去屑、修复3个方面可以满足消费者的不同需求，不仅吸引了更多的消费者，提高了市场占有率，而且把竞争机制引入企业内部，提高了产品的质量和服务水平。但是，多品牌策略也会增加品牌管理难度，致使企业增加成本，企业必须经过权衡之后做出正确的品牌决策。

任务3　商品包装与消费心理

包装在产品整体概念中占有重要的地位，尤其在现代市场营销中，包装的重要意义已经远远超越了它作为容器保护商品的作用，甚至成为企业形象，促进和扩大了商品销售。

8.3.1　商品包装及其功能

1. 商品包装的概念

商品包装是指在流通过程中保护商品、方便运输、促进销售，按一定的技术方法而采用的容器、材料及辅助物等的总体名称。商品包装也指为了上述目的而在采用容器材料和辅助物的过程中施加一定技术方法的操作活动。

按照上述概念，在理解包装时，应注意它有两层含义：第一层含义是指盛装商品的容器，通常称作包装物，如箱、袋、筐、桶、瓶等；第二层含义是指包装商品的过程，如装箱、打包等。本书所说的包装，主要是指其名词属性，即第一层含义。

商品包装包括3个层次：第一层包装称为内包装，是指最接近商品的包装，如装有美白爽肤水的瓶子是最接近商品的内包装；第二层包装是指保护第一层次包装的材料，在商品被使用时即被丢弃，如用来包装瓶装的美白爽肤水的硬纸板盒就属于第二层次包装的材料，它为商品提供了进一步的保护和促销机会；第三层包装是外包装，也称为运输包装，是指商品储存、辨认和运输时所必需的包装，如装有6打美白爽肤水的大波纹盒就是运输包装。

2. 商品包装的功能

商品包装是为保护商品数量与质量的完整性而必需的一道工序。由于商品的包装直接影响商品的价值与销路，因此对绝大多数商品来说，包装是商品运输、储存、销售不可缺少的必要条件。

（1）保护功能。商品包装的主要目的和重要功能首先在于保护产品在运输、流通过程中最大限度地免遭挤压或碰撞的损坏，以及减少因气候、温度、干湿度等自然因素的侵蚀，同时也为储存和储存空间问题提供了解决方法。

商品在从出厂到消费者手中的整个流通过程中，都必须进行运输和储存，即使到了消费者手中，从开始使用到使用完毕也有存放的问题。商品在运输中会遇到振动、挤压、碰撞、冲击、风吹、日晒、雨淋等损害，在储存时也会受到温湿度、虫蛀、鼠咬、尘埃损害和污染的影响，合理的包装能保护商品在流通过程中不受自然环境和外力的影响，从而保护商品的使用价值，使商品实体不致损坏、散失、变质和变形。

（2）促进销售。包装是一种不花钱的广告媒体，它能激起消费者的购买欲望。在商品陈列时，包装是"无声的推销员"。良好的包装，往往能为广大消费者所瞩目，从而激发其购买欲望，成为商品推销的一种主要工具和有力的竞争手段。有时，同类商品的质量可能不相上下,这时包装就会成为消费者选购商品的主要考虑因素。由于包装的改进,一些旧商品可以给人带来一种新的印象。人们曾进行过一次抽样调查,在1000名家庭主妇中,90%多的家庭主妇是在邻近的自助商店里购买已包装好的商品,对于包装不佳的商品根本不予理睬。优良、精美的包装往往可以提高商品的身价,使消费者愿意付出更高的价格购买。由此可见,包装能够有效地帮助商品上市销售,维持或扩大市场占有率。

(3)传递信息。包装是商品的信息载体之一,好的包装设计应使消费者较容易明晰商品性能、使用方法、注意事项等,对消费者使用、保养、保存进行必要的指导。此外,在商品包装上还有标签,标签上一般印有包装内容和商品所包含的主要成分、商标、质量等级、生产厂家、生产日期和有效期等。一件商品的包装应如实地向消费者传递一切基本的使用信息。

(4)心理感应。这是包装设计所应传递的另一种特殊信息,它要求通过包装表面或打开包装的刹那间感受来向消费者传达包装设计所刻意追求的效果。这种感觉完全是依商品性质和所追求的形象目标,通过包装设计来形成的,如寻求新颖、奇特、自然流畅的现代意识,追求高贵华丽的风格,强调精致的品位等。

(5)形象意识。包装的材质、形状、颜色和精美程度往往与商品本身的性能和价值相适应,也就是说,包装象征着商品的使用价值和价值。人们可以利用包装作为消费活动中的象征,如作为礼品、摆设或在私人场合消费的商品。商品包装在塑造产品形象中起着重要的作用,良好的包装设计建立起的商品的形象识别体系,能充分显示出商品的特点,从而有效地树立品牌形象并扩大销路。例如,红、白、蓝三色绝妙搭配的包装是百事可乐品牌形象的延伸。另外,商品包装后,可与同类竞争商品相区别,因为精美的包装不易被仿制、伪造,有利于保持企业的信誉。

8.3.2 商品包装对消费心理的影响

包装是保护功能和艺术美感的融合,是实用性和新颖性的创造性结合。成功的商品包装是生产者的意念心理、创作者的思维心理和购买者的需求心理的共鸣。商品包装只有把握消费者的心理,迎合消费者的喜好,满足消费者的需求,激发和引导消费者的情感,才能在激烈的商战中脱颖而出。

1. 识别商品

消费者的记忆中保存着各种商品的常规现象,他们常常根据包装的固有造型购买商品。当商品的质量不容易凭借商品自身进行辨别的时候,人们往往会凭包装做出判断。包装是商品差异化的基础之一,它不仅可以说明商品的名称、品质和商标,介绍产品的特效和用途,而且可以展现企业的特色。消费者通过包装可以在短时间内获得商品的有关信息,恰当地针对目标消费者增加包装的信息容量可以增强商品的吸引力。

2. 便利消费

包装可以划分出适当的分量,提供了可靠的保存手段,既便于携带和使用,又能指导消费者如何使用。在满足同样的使用需求的基础上,消费者会考虑自己携带或保存的需求,对商品的包装进行挑选。

3. 增加价值

设计成功的包装融合艺术性、知识性、趣味性和时代感于一体,高档的商品外观质量可以激发购买者的社会性需求,让消费者在拥有商品的同时感到提高了自己的身份,内心充满愉悦。

虽然消费者判断商品的优劣不局限于以包装为标准，因为包装只从属于商品，商品的质量、价格和知名度才是消费者权衡的主要因素，但包装的"晕轮效应"能把消费者对包装的美好感觉转移到商品身上，达到促销的目的。

8.3.3 商品包装设计的心理要求

1. 满足求实心理

包装的设计必须满足消费者的核心需求，也就是必须具有实在的价值。虽然对于同质的商品来说，包装精美的商品比起包装普通的商品更能激起消费者的购买欲望，但若过度强调包装的作用，以致包装超过商品的使用价值，则会对长远的商品销售不利。例如，在各年龄段的消费群体中，中老年人最讲求质朴、实在，但是现在五花八门的老年人健康滋补品普遍采用的是"形式大于内容"的过度包装，这些商品即使能够吸引购买礼品的消费者，也难以赢得消费者的忠诚，缺乏长远发展的动力。

2. 满足求信心理

消费者在购买商品时，往往会考虑企业及其商品的信誉，他们会尽可能多地搜集有关商品的信息，希望购买到货真价实的商品。在商品包装上突出厂名、商标，有助于减轻消费者对商品质量的怀疑心理。特别是对于有一定知名度的企业来说，这样做既可以满足消费者的求信心理，又可以对企业及其商品进行宣传。

3. 满足求美心理

每个人都有对美的追求，商品的包装设计是装饰艺术的结晶。在许多场合下，富有美感的包装更有可能在同类商品中获得竞争优势。精美的包装也能激起消费者较高层次的社会性需求，设计精美的包装对购买者而言是一种美的享受，是促使潜在消费者变为现实消费者，进而变为长久型、习惯型消费者的驱动力量。例如，但凡是世界名酒，其包装都十分考究，从瓶到盒都焕发着艺术的光彩，这就是一种优雅且成功的包装促销手段。

> **课堂互动**
>
> 上网搜索具有创意的商品包装设计，讨论它们对消费者心理起到了什么作用。

8.3.4 商品包装设计的心理策略

1. 类似包装策略

类似包装策略是指企业对其生产的商品采用相同的图案、近似的色彩、相同的包装材料和相同的造型进行包装，便于消费者识别出本企业商品，有利于扩大和强化商品的影响，提高企业的信誉，树立企业的形象。企业还可因此而节省包装的设计、制作费用。但是，类似包装策略只适用于质量相同的商品，品种差异大、质量水平悬殊的商品则不宜采用这种策略。

2. 配套包装策略

配套包装策略是指按照消费者的消费习惯，将几种有关联的商品配套包装在一起成套供应，便于消费者购买、使用和携带，同时可以扩大商品的销售。如果在配套商品中加入某种新商品，可以使消费者不知不觉地习惯使用新商品，有利于新商品上市和普及。例如，现在的很多礼盒装化妆品将具有同样功能的洗面奶、护肤水、日霜、晚霜等配套包装，方便消费者使用，同时也扩大了销量。

3. 再使用包装策略

再使用包装策略指包装内的商品使用完后,包装物还有其他的用途,如各种形状的香水瓶可作装饰物,精美的食品盒也可被再利用等。这种包装策略不仅可以使消费者感到一物多用而引起购买欲望,而且包装物的重复使用起到了对商品的广告宣传作用。但是,企业在采用这种策略时,要避免因成本增加导致商品价格过高而影响商品销售。

4. 附赠品包装策略

附赠品包装策略是指在商品包装物中附赠奖券或实物,或包装本身可以换取礼品,吸引消费者回头,使他们重复购买。例如,现在的很多儿童食品包装中,都附有各种小玩具作为赠品,而且这些玩具大多数要收集多次才能组成完整的一套,以此来吸引儿童反复购买商品。

5. 等级包装策略

等级包装策略是指企业根据商品的质量和档次的不同选择不同的包装。不同档次的包装在材料选用、设计风格、制作工艺等方面都存在一定的差异,使不同收入水平的消费者心理都能得到满足。高档商品一般采用豪华精美的包装,以突出商品的高贵品质;中低档次的商品一般采用与其价位相符的包装,使消费者易于接受。这种包装策略经常用于酒类、糕点等商品的包装。

6. 改变包装策略

改变包装策略是指改变和放弃原有的产品包装,使用新的包装。由于包装技术、包装材料的不断更新,消费者的偏好不断变化,原有的包装已经落后、过时,企业会采用新的包装以弥补原包装的不足。应用这一策略时要注意,在改变包装的同时必须配合好宣传工作,以防止消费者产生商品质量下降或其他的误解。

课堂互动

> 结合再使用包装策略的内容,谈谈你对党的二十大报告提出的"中国式现代化是人与自然和谐共生的现代化"的内涵的理解。

自测试题

一、单项选择题

【参考答案】

1. 为商品适当命名,能够诱发的消费心理是(　　)。
A. 购买欲望　　　　　　　　　　　　B. 积极情感
C. 消极情感　　　　　　　　　　　　D. 特殊情感
2. 按照商品的质量、档次的不同设计不同的包装,这种策略为(　　)。
A. 分量包装　　　　　　　　　　　　B. 等级包装
C. 方便包装　　　　　　　　　　　　D. 再使用包装
3. 等级包装主要是针对消费者(　　)的不同。
A. 消费水平　　　　　　　　　　　　B. 消费习惯
C. 消费心理　　　　　　　　　　　　D. 消费特点
4. 消费者购物时只追求某一品牌的商品,这样的消费心理属于(　　)。
A. 品牌认知　　　　　　　　　　　　B. 品牌偏爱
C. 品牌执着　　　　　　　　　　　　D. 品牌迷信
5. 商品包装对消费者首要的心理功能是(　　)。
A. 认识功能　　　　　　　　　　　　B. 记忆功能

C. 情感功能　　　　　　　　　　D. 联想功能

二、多项选择题

1. 商品名称的心理功能主要表现为（　　）。
A. 认识功能　　　　　　　　　　B. 联想功能
C. 自我表现功能　　　　　　　　D. 情感功能
E. 便利功能

2. 企业采用多品牌策略的主要优点是（　　）。
A. 分散企业经营风险　　　　　　B. 满足消费者的不同需求
C. 降低经营成本　　　　　　　　D. 在企业内部引入竞争机制
E. 利于建立企业识别系统

3. 为诱发消费者的美好情感，在商品命名时应当注意（　　）。
A. 科学性　　　　　　　　　　　B. 艺术性
C. 禁忌性　　　　　　　　　　　D. 简明性
E. 通俗性

4. 企业名称商标化策略比较适合于（　　）。
A. 大企业　　　　　　　　　　　B. 知名度低的企业
C. 小企业　　　　　　　　　　　D. 信誉好的企业
E. 知名度高的企业

5. 品牌策略包括（　　）。
A. 品牌化决策　　　　　　　　　B. 品牌归属决策
C. 品牌质量决策　　　　　　　　D. 品牌使用决策
E. 品牌放弃决策

三、简答题

1. 商品命名的含义是什么？
2. 商品命名时应遵循的心理原则及心理方法有哪些？
3. 品牌的含义及特征是什么？
4. 品牌的心理效应是什么？
5. 品牌的重要作用有哪些？
6. 品牌策略的含义是什么？
7. 包装的含义及功能是什么？
8. 商品包装的心理策略有哪些？

四、论述题

论述如何针对消费者的差异性采用不同的商品包装策略。

五、案例分析题

汉王科技股份有限公司（简称"汉王公司"）曾生产一款高端计算机绘图板产品——创艺大师，该产品无论功能应用还是质量水平都达到了国际先进水平。但当汉王公司将这款产品大张旗鼓地推向市场时，却遭到了市场的冷遇，在同国际同类产品竞争中完败，其产品价格和市场份额都远低于国际同类产品。

经过详细的市场调查和分析后，汉王公司在自身的产品包装上找到了原因。原来，"创艺大师"的包装定位低端，而且没有很好地与自身的品牌形象结合，使消费者无法对其产生认同。于是，汉王公司找到一家设计公司对"创意大师"产品重新进行包装设计，经过几轮评选和优化后，最终确定了一个比较有创意的方案，结合汉王自身的品牌标识和产品定义，采用水滴元素将汉王的品牌和产品包装系统地结合在一起。

当"创意大师"以全新的创意包装形象再次进入市场时，迅速获得了消费者的认可。新包装促使"创意大师"的销量增长了3倍，而且价格也有了大幅提升。

分析：

分析汉王"创意大师"逆袭成功的原因。

项目实训

1. 实训内容与要求:
(1) 对某手机卖场进行一次社会调查,选择华为、小米、苹果等手机品牌,收集有关的广告宣传材料,就各品牌手机的名称、外形、功能、定价等进行比较。
(2) 分析这些手机的品牌、包装运用了哪些营销心理的方法,各起到了什么作用。
(3) 对同学手机品牌的占有率进行调查,了解他们当初选择这些品牌的原因,以及现在感觉如何,并了解大家再次购买手机的购买意向。
(4) 在班内组织一次交流与研讨。
2. 成果与检验:
(1) 撰写一份调研分析报告。
(2) 依据报告与研讨会的表现为每位同学评估打分。

课后拓展

1. 登录中国国家品牌网,学习有关品牌的更多知识。
2. 登录中国包装网包装设计板块,了解更多有关包装的知识。
3. 假设你要创业成立一家公司,根据你的业务范围,给你的企业取一个好名称,并设计其品牌LOGO。

项目 9
做好商业广告吸引消费者购买

>> 【学习指导】

学习重难点	学习重点	广告、广告的心理功能、广告定位、广告创意、广告诉求、广告媒体选择、广告心理效果测定
	学习难点	
学习目标	知识目标	掌握广告的心理功能，广告定位、广告创意、广告诉求对消费心理的影响，以及广告媒体选择的心理特点
	能力目标	能够运用广告定位、广告创意及广告诉求的知识影响消费心理，促进商品销售，并合理地选择广告媒体

>> 【思维导图】

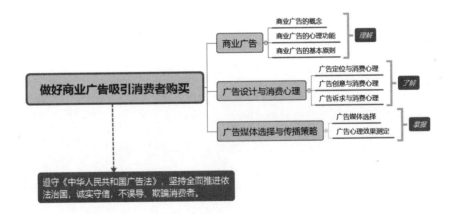

【导入案例】

好的广告就是品牌的眼睛,对于人们理解品牌内涵、建立品牌忠诚都有不同寻常的意义。下面列举一些经典广告,看看它们是如何打造品牌的。

(1)海尔:海尔,中国造。海尔在中国家电工业走向成熟的时候,果断地打出"中国造"的旗号,增强了国人的民族自豪感。就广告语本身而言,妙就妙在一个"造"字上,简洁有力,底气十足。

(2)华为:在一起,有未来!华为致力于把数字世界带入每个人、每个家庭、每个组织,构建万物互联的智能世界:让无处不在的连接,成为人人平等的权利,成为智能世界的前提和基础;为世界提供多样性算力,让云无处不在,让智能无所不及;所有的行业和组织,因强大的数字平台而变得敏捷、高效、生机勃勃;通过AI重新定义体验,让消费者在家居、出行、办公、影音娱乐、运动健康等全场景获得极致的个性化智慧体验。

(3)中国联通:情系中国结,联通四海心。中国联通的标志是一个中国结的形象,本身就充满了亲和力。它把自己的标志和品牌名称自然地融入广告语,从外到内都做了和谐统一,反映了企业的精神理念。

(4)李宁:一切皆有可能。李宁既没有像某些国外运动品牌那样邀请超级明星代言,又没有像锐步那样的国际背景,"一切皆有可能"逐步沉淀出品牌独有的内涵,谁又不希望精彩呢?

(5)农夫山泉:农夫山泉有点甜。作为天然水,农夫山泉高举反对纯净水的大旗,通过"有点甜"广告语向消费者透露出这样的信息——农夫山泉是天然的、健康的。

问题:

上述企业的成功,除了产品符合消费者的需求,广告起到了重要的作用。企业如何才能做好广告,满足消费者的心理需求,来吸引消费者购买?

随着经济的发展、商品的丰富和人们物质文化需求的日益增长,广告在人们日常生活中扮演着重要的角色。广告就是广而告之,泛指一切公告,包括公益广告、商业广告等。然而,日常生活中所说的"广告"往往特指商业广告,即用于推销商品或服务的付费广告。广告与我们的生活密不可分,我们通过广告可以获知商品的相关信息;企业也可以通过广告宣传自己,以获得良好的经济效益。在广告的传播过程中,媒体是影响广告效果的重要因素之一,如果媒体选择不理想,会影响广告的传播效果。

任务1 理解商业广告

9.1.1 商业广告的概念

广告可以追溯到有记载历史的时期,地中海沿岸国家的考古学家曾挖掘出宣传各种各样的事件和供应品的标志,也发现古罗马人在墙上绘画宣传角斗士的搏斗、腓尼基人在游行路途中的大石块上画图宣传他们的陶器等。

中国古汉语中没有"广告"这个词,在《康熙字典》和《辞源》中都找不到"广告"这个词。直到20世纪初,"广告"一词被翻译、引入中国。"广告"一词的英文是"advertising",来源于拉丁语"advertere",最初的意思是吸引人注意,带有通知、诱导、披露的意思。后来,"advertere"这个词逐渐演变为"advertise",其含义拓宽为"使某人注意到某件事"或"通知别人某件事,以引起他人的注意"。17世纪中后期,英国开始了大规模的商业活动,"广告"一词得以流行,受到人们的青睐。随着历史的发展和人们对广告认知的加深,原来带有静止意义的名词"advertise"被人们赋予了现代意义,转化为具有活动色彩的词汇"advertising"。也就是说,广告已不单指某一个广告内容,更多的是指一系列的广告活动。

1. 广告的定义

广告有广义和狭义两种定义方式。广义的广告是指向社会公众传递信息的手段,目的在于唤起并引导人们对某些特定的事物的注意,并在必要时实施某种按信息发布者希望和要求的行动。广义的广告信息的内容和发布对象都比较广泛,包括经济广告和非经济广告。经济广告是为了推销商品或服务,以获取利益。非经济广告则是为了达到某种宣传目的,例如:西方国家的竞选广告,属于政治宣传广告;而中央广播电视总台的"广而告之"节目,属于道德教育广告;古代设置的烽火台,受到外来入侵时燃起狼烟,以召唤各方诸侯前来支援,则属于军事广告。

狭义的广告一般是指经济广告,又称商业广告,如报刊、广播电台和电视台的广告节目,以及招贴、幻灯片、橱窗布置和商品陈列等。狭义的广告的定义为:广告是广告主以付费的方式,通过公共媒介对其商品或服务进行宣传,以向消费者有计划地传递信息,影响他们对所广告的商品或服务的态度,进而诱发其购买行为而使广告主获取利益的活动。

广告的定义中包含以下5个方面属性。

(1)广告通过各种媒介宣传活动要支付一定的费用,这是广告区别于公关、宣传、推销、展览等宣传活动的一个最明显的标志,也是广告最本质的属性。

(2)广告是有计划的活动,其目的是促进商品或服务的销售,并使广告主从中获取利益。广告的内容是经过选择的商品或服务信息。

(3)广告不是面对面地传播,而是通过大众传媒来进行信息传递的,主要的传媒有广播、电视、报纸、杂志、网络等大众传媒,以及广告牌、海报、灯箱等传统媒介。

(4)广告活动的主体是广告主,而广告活动的对象是现实和潜在的消费者。

(5)广告是一种劝说性的信息传播活动。劝服性是广告发挥作用的具体形式,广告通过劝说来影响公众的态度、观点和行为。

2. 广告的要素

(1)广告主。广告主是指为推销商品或提供服务,自行或委托他人设计、制作、发布广告的法人、其他经济组织或个人。广告中明确体现广告主,目的在于使广告接收者了解广告的信息来源。

(2)广告商。广告商是指广告公司、广告业务的经营者,是专门从事广告代理、策划、设计、制作等业务的企业。

(3)广告媒体。广告媒体是指传播广告信息的媒介物,如报刊、广播、电视、网络、海报、灯箱等。

(4)广告受众。广告受众是指广告信息的接收者,既是广告诉求的目标群体,又是广告营销商品或服务的需求者、购买者。

3. 广告的类型

(1)根据广告的传播媒介划分。

① 电子媒体广告。电子媒体广告也称视听广告,包括电视广告、广播广告、电影广告、互联网广告、电子显示屏广告等。这种广告具有生动、形象的特点,容易吸引消费者的注意。除了互联网广告,其他电子媒体广告保留时间短,费用较高。电子媒体广告主要适用于日用品广告。

② 印刷广告。印刷广告是指通过报刊、画册、电话簿、挂历等印刷品刊登的广告。这种广告信息保留时间长,可以反复修改,但是时效性较差,不易引起注意,所以需要长期使用。印刷广告几乎适用于各个行业的产品。

③ 户外广告。户外广告是指在街道、车站、码头、道路、建筑物等公共场所设置、张贴的招牌、海报、路牌等进行的广告活动。这种广告具有信息保留时间较长、成本较低等优

点,但是宣传范围小,而且不易更改。户外广告一般适合在产品生产地区进行广告宣传,以引导消费者购买时优先选择。

④ 邮寄广告。邮寄广告是指通过邮政机构向公众传递信息的广告活动,如宣传手册、商品目录、信函、明信片、贺年卡等。这种广告具有成本低、随意性强等优点,但是时效性较差,有时易被消费者忽视。邮寄广告适用于针对性较强的产品。

⑤ POP广告(Point of Purchase Advertising)。POP广告即售货点广告,是指设置在购物场所的广告,如商店招牌、门面装潢、橱窗陈列、现场表演、现场广播、专柜销售、招贴画等。凡是在购物场所的入口、内部、周围及有商品的地方设置的广告都属于POP广告,也就是说,POP广告是一切在购物场所内外所做的广告的总称。这种广告弥补了电子媒体广告的不足,重点在于强化在销售终端对消费者的影响。

(2)根据广告的内容划分。

① 商品广告。商品广告是广告中最常见的形式,主要介绍商品或服务的特征与魅力,以加深消费者对商品或服务的印象,进而吸引消费者购买或消费。这种广告的内容主要包括商品的名称、商标、功能、特色、价格、使用方法、销售渠道,服务的内容、特色、收费标准、利益等。商品广告可以按照商品的种类进一步划分,如划分为食品广告、服装广告、电器广告、药品广告等,可以说,有多少种商品就有多少种商品广告的类型。

② 企业形象广告。企业形象广告是指企业为了树立形象、维持信誉、提高知名度,使消费者更加了解企业的观念和文化,吸引其关注和好感而开展的广告活动。这种广告不直接介绍和宣传产品的优点,而是宣传企业的宗旨和信誉、历史与成就、经营管理情况,以建立商业信誉为目的。企业形象广告一般都是配合企业公共关系活动进行的,如四川长虹电器股份有限公司的广告宣称"以产业报国,振兴民族工业为己任",在公众中树立了良好的形象。实践证明,企业形象广告不仅有利于产品的销售,而且对提高企业的社会地位、企业在社会经济活动中充分发挥出影响与作用、促进企业的发展等都有好处。

③ 观念广告。观念广告是指通过提倡或灌输某种观念或意见,试图建立或改变消费者对某家企业或某一产品在其心目中的形象,从而形成或改变某一消费习惯或消费观念的广告。这一观念的建立,有利于广告主获取长久的利益。例如,我国冰箱制造业依据国家有关环境保护法律的规定,在广告中宣传"使用无氟冰箱,让我们的空气更洁净",就是观念广告。

④ 综合性广告。综合性广告是指同时以企业和企业的商品或服务为内容的广告。

(3)根据广告的传播范围划分。

① 世界性广告。世界性广告又称国际性广告,是指在宣传出口世界其他国家的商品时,在选择媒介和制作广告方面都要适合国外消费者的特点和要求。这时一般会选择有国际影响力的宣传媒体,如卫星电视、卫星广播或全球发行的报纸、杂志等;在广告宣传内容上,要考虑其他国家的社会文化因素和消费者的特点。例如,可口可乐的广告在全世界范围内都具有一定的影响。

② 全国性广告。全国性广告的广告主一般是规模较大、商品或服务覆盖全国的企业,其产品多是通用性较强、销售量大、专业性强或使用地区分散的产品。针对这类产品,为了达到在全国范围内进行宣传的效果,广告媒体一般选择全国性的报刊、电视台等。

③ 区域性广告。针对一些地方性产品、季节性产品或销量有限而选择性较强的产品,广告主一般会选择区域性广告。区域性广告的广告主多为中小企业,通常选择省市的报刊、电视台等区域性的媒体进行宣传。

④ 地方性广告。为了促使人们使用或购买地方性产品,广告主一般选择地方报纸、地方

电视台、路牌、灯箱等媒体进行广告宣传。地方性广告的广告主多为地方型企业，广告的传播范围比区域性广告小。

（4）根据产品所处生命周期的不同阶段划分。

① 报道式广告。报道式广告通过向消费者介绍商品的性质、用途、价格等，引导消费者对商品产生初步的印象和需求。开发一个新市场或新商品刚上市时，企业一般通过广告向目标市场介绍商品的性质、用途、价格等，以求得市场的认可。这种广告属于开拓性广告。

② 劝诱式广告。劝诱式广告也称说服式广告。当产品进入成熟期，目标市场上竞争对手增多，市场容量趋于饱和，这时的广告以说服为目标，使消费者加深对商品品牌的印象，以吸引保守的消费者，使原有消费者增加使用频率。这种广告属于竞争性广告。

③ 提醒式广告。当产品进入衰退期，目标市场上竞争对手饱和，行业利润已降至平均水平以下，有的企业出于维持原市场地位营销策略的考虑而发出广告，提醒那些已有使用习惯和购买习惯的消费者，促使其重复购买，以扩大商品销量，增加企业利润。另外一种情况是，消费者已有使用和购买某种商品的习惯，广告的目的是提醒消费者不要忘记这一商品，从而刺激其重复购买，以提高消费者购买率。

（5）根据广告主划分。

① 制造商广告。制造商广告是指由直接生产或制作产品的广告主所做的广告。

② 零售商广告。零售商广告是指百货商店、超级市场等零售商面向消费者所做的广告。

③ 合作广告。合作广告是指由零售商制作广告但由制造商承担部分广告费的广告。

与相关课程的联系

消费心理学来源于广告学，反过来又对广告学的发展提供了帮助。

9.1.2 商业广告的心理功能

随着市场竞争日益激烈，企业在经营过程中越来越重视广告宣传的作用，广告投入也越来越大，广告已成为影响人们消费的重要因素之一。广告的心理功能是指广告的基本作用和效能，也就是广告对消费者心理产生的影响作用。

1. 传递沟通的功能

广告是连接商品与消费者的一座桥梁，其最基本的心理功能就是向消费者传递有关企业及其商品或服务的性能、用途、规格、使用方法、售后服务，以及服务的内容、形式、地点等各种信息，帮助消费者了解新商品、增加或改变对原有商品或服务的认知，同时也可树立企业在消费者心目中的形象。可以说，广告是企业的喉舌，消费者也愿意从广告这种方便快捷的途径中搜集大量的不同品牌商品的各种信息，为自己的选择购买提供参考依据。

2. 诱发或满足需求的功能

广告在介绍商品信息的同时，还要通过各种媒体和手段来激发消费者的购买动机，并满足他们的各类需求，包括物质性和精神性的需求。消费者对某一商品的需求，往往是一种潜在的需求，这种潜在的需求与现实的购买行动有时是矛盾的。广告形成的视觉、感觉印象及诱导性宣传往往会增加消费者的购买信心，激起他们现实购买欲望来满足已有的需求，使其感受到获得所购商品带来的愉悦。广告的反复渲染、反复刺激，会扩大商品的知名度甚至使消费者建立一定的信任感，也会导致购买量的增加。而且，广告可以促成或引发消费者对新商品或不熟悉商品的购买兴趣，或者改变对某些商品或厂商原来的态度，激发消费者的购买欲望。

3. 促进购买行为的功能

促销功能是企业对广告最直接的要求，也是广告最基本的功能之一。广告通过充分利用图形、色彩、实体形象、声音、文字、数字等来刺激消费者的感觉器官，引起消费者的注意和兴趣，使其产生联想，接收并记住广告中的信息，促进其购买行为的产生。在现代社会，消费者每天自觉或不自觉地接收着各类广告信息，而只有那些引起注意和兴趣的广告，才有可能被较好地编码、加工、存储，并被记住。因此，广告的效果越好，就越能促使消费者下决心做出购买行为；而消费者的购买动机越强，就越容易产生购买行为。当然，消费者在做出购买行为前，还需要消费者的意志努力，需要克服各类困难。广告的魅力正是在于能使消费者克服各种购买障碍与不便，达成购买目的。

4. 便利决策的功能

广告通过各种媒体及时、反复地向社会传递各种商品的信息，使消费者简单、快捷地收集大量的商品信息，方便他们进行比较和选择，做出自己的购买决定。在物质生活极大丰富的今天，人们的生活节奏越来越快，面对种类繁多的商品，特别是新商品层出不穷，如果没有商业广告的介绍说明，消费者就会变得无所适从。而商业广告的便利决策功能，就能有效地帮助人们解决这一问题。

5. 教育导向的功能

广告在推销各种商品或服务的同时，也向人们传播科技领域的新知识、现代生活的新理念和未来生活的新趋势，有利于开阔人们的视野，转变人们的消费观念，改善人们的生活品质。

就广告的形式和内容而言，文明健康、积极向上的表现形式和内容，在指导人们消费的同时，还有利于培养文明、道德的消费观念和消费行为、传播社会主义精神文明、形成良好的社会道德风气，潜移默化地对"两个文明建设"产生积极的影响。

6. 艺术享受的功能

好的广告，实际上也是一件精美的艺术品。广告通过美术、音乐、音响、诗歌、戏剧、舞蹈等艺术手段，不仅真实、形象地向人们介绍了商品，而且让人们通过对商品形象的观摩和欣赏，引起对生活的丰富联想，从而树立新的消费观念，增加精神上美的享受，并在艺术的潜移默化之中产生购买欲望。

广告作为现代都市的一大景观，对人们的生活环境也起到了美化和装饰的作用。例如，设计精美的路牌广告、雄伟壮观的建筑广告、绚丽多彩的霓虹灯广告及五彩缤纷的灯箱广告等，把城市的街道、建筑物和购物场所装点得生机盎然，为人们的生活环境增添了丰富的艺术色彩和浓郁的现代生活气息。

总之，商业广告的基本心理功能表现在它向消费者传递了商品的信息，激发了消费者的购买动机，满足了消费者的情感需求，进而使消费者实现购买行为，最终达到广告的促销目的。

与相关课程的联系

> 广告是推销和促销的重要手段，在推销学、市场营销学等课程中都被重点提及。

9.1.3 商业广告的基本原则

商业广告是一种特殊的活动，牵涉广告主、广告经营者、广告媒体、广告受众等各个方面的利益。同时，广告又是一种综合性的活动，是集经济活动、信息传播活动、社会活动、文化活动等于一体的系统工程。为充分发挥商业广告的功能，抑制商业广告的负面效应，商业广告活动的各类参与者在从事广告活动时都必须遵循广告的基本原则。

1. 真实性原则

真实性原则是指广告内容要真实准确，不得虚假欺诈。真实性是广告的生命，也是广告的基本原则。广告的基本特征是信息沟通，只有提供真实的广告信息，才能赢得广告对象的信任。《中华人民共和国广告法》（简称《广告法》）明确规定，广告应当真实、合法，不得含有虚假或者引人误解的内容，不得欺骗、误导消费者。

（1）广告信息要以商品或服务的客观事实为依据。广告所宣传的商品或服务应代表其整体水平，而不能用特别挑选出来的或特别制造的商品为标准；有关消费者特别关注的商品性能、质量等内容，不能过度夸张；广告的文字、画面、实物、实证、论证等应真实、明确。

（2）诚实守信。广告中应向消费者介绍商品或服务的使用、保养方法或有关注意事项，对于在使用或消费中可能出现的问题，应明确告知。广告中承诺的售后服务、优惠项目等要落实兑现。

> **与相关课程的联系**
>
> 《广告法》针对涉及广告多方面的事宜进行法律规范，主要目的在于规范广告市场，维护消费者权益，是经济法课程的重要组成部分。

2. 心理性原则

商业广告的目的就是要刺激消费。在商品供过于求的买方市场状况下，消费者面临众多选择，买什么商品、买多少、买谁的，完全由消费者自己选择决定。如果广告不符合消费者的消费心理，不符合消费者的购买心理，那广告就是无的放矢，起不到广告所应有的刺激消费作用。因此，广告要想实现促销目的，就必须了解消费者的消费心理，按照心理学法则开展广告活动。

从广告作用于消费者的全过程来看，消费者接受一则广告并进行消费，要经历"引起注意—激发兴趣—刺激欲望—加强记忆—诱发购买"这5个阶段，商业广告必须遵循消费者的这一心理活动规律。

3. 科学性原则

科学性是现代广告综合运用多学科知识、遵循电子技术的发展和采用先进研究方法的结果，是广告现代化的重要标志。

（1）广告计划的针对性。广告首先必须抓住受众心目中所关心的问题、心理状态，然后确定广告主题与目标、广告战略与策略，最后进行科学选择。

（2）广告构思和设计的创造性。广告的构思必须富有创造性，即语言要生动、有趣、幽默、简明易懂；广告的形式要多样化，不断更新，引人注目。此外，还必须根据不同地区、不同顾客的爱好来设计广告图样和选择广告方式，切忌主观盲动、落后与简单仿制。

（3）传播手段和制作技术的先进性。计算机、数码相机、收视率调查机及彩印设备等科技手段的运用，使广告作品的质量大大提高。而互联网、现代卫星通信技术等，又使广告传播在时间、空间上突破了原有的局限，有效地提高了广告效果。

4. 艺术性原则

广告的艺术性原则是指广告作品应具有艺术魅力与审美作用，能够吸引、影响与感染公众，激发公众的购买欲望。

广告是将造型艺术、语言艺术、表演艺术融为一体的综合艺术，它利用绘画、摄影、语言、文字、音乐、表演、歌曲等多种形式，塑造出生动而又富有创意的艺术形象来表现广告的内容，从而感染受众，使受众在自然而然的兴趣和愉悦中认知和接受广告的传播，并从中获得艺术欣赏和美的享受。

广告艺术性的目的是有效地传达信息，而不是单纯的艺术欣赏。艺术性是广告效果打动人的有力手段。缺乏艺术性的广告，不仅影响力小，而且促销能力差。广告的内容及情趣与艺术形式的结合，有利于生动活泼地表现广告的主题与创意，达到广告宣传的目的。

任务2 了解广告设计与消费心理

9.2.1 广告定位与消费心理

1. 广告定位的概念

定位理论被美国营销协会评为"有史以来对美国营销影响最大的观念"，该理论的创始人是美国学者艾·里斯和杰·特劳特。所谓定位，就是在潜在消费者的心目中为其心仪的产品设置一个特定的位置，这个位置只为其心仪的产品所独占而其他同类产品不可能拥有。广告定位是广告主通过广告活动，使企业或品牌在消费者心目中确定位置的一种方法。

广告定位一般研究如何使一个产品以正确合适的形象深入人心，并不是围绕产品进行的，而是围绕潜在顾客的心智进行的，也就是将产品定位于潜在顾客的心智中。例如，人们一想到饮料，头脑中先出现的总是可口可乐。一则成功的广告，必须让所广告的商品或品牌在消费者的心目中找到一个位置。

2. 广告定位的策略

根据商品的特性与特点、市场占有率、竞争的激烈程度等不同，广告定位的情况也有所不同。由于市场上商品种类繁多，企业可以从以下8种情况考虑，准确进行广告定位。

（1）功能定位。功能定位就是在广告活动中突出商品独特的功能，使其明显区别于同类商品，以增加其市场竞争力。例如，同样是宝洁公司的产品，飘柔洗发水的定位是"柔顺"，海飞丝的定位是"去屑"，潘婷的定位是"修复"。

（2）品质定位。品质定位也就是质量定位，通过强调商品的良好品质而对商品进行定位。质量是衡量商品的重要标准之一，商品质量的高低直接影响消费者是否会再次购买此商品。品质定位通过消费者对商品品质的认知来启动他们的需求与购买欲望，并在其心目中确定商品的位置。例如，雀巢咖啡"味道好极了！"的广告语，就直接突出了商品良好的口感。

（3）品名定位。品名定位是指任何产品的出现都有一个名称，但并不是随便取一个名称就可以，品名不仅要顺口、响亮、大气，而且要突出产品的特点和性能，具有想象力，有特定的意义，与系列产品相呼应。例如，"李宁"用体育名人姓名作为品名，代表了一种体育精神。

（4）感性定位。感性定位是一种多用于一些产品性质不易说清楚，或产品附加一种文化观念等的定位方法。这种诉求能唤醒消费者感情的共鸣，引起消费者的兴趣。例如，麦氏咖啡"滴滴香浓，意犹未尽"的广告语，就是感性定位。

（5）理性定位。理性定位常采取摆事实、讲道理的说服方法，使消费者获得理性共识。例如，百事可乐就用"同样的价格，两倍的含量"的诉求，赢得了消费者的认同。

（6）强势定位。强势定位能显示企业的强大实力，企业往往采取"高高在上"和"咄咄逼人"的姿态面对市场和竞争者，以彰显自身优势和争取消费者信任，以实力得到认同。这种定位适用于规模大、实力雄厚的企业，给消费者诉求一种强大的实力，让其感觉到商品的有力保障，进而成为商品的忠实消费者，如蒙牛的"每天一斤奶，强壮中国人"的广告语等。强势定位也可以采取进攻态势，抓住竞争对手的弱势和缺点，显示企业及其产品的实力和特色，削弱竞争对手的影响力，动摇竞争对手的地位，争取市场的主动权。

（7）抢先定位。抢先定位是指某品牌产品在市场定位中，力争先于同类竞争产品，第一个进入消费者的心目中，抢占市场第一的位置。实践证明，最先进入消费者心目中的品牌，比第二进入的品牌在长期市场占有率方面平均要高很多，而且这种关系是不易改变的。一般来说，第一个进入消费者心中的品牌，都难以被驱逐出去。例如，人们总是容易记住第一名，谁都知道世界第一高峰是珠穆朗玛峰，但极少有人能说出第二大高峰的名字。

（8）强化定位。强化定位是指企业一旦成为市场领导者，还应不断地加强产品在消费者心目中的印象，以确保第一的地位，从而不断强化消费者起初形成的观念。例如，在我国电冰箱市场上，海尔反复强调自己的"高品质"，新飞则宣传自己是"节能冰箱"，而美菱把文章做在了"保鲜"上。

9.2.2　广告创意与消费心理

1. 广告创意的概念

广告创意是指通过独特的技术手法或巧妙的广告创作脚本，更加突出体现商品特性和品牌内涵，并以此促进商品销售。广告创意以广告定位为前提，广告定位要解决的是"做什么"，而广告创意要解决的是"怎么做"，只有明确了"做什么"，才能发挥好"怎么做"。只有广告定位确定下来，随后才能确定怎样表现广告内容和广告风格。由此可见，广告定位是广告创意的开始，广告创意是广告定位的表现。

2. 消费心理对广告创意的影响

广告要广泛调动消费者的心理活动，如感官、知觉、记忆、想象及思维，先建立对商品的认知，进而产生情感认同，最后实现购买行为。广告要达到刺激消费的目的，需要具有让消费者愿意采纳的创意，在宣传商品信息的同时，给大家表达一个可以触动消费者心灵的印象，从而引导消费者取舍商品，实现利润的最大化。

优秀的广告创意应当根据消费者在消费活动时表现出的从众、求异、同步、求实这4种消费心理调动创意思维，有的放矢。

（1）抓住消费者的从众心理进行广告创意。从众心理是指个人受到外界人群行为的影响，在自己的知觉、判断、认知上表现出符合于公众舆论或多数人的行为方式。消费者在购买时，会参照他人的购买经历来选择商品。对于企业来说，可以借助消费者这一特有的心理进行广告销售。例如，宝洁公司的佳洁士系列牙膏广告中大量使用与目标消费者相似的人群，如一家三口、四世同堂等；同时，在佳洁士系列牙膏得到全国牙防组认证后，每一则广告结尾总不忘盖一个"全国牙防组权威认证"的章，这种权威的感觉一次次印在消费者的头脑中，使消费者相信其权威性和有效性，从而达到了佳洁士系列牙膏占领牙膏市场的目的。

（2）抓住消费者的求异心理进行广告创意。在消费者群体中，年轻人是标新立异的群体，他们总想通过自己独特的个性选择和消费来吸引眼球，获得更多的关注。针对这种消费习惯,广告创意必须以新颖的角度切入,采用平中见奇的创意手段,化腐朽为创意。例如,雅客在诉求上强调独立时尚个性的产品风格,其电视广告创意以年轻人为切入点,紧紧抓住以年轻人为主的消费群体。雅客的广告以这一消费群体为创意点,展现了在空寂无人的街巷中,一群活力四射的年轻人在街头张扬地奔跑。雅客以运动时尚的形象出现,就是抓住了年轻人拥有活力、标新立异、追逐时尚,以及他们在消费活动中情感因素多于理性因素的特点。

(3)抓住消费者的同步心理进行广告创意。根据亚伯拉罕·马斯洛提出的人的需求层次理论,人在满足了自身生存需求的基础上,还渴望被尊重等更高的社会需求。同步心理即攀比心理,相同的社会阶层会在消费习惯上产生相互学习的倾向。这种消费心理往往不是理性的消费,而是基于一种感性的消费冲动。在广告活动中,可以通过创意性的宣传扩大这种消费心理的作用,引导消费者的购买动机和冲动。例如,在中国移动的校园宣传中,其广告紧紧抓住学生群体趋同的消费特点,打出"我就是 M-Zone 人"这一新鲜又富于个性的创意。

(4)抓住消费者的求实心理进行广告创意。求实的心理需求是一种比较理性的消费心理,比较注重商品的功能性和实用性,消费者在购买时特别注重商品质量、性能、价格等,希望切实地感受到实惠和利益。这在一些刚性需求商品中表现得尤为突出,如汽车商品、保险类商品等。针对这部分消费群体,广告创意要从实际出发,少些虚张浮夸,切实地推出商品本身的优势。例如,人寿保险有一则姚明做的广告,打出了"要投就投中国人寿"的创意诉求,借篮球名将姚明的影响力暗示消费者,选择中国人寿可以给他们带来实实在在的利益需求和保障。

商品与消费者的心理需求之间要实现有效的契合,只有通过行之有效的广告创意诉求来实现。在广告创意中,企业必须分析不同的消费群体的消费心理,针对不同的消费群体提出不同的广告创意策略,有的放矢。

9.2.3 广告诉求与消费心理

诉求是制定某种道德、动机、认同,或说服受众应该去做某件事的理由。广告诉求通过媒介向目标受众诉说,以期达到以下 5 种诉求。

1. 知觉诉求

知觉诉求是指广告用直接的或间接的事物形象来诉求。例如,展览会、现场表演、样品的陈列等属于直接知觉诉求;通过音响、语言的描绘、图片说明来传播广告信息等属于间接知觉诉求。

2. 理性诉求

理性诉求是指采用偏重运用说理的方式,直接向广告受众传递理性的过程。例如,药品类广告经常采用这种诉求方式,这对专业用户、理智型消费者更有效。

3. 情感诉求

情感诉求是与理性诉求相对而言的。理性诉求将受众的理智作为诉求点,而情感诉求则着重调动人们的情绪、情感和心情。例如,"威力洗衣粉,献给妈妈的爱""有了小儿热速清,妈妈们很轻松"等就属于情感诉求广告。

4. 观念诉求

观念诉求是指通过广告促进人们改变落后的消费观念,从而培养起新的适应时代发展潮流的消费观念。例如，有一则电视广告设置祖孙三代女性角色表达诉求："我姥姥的年代"，画面上出现老婆婆用一块自制的土肥皂洗手；"我妈妈的年代"，画面上是中年妇女用普通的香皂洗手；"我们的年代"，画面上是青春少女用挤压式洗手剂和干手机。这属于典型的观念诉求广告。

5. 道德诉求

道德诉求是指通过广告促进人们增强道德修养，培养人们的正义感、责任感等，提高社会公德意识。例如，"使用无磷洗衣粉，不污染环境，造福后人"就属于道德诉求广告。

在广告设计方面，要坚持党的二十大报告提出的文化自信自强精神，发展面向现代化、面向世界、面向未来的，民族的科学的大众的社会主义新时代的广告文化。

任务3　掌握广告媒体选择与传播策略

9.3.1　广告媒体选择

1. 广告媒体的概念

广告媒体是传播广告信息的运载工具，是广告者与广告宣传对象之间起媒介作用的物质手段，也是生产者与消费者之间的桥梁。经常使用的广告媒体有电视、广播、报纸、杂志等。另外，还有其他形式的广告媒体，如网络广告、户外广告、直邮广告、路牌广告、霓虹灯广告、空中广告等。

2. 广告媒体的类型

（1）电视媒体。电视广告是随着20世纪40年代电视机的出现应运而生的，并在之后发展迅速，成为最具表现力的广告媒体。它集视、听、音、色、形于一体，形象逼真、感染力强、表现手法多样、艺术性强，对消费者有较强的吸引力。电视媒体主要有以下3个优点。

① 电视广告覆盖面广，收视率高。电视广告具有视听兼备的特点，只要具备视听觉就能收看到广告信息，而且不受年龄、职业、文化程度的限制。但是，电视广告的传播带有一定的强迫接受的特点，出现在电视屏幕上的电视广告，不管你愿不愿意都会看到，除非立即关掉电视机。

② 有强烈的艺术感染力。电视广告以独特的技巧、形象魅力，通过语言文字、人物、动作、画面、音乐等艺术形式，可以给人以美的享受。每则广告都有一定的情节、构思和艺术内涵，通过艺术的表现手法使要传递的内容展现在消费者眼前。这种信息与艺术融合的形式，使人在接受广告的同时能得到艺术享受，具有强烈的艺术吸引力和渲染力。

③ 表现手法多种多样。电视广告一般利用音乐、文字、画面、色彩、人物、舞蹈、特技制作而成，通过多种形式传递商品或服务的信息，较其他媒介的表现形式使人更有身临其境之感。

电视广告媒体的局限性主要有以下3点。

① 播放时间短，被动接受。电视广告长度一般都是以"秒"为基本单位计算的，超过3min的广告比较少，最常见的电视广告一般在15～30s。这就是说，一则电视广告只能在简短的时间之内完成信息传达的任务，所以一些不能在第一时间引起消费者注意的广告，往往会被忽略。消费者对电视广告没有选择余地，不管是否需要，只能被动接受。

② 费用昂贵。费用昂贵，一方面是指电视广告制作成本高、周期长，另一方面是指播出费用高。就制作费用而言，电视作品这种艺术形式本身就制作周期长、工艺过程复杂、不可控制因素多，而且要为广告专门作曲、配音、剪辑等，都需要花费大量金钱；就广告播出费用而言，广告播出是以秒计费的，在不同时间段播出，费用也不同。

③ 不易把握传播效果。电视广告往往穿插在节目中播出，时间较分散，不容易引起消费者的注意。而且，电视广告会受播出时段和节目收视率的影响，播出效果不易把握。

（2）广播媒体。广播是以无线电波为载体进行广告发布的形式。广播媒体具有以下4个特点。

① 迅速及时。在时效方面，广播具有其他传媒所不具有的优势，可以在最短的时间内将广告信息传递给听众，能灵活地适应市场的变化，以便于消费者及时地做出购买决定。

② 覆盖面广。广播通过无线电波传播，不受地理空间的限制，电波所及都可以接收到广播的节目。

③ 受众广泛全面。广播是通过听觉的刺激来传递信息的，对各个阶层的人都有效，一般听众都能接收其信息传递。这样就可以针对特定阶层的听众设定广播内容，如设置交通台、健康台、娱乐台等，在特定的广播内容时段播出针对特定消费群体的广告，更有针对性。同时，广播信号具有扩散性、开放性和灌输性，广播的听众往往不确定，所以其受众不是完全针对某一特定群体的，而是全面性的。

④ 广告费用低。在同等级别的媒体中，无论报纸还是电视广告的收费，都远比广播媒体广告的收费高得多。

以上是广播媒体的优势，但是广播媒体也有自己的局限性，如广播的声音转瞬即逝，不易保存；另外，广播通过听觉的刺激传递信息，有声无形，不易使听众产生直观的感受；还有就是，收听广播的受众数量在不断减少。

（3）报纸媒体。报纸是最早发布广告、应用最广泛的媒体。报纸媒体的特点主要有以下4点。

① 信息的广泛性。报纸的种类很多，发行面广，阅读者多。例如，报纸上既可以刊登生产资料类的广告，又可以刊登生活资料的广告；既可以刊登医药滋补类广告，又可以刊登文化艺术类广告等。

② 功能的服务性。报纸分类广告的内容与日常社会经济生活紧密联系，通过报纸版面的科学分类，不仅便于读者对信息进行比较选择，而且便于为客户的广告投放和营销推广提供有效的服务，能够实现广告主和读者双方需求服务的最优化。

③ 价格的经济性。报纸分类广告规格小、内容简明，不需要广告策划制作，投入成本低。同时，报纸广告受广告营销季节变化和企业广告投放计划的制约较小。

④ 阅读的主动性。与其他广告方案依靠设计创意来吸引读者不同，报纸广告能够吸引广大广告主和读者主动购买阅读。

报纸媒体的局限性在于时效性较短，内容复杂，容易分散广告受众的注意力；有些报纸印刷不精良，影响广告效果；现代社会生活节奏快，消费者很少详细阅读报纸内容，次要版面的广告往往不能引起他们的关注。

（4）杂志媒体。杂志媒体是在报纸之后出现的广告媒体。杂志媒体的主要特征有以下3点。

① 针对性强。杂志不像报纸那样有全面的读者群，其读者群比较固定，每种杂志都有特定层次的读者群，例如，《少男少女》杂志主要针对的是青少年读者，《青年文摘》的读者主要是青年人，《电脑爱好者》杂志的读者都是电脑发烧友等。根据杂志读者针对性的特征刊

登特定的广告，能增强广告的针对性，使商品或服务的信息尽快传递给目标消费者。

② 反复阅读。杂志便于长期保存，一般可以吸引读者反复阅读或传阅，能够加强广告的宣传效果。

③ 吸引力强。杂志印刷精美、制作考究、色彩鲜艳，能较好地表现商品的形象，增加商品或服务对读者的吸引力，从而刺激消费者购买。

但是，杂志的发行周期较长，影响广告的时效性；杂志的发行范围有限，读者群单一，影响广告的传播范围；而且，杂志广告的费用相对较高。

（5）网络媒体。网络以其全球性的信息沟通方式，凭借发送信息快速、便捷的优势，已成为新兴媒体中发展潜力最大的一支，被称为传统的四大媒体之外的"第五大媒体"。

与传统的广告媒体相比，网络广告有其自身的优势：网络信息的交流是全球性的，网络广告形式更有利于开发国际知名品牌，开拓国际性市场；网络广告既能组合电波媒介的视听组合感受，又具备平面媒介信息承载量大的特点，可以全方位地吸引受众的注意；网络的目标受众相对明确，大多数是知识结构、层次较高的人群，针对性的信息传达和沟通效率比传统媒体要高，更适合传达商品类别中高知识化、高价值和理性化的商品信息。

网络广告的主要特点是交互性，目标受众和目标消费者可以在网上主动地搜集信息，而不是像传统的媒体那样被动地接收强制性的信息灌输，其快速回应的特点能使广告主和目标受众之间产生快速的信息沟通和互动。

但是，网络广告还存在覆盖率低、广告形式单一、点击率低等局限性，在一定程度上会影响广告的宣传效果。

（6）POP 广告。陈列于销售场所内外的 POP 广告，对经营者而言，是传播信息、促销商品、重视消费者感受与需求的渠道，并且扮演着营销人员的角色，可以减少经营者在人力、财力上的额外支出。因为商品的大小、结构和设计等不同，所以 POP 广告能以悬挂、堆放、粘贴等形式放置于走道旁或销售场所的任何地点进行陈列展示。POP 广告具有以下 3 个特点。

① 直接性。POP 广告设在消费者购置货物的时点上，这个时点是销售手段的最终点，是商品与消费者接触从而决定是否购买的时点，是一种最有效、最直接的宣传，可以更快地帮助消费者了解商品的性能、用途、价格、使用方法等。

② 视觉性。POP 广告充分利用销售场所的三维空间，以及整个色调、光线、照明等环境，配合所陈列的商品特征与展示情况，使广告视觉效果更好，能引起消费者的注意和兴趣，从而激发其即时购买。

③ 系列性。POP 广告可以补充电视、广播、报刊等媒体广告的不足，同时采用多种工具制造热烈的销售气氛，利用多种表现手段使广告趋于系列性，从而使广告设计收到整体的系统效果。

3. 广告媒体选择的心理因素

在广告决策中，最重要的决策之一就是选择适当的、具体的广告媒体。广告创意再出色，如果广告媒体选择不当，也很有可能前功尽弃，即使刊播在同一媒体上的不同时段和不同版位的广告，其效果也大不相同。例如，在电视广告的 A 时段，收视率要比 C 时段、D 时段高得多，广告效果自然会好得多；而在报纸广告中，头版、二版广告的效果亦非其他版面可比。面对众多的广告媒体，除了要明确企业目标和商品自身的特点，还要了解每种媒体独有的特征和优势，才能保证广告宣传的成功。在选择广告媒体时，应从以下 5 个方面考虑。

（1）根据商品的特性选择。各种商品的性能特点、使用价值和流通范围都不尽相同，媒体选择也有所不同，因为各种媒体在展示、解释、可信度、注意力、吸引力等方面具有不同的特点。例如，生产资料、耐用消费品等需要向消费者进行详细的文字说明，以便告知商品的结构、性能、使用规范等，可选用报纸、杂志等平面媒体；品种规格繁多的时装、日用品等则宜采用图文并茂、声像并举的电视、网络等媒体，向消费者直接展示商品的性能、效果和用途，以求立体、直观、形象。

（2）根据目标市场的媒体习惯选择。不同的消费者通常会接触特定的媒体，有针对性地选择广告对象易于接收的媒体，是增强广告促销效果的有效方法。例如，化肥、农药的消费群体集中在农村地区，网络等新型媒体就不太合适，采用墙体广告或流动性较强的宣传单式广告更加有效；对于青少年，电视、广播是最有效的广告媒体；生产或销售玩具的企业，目标群体主要是少年儿童，很少在杂志上做广告，多在电视或电台上做广告。

（3）根据广告传播范围选择。选择广告媒体，必须使媒体所能触及的影响范围与企业所需要的信息传播范围相适应。一般来说，推广新产品、拓展品牌或进入不确定的目标市场时，接触面是最重要的；当存在强大的竞争者、想要传达的信息复杂、消费者阻力较大或购买次数频繁时，频率是最重要的。例如，中央广播电视总台的媒体触及面和影响力就远远大于地方电视台，选择中央广播电视总台投放电视广告的效果更好，如果企业产品行销全国，宜在中央广播电视总台做广告；而如果在某一地区销售的产品，则可以选择地方电视台等媒体做广告。

（4）根据广告内容选择。广告媒体选择也受到广告信息内容的制约。如果广告内容是宣布次日的销售活动，电视、广播、报纸媒体最及时；如果广告信息中有大量的技术资料，则宜登载在专业杂志上。

（5）根据广告主的支付能力选择。不同媒体所需成本也是选择广告媒体的依据因素。广告是一种有偿的促销活动，各种媒体的收费标准也有所差别，广告主应该根据自己的支付能力，从商品的可能消费量和消费范围中，比较选择费用与效果相适应的媒体。一般来说，竞争力和支付能力强的企业，可以选择宣传范围广、影响力大的媒体；中小型企业宜选择一种或少数几种收费低而有效的媒体。

> **与相关课程的联系**
>
> 在市场营销策划中，广告策划要重点考虑产品因素、广告内容和媒体选择是否符合消费者需求。

9.3.2 广告心理效果测定

广告的目的在于沟通信息，从而使消费者认知商品、改变态度，最终产生购买行为。广告主支付高额的广告费用，就是为了达成这个目的。因此，对广告效果的测定就成了广告主非常关心的问题。广告效果直接影响广告目的的实现，也是广告活动成败的决定因素，人们一直在探讨利用各种手段对广告进行科学、有效的检测，以改进广告活动的设计，提高效率。

1. 广告心理效果测定的概念

广告效果是指广告信息通过广告媒体传播之后所产生的所有直接或间接的影响效应，是媒体受众对广告活动的结果性反应。这种影响效应可以分为对媒体受众的心理影响效应、对媒体受众社会观念的影响效应和对广告产品销售的影响效应。广告的效果不仅要看它直接对销售的促进作用，而且要考察它对广告受众的影响程度，能在多大程度和多长时间内对销售产生促进作用，以及对社会政治、文化、伦理的影响。

广告心理效果测定是指通过调查、实验、统计等手段，在广告发布的事前、事中、事后的不同阶段，对广告的效果进行测度。检测内容包括经济效果、社会效果和心理效果3个方面。

（1）经济效果又称"销售效果"，是指广告主从广告活动中获取的经济效益，包括由广告引发的商品或服务销售和利润的变化效果，以及由此引发的市场竞争格局的变化、行业乃至宏观经济的波动等。经济效果是广告主最关注的效果。

（2）社会效果是指广告活动对社会文化、伦理、道德乃至政治等方面所造成的影响。社会效果是商业广告活动的衍生物，同时也是公益广告追求的目标。

（3）心理效果又称"传播效果"，是指广告在消费者心理上的反应程度，包括对受众知觉、记忆、理解、情感、需求及行为等方面的影响。心理效果是广告传播效力的直接反映，是广告效果的核心因素。

本书仅对广告心理效果的测评方法进行介绍。

2. 广告心理效果的测定

测定广告心理效果根据安排时间的不同可以分为事前测定、事中测定和事后测定。事前测定是指在广告正式制作完成前，对广告可能会获得的效果进行的测定。在广告正式完成投放之前进行测定，能及时发现广告中存在的问题，并进行修改调整，可以提高广告的成功率。事中测定是指对广告推进的跟踪调查。在广告推出期间，调查广告受众的反映，了解消费者的购买态度，可以随时对广告的推进进行调整。事中测定是在实际市场中进行的，因而所得结果更真实、更有参考价值。事后测定主要评估广告在媒体推出后所产生的实际效果，可以为以后的广告活动提供参考。

（1）广告心理效果的事前测定。广告心理效果的事前测定常用的具体方法主要有专家意见综合法、评分测定法、组群测试法、消费者评定法、仪器测试法等。

① 专家意见综合法。在广告文本或媒体组合计划做好之后，请有关广告专家、推销专家、心理专家等对备选方案进行评价，多方面、多层次地对广告文本及媒体组合方式将产生的效果做出预测。通过详细记录，综合各位专家的各项意见及讨论的重点，可以预测广告推出后可能产生的效果。

② 评分测定法。这种方法可以将被测试的广告作品向一组受众展示，然后请他们对这些广告在吸引力、好感、接受程度等方面进行评比打分。这种方法适用于评估消费者对广告的注意力、认知、情绪和行动等方面的强度，评价分值较高的广告一般广告效果较好。

③ 组群测试法。这种方法可以让一组消费者观看或收听一组完整的广告，对时间不加限制，然后要求他们根据印象，回答关于广告内容方面的一些问题，如"您对哪几则广告感兴趣？""看了广告后，给您印象最深刻的是什么？""看了广告后，您有没有进一步了解广告商品的兴趣，是否有近期购买商品的打算？"等。主持者可根据情况选择是否要给予提示，测试者的回忆水平表明广告的突出性及信息被了解或记忆的程度。

④ 消费者评定法。这种方法是让消费者直接对广告效果进行审定，可以请内部员工或同行评审提意见，也可以直接征求消费者意见。征求意见时，可以同时设计几则广告，请评审者从中择优，也可以只设计一则广告请消费者评审评价。这种方法只需要采用广告设计草图，成本低廉，而一旦选定对象，便可以很快判断出哪一则广告宣传效果最好。采用这种方法通常可以收集到大量有关消费者购买习惯的资料，但其也有不足之处：一是较难获取准确信息，因为消费者对第一眼（视觉）看到的广告印象往往最深刻，但看到的广告并不一定是

最成功的；二是调查结果容易流于一般水准，缺少独到见解。

⑤ 仪器测试法。这种方法是在实验室内运用仪器来测量广告在人的心理上的反应，自从 19 世纪 90 年代出现测试仪广告后，类似仪器如视向测量仪、皮肤反射测验仪、心理测量仪等就越来越多地应用于广告效果的实验室测量。

（2）广告心理效果的事中测定。广告心理效果的事中测定常用的方法有市场测验法、回函测定法等。

① 市场测验法。这种方法选定一两个地区作为测试区，刊播已设计好的广告，观察广告受众的反映情况，然后与没有推出广告的地区进行比较，通过测试地区与其他地区之间的差异，就可以对广告促销活动的心理效果做出测定。

② 回函测定法。这种方法一般采用调查问卷的形式进行对广告的心理效果进行测定。调查问卷可以是记名的，也可以是不记名的，尤其是在不记名的调查问卷中，应要求调查对象写明自己的年龄、职业、文化层次、家庭住址、家庭年人均收入等基本情况。调查问题可以根据需要自行设计，但应尽可能详细具体，以便调查对象能够准确回答。这种方法通常采用有奖反馈的形式，以鼓励调查对象积极回函反馈信息。

（3）广告心理效果的事后测定。广告心理效果的事后测定是指在广告活动结束后，有关方面对广告效果所进行的综合评测，包括有两层含义：其一是当广告推出过程结束后，立刻对其心理效果进行测定；其二是在广告推出一段时间后，对其心理效果进行测试。事后测定一般根据既定的广告目标来测定广告结果，测定内容视广告目标而定，包括品牌知名度、品牌认知、品牌态度及其改变、品牌偏好及购买行为等。

广告心理效果的事后测定虽然不能直接对已经完成的广告宣传进行修改或补充，但可以通过这种评估，衡量广告促销活动的业绩、评价广告策划的得失、积累经验和总结教训，以指导以后的广告策划。广告心理效果的事后测定常用的方法主要有以下 5 种。

① 认知测定法。不论广告的目的如何，它总要让人看到、读到或听到。测定认知的程度就是让调查对象看一册广告，然后问其是否见过，如果回答"见过"，则说明其对这则广告有所认知，最后根据调查结果测定广告的宣传效果和认知程度。

② 视听率测定法。这种方法主要用于测定广播和电视的广告效果。具体做法是：首先，抽取若干样本家庭进行调查，统计出 3 个方面的数据——A 类，电视机或收音机的拥有户数；B 类，广告节目的视听户数；C 类，认知广告名称的人数。然后，分别进行推算。由于电视广告或广播广告重复率高，所以应当在广告播放一定周期或若干次后进行多次测定，以求得较为准确的测定结果。

③ 回忆测定法。广告的目的在于让消费者获取信息，然后留下记忆。回忆测定法一般用来测定心理效果的记忆度和理解度。

④ 态度测定法。一个人的态度很难用直接方法去观察，只能从其言辞或行动上去做推测性了解。态度测定法所采用的具体形式有问卷、检查表测验、语义差别法、评等标尺法等。

⑤ 综合测定法。以上 4 种广告心理效果的测定方法都具有局限性，只反映广告心理效果的部分情况，而综合测定法弥补了这些缺陷，它将上次广告的综合心理效果与本次广告的综合心理效果用坐标图加以分析和比较，从而综合衡量得出广告的总体效果。

综合测定法的优点是广告心理效果的测定比较全面，能够提供广告活动效果的综合性指标，便于人们检验广告活动的整体效果。但是，综合测定法只是检测广告心理效果的方法之一，不能代替其他方法；同时，测定的结果还要结合各种商品的特性、品牌占有率和商品普及率等进行具体分析。

自测试题

一、单项选择题

1. 广告的诱导功能主要体现在（ ）。
   A. 吸引消费者注意　　　　　　　　B. 激发消费者购买欲望
   C. 改变消费者态度　　　　　　　　D. 提供商品知识

2. 对于家用电器、食品等商品，一般选择的广告媒体是（ ）。
   A. 报纸　　　　　　　　　　　　　B. 杂志
   C. 广播　　　　　　　　　　　　　D. 电视

3. 劝诱式广告主要适用于商品生命周期的（ ）。
   A. 投入期　　　　　　　　　　　　B. 成长期
   C. 成熟期　　　　　　　　　　　　D. 衰退期

4. 商业广告最基本的功能是（ ）。
   A. 沟通功能　　　　　　　　　　　B. 诱发功能
   C. 促进购买　　　　　　　　　　　D. 教育功能

5. POP广告在宣传活动中的首要功能是（ ）。
   A. 行为功能　　　　　　　　　　　B. 诱导功能
   C. 认识功能　　　　　　　　　　　D. 感情功能

【参考答案】

二、多项选择题

1. POP广告经常利用的宣传要素包括（ ）。
   A. 文字　　　　　　　　　　　　　B. 图像
   C. 色彩　　　　　　　　　　　　　D. 音响

2. 广告刺激消费者产生的心理活动包括（ ）。
   A. 认知活动　　　　　　　　　　　B. 情绪活动
   C. 意志活动　　　　　　　　　　　D. 情感活动

3. 广告媒体对消费者心理的影响力取决于（ ）。
   A. 媒体的可信度　　　　　　　　　B. 信息传播范围
   C. 信息传播频率　　　　　　　　　D. 信息传播途径
   E. 信息传播长度　　　　　　　　　F. 分析活动

4. 电视作为一种独特的广告媒体，其独特的心理特点有（ ）。
   A. 传播范围广泛　　　　　　　　　B. 表现力强
   C. 重复性高、记忆效果好　　　　　D. 作用力大
   E. 专业性

5. 商业广告心理功能主要表现在（ ）。
   A. 传播功能　　　　　　　　　　　B. 诱导功能
   C. 教育功能　　　　　　　　　　　D. 批判功能
   E. 促销功能

三、简答题

1. 商业广告的含义及特征是什么？
2. 商业广告的心理功能有哪些？
3. 商业广告各种媒体的主要特征有哪些？
4. 商业广告媒体选择的心理因素有哪些？
5. 商业广告心理效果测定的主要方法有哪些？

四、论述题

论述什么是POP广告及其如何充分发挥自身的诱导功能。

五、案例分析题

一则具有良好创意的广告，就一定能收到应有的效果吗？未必。因为，广告媒体的选择同样对广告效

果产生影响。"广告要做给买家看"，广告主必须选择买家看的媒体，才能有效果。

A啤酒的广告代理是B广告公司，为了使A啤酒迅速地占领海南市场，B广告公司为A啤酒精心制作了3个颇有创意的广告片并陆续在当地一些电视台播放。

第一则电视广告是：一群向日葵围着太阳转，唯独只有一棵向日葵我行我素、不做约定俗成的事情，它不向太阳却向着A啤酒！广告口号是："喝A啤酒，听自己的！"

第二则电视广告是：沙滩上有一群螃蟹在横着爬行，唯有一只螃蟹独自竖着向A啤酒爬去。广告口号还是："喝A啤酒，听自己的！"

这两则广告表现了A啤酒的独特个性，同时也寓意着喝A啤酒的人也是有个性的、有独立见解的、有自己的品位及有自己选择的人。

第三则电视广告是：许多人在一只绿色帆船上喝着A啤酒，感觉清凉爽快，这群人极富活力和朝气，表现了现代人的现代生活。

啤酒的品种很多，但喝起来也没多大的差异，实际上消费者对啤酒的差异没有多大的分辨能力。消费者对啤酒的需求基本上是一样的，不同的只是感觉而已。这3则广告都没有讲啤酒花、泉水和酵母如何如何，只讲了气氛、感受和品位，讲了无拘无束的个性和扬帆远航的自由。无论是从创意还是从制作的角度来看，3则广告可谓上乘之作。但出人意料的是3则广告在当地电视台播放后，收效甚微。B广告公司的人带着困惑进行了实地调查。通过调查，他们恍然大悟，原来当地人不爱看电视。通过调查，他们还了解到当地的人口特点是年轻人多，流动人口多，有着淘金梦的人居多，这是一种特殊的亚文化群，他们无时无刻不在奋斗，他们的心像浮萍一样漂游不定，他们当中很少有人安居乐业，所以拥有电视机的人不多，而能每天晚上安安心心坐在电视前看电视的人更少。他们关心的是寻找一个赚钱更多、机会更好的职业。他们虽然不看电视，却十分爱看报纸，因为当地报纸上经常有一些人求事或事求人的广告。

针对这样一种与众不同的文化及人口环境，B广告公司在当地迅速推出系列报纸广告。第一则报纸广告是一则悬念式广告，整个画面中只有一个A啤酒瓶盖占据正中间，下面是一行很不起眼的小字："最近千万别丢它！它即将价值千万！"这则广告引起了许多人的注意。许多人开始喝A啤酒，并注意保留瓶盖。这次广告活动的中心议题是：谁收集A啤酒瓶盖最多，谁将做3天当地的首富。开奖的日子非常热闹，许多人带着许多瓶盖来领奖，最后由一个海鲜店老板捷足先登，荣获此次广告活动大奖。他一共收集了6万个A啤酒瓶盖。这位幸运者吃着豪华的饭菜，驾着劳斯莱斯在当地风光了3天，他的一举一动引起了很多人的关注。这次活动不仅是一次效果极佳的广告活动，而且起到了不同凡响的公关效应。

企业的广告是在特定环境中的广告，那么在实施广告活动之前，一定要先了解企业周围的营销环境，只有这样才能知己知彼，百战不殆。

分析：

1. 企业如何选择媒体进行广告宣传？
2. 分析A啤酒广告失败与成功的原因。

项目实训

1. 最近给你印象最深的一则产品广告是什么？它为何能够吸引你，有什么特别之处？
2. 跟踪一家企业的产品广告，分析其最近几次产品广告策略的变化，并说明原因。

课后拓展

1. 登录中国广告网，了解更多的广告创意。
2. 第43届世界广告大会在北京国家会议中心举行，大会主题是"创意点亮世界"。请上网了解有关第43届世界广告大会的更多内容。

项目 10
巧妙沟通消除消费障碍

【学习指导】

学习重难点	学习重点	营销服务售前、售中、售后 3 个阶段的心理及策略
	学习难点	营销人员与消费者的沟通技巧及接待技巧、消费者拒绝购买态度的转化
学习目标	知识目标	售前服务、售中服务和售后服务，沟通技巧，消费者拒绝购买态度的形成与化解
	能力目标	掌握营销服务基本策略的应用能力；掌握沟通技巧及接待技巧，妥善处理消费者投诉；在工作中接待好不同类型拒绝购买的顾客，满足消费者的心理需求，合理转化

【思维导图】

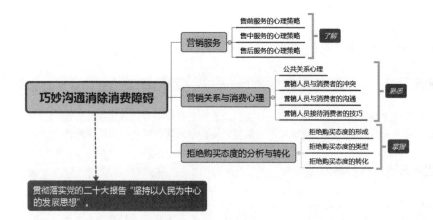

【导入案例】

有一年,武汉老城区一家老房子的业主收到了一封奇怪的信,信寄自德国法兰克福,看起来有些像公函。信的大意是说,"我们是您家这栋老房子的承建商,这栋老房子的详细资料一直保存在我们的档案室里,根据房子的原始设计资料,这栋房屋建成已满80年,需要进行一次小型维修。承建商给出了详细的维修方案,并且承诺,如果维修到位,这栋房子再使用50年没有任何问题。"

我们居住的房屋的承建商能做到这样吗?很多企业售前对消费者承诺很多,售后就无影无踪了,导致消费者心生抱怨。

思考:

根据上述案例,你认为营销服务重要吗?你认为企业应该如何做好营销服务?你对国内一些企业虎头蛇尾的营销服务有什么看法?想一想你在日常消费过程中,营销服务对消费者心理有什么影响?营销服务在企业销售产品时起着什么作用?

学完本项目内容,就可以了解营销服务的重要意义。正如外国企业家杰克·韦尔奇所说"企业的存在就是向客户提供服务,发现客户的需求并满足它,任何企业最重要的问题都是如何做好客户服务"。

任务 1 了解营销服务

营销服务是指商品在销售前后,为最大限度地满足消费者需求而采取的各种措施,是伴随商品流通(商流和物流)而提供的劳动服务。营销服务是售前、售中、售后服务构成的体系。

10.1.1 售前服务的心理策略

1. 售前服务的概念

售前服务是指商品从生产领域进入流通领域,但还未与消费者见面之前展开的一系列的刺激消费者购买欲望的服务工作。售前服务是一种超前的、积极的服务活动,目的是将商品信息迅速、准确、有效地传递给消费者,以加强消费引导。售前服务是营销与销售之间的纽带,对销售起到至关重要的作用。

售前服务的主要方式有免费培训、产品特色设计、用户参与式设计、导购咨询、免费试用、赠送宣传资料、媒体推送、广告宣传、商品陈列展示、市场调查与预测等。

2. 售前影响消费者心理的因素

"现代营销学之父"菲利普·科特勒把消费者在购买消费之前的心理活动称为"神秘的暗箱"。企业只有打开暗箱,洞悉消费者的心理活动,才能在商战中占有一席之地。一般来说,售前影响消费者心理的因素主要有以下5种。

(1)社会文化。文化是人类生存和发展方式的体现,人们要进行怎样的消费、优先满足哪些需求、如何满足这些需求、采取什么行为,无时无刻不受到文化的影响。人们在生存、发展的过程中,总会有各种各样的需求,而需求的内容则由文化影响或决定。同样,人们会产生各种行为活动,但活动的方式也受文化教化。文化通过满足人们的心理需求、个性特征,为人们解决问题、参与社会活动确定了顺序、方向和指南。

(2)流行时尚。流行所包含的内容十分广泛,包括物质产品的流行、精神产品的流行及思想观念的流行等。在消费活动中,没有什么比消费流行更能引起消费者的兴趣。例如,在2001年的APEC上海峰会上,与会者穿唐装亮相,迅速引发了全国甚至全世界范围内的"唐装热"。

（3）消费群体。不同的群体往往具有不同的价值观念、生活方式、行为准则，并形成不同的群体规范，而这一切对消费者的消费心理与购买行为有着重要的影响。由于相关群体的范围非常广泛，因此消费者无时无刻不受其影响，其大小取决于消费者在群体中的地位、对群体的忠诚与信任等。

（4）商品设计。在商品设计过程中，要特别重视研究商品是否适应消费者的心理需求、功能需求，能否引起消费者的兴趣与购买欲望。例如，日本汽车制造商将出口欧美国家的轿车设计得宽大，座位靠背的角度可自动调节，迎合了欧美人身材高大的特点，使其乘坐舒适，因此受到了这些国家消费者的欢迎。

（5）商品广告。随着市场经济的发展，广告已成为人们经济生活中不可缺少的组成部分，人们每天要接收大量信息，其中很多是广告信息。这些广告信息不仅对人们的购买行为产生了重要影响，甚至连人们的消费习惯、生活方式也受到了不同程度的冲击。

3. 售前服务策略

（1）文化策略。文化环境对消费者行为的影响是潜移默化的，由于文化背景、宗教信仰、道德规范、风俗习惯及社会价值标准不同，其在消费观念及消费行为上会表现出明显的差异。企业应主动适应目标市场所在地的文化传统，尊重消费者特有的风俗习惯、宗教信仰和消费偏好等。

（2）流行策略。流行是社会生活中的一种重要现象，也是影响消费者购买行为的一种重要因素。由于流行具有一种特别的性质——从众性，因此特别适合用作促销策略。例如，在20世纪90年代，风靡京沪等地的跳舞毯就是一个很好的例子。商家利用青少年喜欢跳舞这一特点开发了跳舞毯这一新产品，投入市场后立即受到青少年的青睐，并迅速蔓延开来，一时之间非常流行。

（3）家庭策略。消费者购买活动很多是以家庭为单位进行的，但购买决策由家庭中的某一个或某几个成员决定。虽然一件商品从需求到购买、使用，往往会受到全部家庭成员的影响，但每个成员在其中所起的作用是不同的。企业可以印刷一些有关商品的小册子或资料分发给消费者，让他们的家庭成员更好地了解企业所推的商品或服务。

（4）设计策略。新产品的设计与生产应做到：符合社会流行，满足消费者的求新心理；具有艺术魅力，满足消费者的审美需求；具有多种功能，满足消费者的享受心理；具有象征意义，满足消费者的个性心理；赋予威望特征，满足消费者的自尊心理。例如，海尔冰箱采用多区精准控温技术，可以将食物按照不同的存储温度要求分置于各温区，满足各类食物对温度保鲜的不同要求，自然深受人们青睐。

（5）广告策略。广告作为企业与消费者之间的重要媒介，具有诱导、认知、教育、促销等功能。随着现代广告业的发展，广告的形式越来越多，应用越来越广泛，作用也越来越大。例如，"鄂尔多斯羊绒衫温暖全世界""人类失去联想，世界将会怎样？"这些广告语触动了人心，打动了受众，从而引起消费者的注意。

10.1.2 售中服务的心理策略

1. 售中服务的概念

售中服务是指在商品销售成交过程中为消费者提供的各种服务工作。其主要形式包括现场导购、现场演示、现场体验、协助参谋、调试与包装、付货与结算、提供舒适的购物环境等，核心是为消费者提供便捷的条件和实在的物质服务，塑造良好的服务形象，让消费者体会到购买过程的愉悦,从而提高心理舒适度,把消费者的潜在需求变为现实需求,达到商品销售目的。

2. 售中影响消费者心理的因素

(1)商品价格。商品价格是商品价值的货币表现,是消费者购买活动中最重要、最敏感的因素。它具有3种功能:一是衡量商品价值;二是自我意识的比拟;三是调节需求。价格合理与否,不仅关系企业的生产经营,而且关系广大消费者的切身利益。

(2)柜台服务。柜台服务即销售服务,既是营销人员销售商品的过程,又是营销人员为消费者服务的过程。柜台服务不仅仅涉及营销人员的服务技巧、态度、方式,更重要的是要针对消费者的心理活动去积极引导,满足消费者多方面的需求。良好的柜台服务不仅有利于扩大商品销售、增加盈利,而且会增强消费者的信赖,树立企业的形象。

(3)商品包装。商品包装是指用于盛装、保护商品的容器或包装物,对消费者购买心理的影响包括识别、便利、美化、联想、增值、促成购买等功能。商品包装在现代市场销售活动中的地位越来越令人瞩目。

(4)商品名称与商标。商品名称不仅是消费者识别商品的主要标志之一,而且是引起消费者心理活动的特殊刺激物。一个好的商品命名,不仅有助于消费者了解商品的特点、记忆商品的形象,而且会引发消费者的兴趣,以增强对商品的喜爱。

商标是区别不同商品生产者、经营者和经营商品的特定标志,具有排他性、标记性、地域性和竞争性的特征。商标由文字、图形、字母、数字、三维标志、颜色组合或上述要素组合构成可视性标志,可以有效传达商品的信息、功能、品牌价值,具有促进商品销售的作用。

3. 售中服务策略

(1)价格策略。价格策略在商品销售中可称得上是使用最频繁的策略,如"降价销售""限时特价""限量低价销售""买一送一"等,都是商家惯用的招数。价格策略并非一味地强调低价,高价促销也是方法之一,并已逐渐成为近年来国内外市场上较为流行的定价策略。消费者的消费水平提高后,其购买心理也发生了较大的变化,"不怕价格高,但求产品好"已成为一种购买趋向。

(2)包装策略。包装作为商品的附属物,其作用不仅仅是保护商品,更重要的是能起到美化商品、诱导消费的作用。据一些经济发达国家对消费者购买行为的研究表明,有60%的人在选购商品时,是受包装的吸引前来购买的。例如,某空调的外包装以一幅清新明快的自然风景为背景,给人一种凉爽自在的感觉,自然就容易引起消费者的好感。

(3)服务策略。服务的内容非常广泛,包括营销人员的仪表、言语、举止和态度等方面。在销售过程中,服务的好坏往往直接影响消费者最终的决定。有一位成功的企业家曾写下这样一个颇具哲理的等式"100-1=0",其寓意是"职员一次劣质服务带来的坏影响可以抵消100次优质服务产生的好影响"。

(4)便捷策略。消费者对售中服务期望的一个重要方面就是追求方便、快捷,主要体现在减少等待时间,尽快受到接待,尽快完成购物过程;方便挑选,方便交款,方便取货;已购商品迅速包装递交,大件商品送货上门,附带安装、调试。

(5)品牌策略。品牌策略既包括企业形象,又包括商品形象。企业形象的好坏会直接影响消费者的选择。例如,提到手机,我们马上就会想到华为、小米等知名品牌,原因很简单,即这些企业平时给消费者留下多是良好的印象,而且它们的产品也都家喻户晓,市场占有率颇高。如果消费者想买手机,首先考虑的就是这些品牌。

10.1.3 售后服务的心理策略

1. 售后服务的概念

售后服务是指生产商、经销商将商品或服务销售给消费者之后，为消费者提供的一系列服务。售后服务的主要形式有免费运输和安装调试、包退包换、技术培训、质量保证、维修服务、投诉处理、联谊活动、推送信息、更新服务等。它是商品价值的延伸，也是对消费者感情的延伸，可以提高消费者购后的满意度、忠诚度，降低消费者购后的不满情绪。许多商品或服务存在的缺陷，正是通过售后服务得以弥补，同时也有助于挽回企业的信誉。

售后服务既是促销的手段，又充当着"无声"广告宣传。而这种广告宣传所达到的境界，比那些夸夸其谈的有声宣传要高明得多。例如，小天鹅的"12345"特色服务、海尔的"三全"服务，都成为企业走向成功的一把金钥匙。

2. 消费者购后心理

消费者购后的心理活动主要是在要求退换商品、反映商品的质量、询问使用方法、要求对商品进行维修、保修服务等过程中产生的心理感受，大致有以下 4 种。

（1）评价的心理。消费者在购买商品或接受服务后，会对商品的性能是否良好、使用是否方便、实际效果与预期是否接近等进行评价，进而获得满意或后悔等心理体验。

（2）试探的心理。消费者在要求退换商品的时候，由于各种因素的影响，消对所购商品的评价可能会出现摇摆不定的情况，一般会先试探一下商店的态度，再进一步做出决断。

（3）求助的心理。消费者在要求送货安装、维修商品、询问使用方法和退换商品的时候，多会提出请求给予帮助的要求，购买心理不稳定的消费者身上更容易发生这种情况。

（4）据理力争的心理。消费者在要求退换商品和进行商品维修的时候，摆事实讲理由，性格活跃、激进和自尊心强的消费者身上容易发生这种情况。

"真正的销售始于售后"，在成交之后，营销人员应当关心消费者，向消费者提供良好的服务。这样既能够维护老顾客，又能够吸引新顾客。

3. 售后影响消费者心理的因素

商品售出之后，并不意味着商家已经完成了任务，因为仍有不少因素会影响消费者的心理，这将对商品将来的销售和商家在消费者心目中的形象产生直接的影响。其中，"售后服务"是最重要的因素。

（1）运输与安装。提供从销售到运输、安装、回访一条龙的服务，对商家而言可能会增加一定的成本，但对消费者而言，既避免了运输途中不必要的损耗，又省去了安装的烦恼，着实方便不少。这样会消除消费者的后顾之忧，促进其购买行为的实现。

（2）维修与保养。商家对于高档消费品的维修与保养要特别重视。例如，家电商品运输不易，绝大多数商家均采取上门维修与保养的策略，这也为消费者提供了方便。

（3）承诺与兑现。商家需要兑现在广告或销售过程中对消费者所作的口头或书面的服务保证。承诺与否及承诺的内容应该根据商家的实际情况量力而定，做诚实守信的商家，提供超值服务。

（4）真诚与持久。生产商或经销商需要通过恰当的媒介渠道准确、真实、易于理解地进行信息的传递、沟通，关心消费者的需求，始终如一地坚持提供优质服务。例如，有的消费者反映自己原来购买的商品生产商已不存在或与其他商家合并了，商品牌子也换了，他们担心其售后服务会发生变化。企业重组或强强联合已成为一种趋势，但只有做到"换品牌不换服务"才能赢得消费者的信任。

4. 售后服务营销策略分析

（1）服务网络。企业可以通过建立广泛的服务网点，开通"400免费电话"等方式，向消费者提供及时有效的售后服务。例如，飞利浦公司先后在北京、上海、苏州建立技术服务中心，在全国400多座城市设置500个特约维修站。这种以技术中心为枢纽组成的服务网络，可以为全国用户提供技术服务、售后服务。同时，飞利浦公司开通了24小时免费服务热线，其服务站提供的服务包括免费安装调试和保修期内的上门服务。

（2）优质服务。随着经济全球化步伐的加快，越来越多的企业转变了经营观念，以"客户为中心"的服务理念开始在世界范围内广泛传播。很多企业与时俱进地打造完备的服务体系，根据商品特点、目标顾客特点、服务成本等因素，为消费者提供特殊的、人性的、柔性的服务，并创造超值的服务体验，以赢得消费者的信赖。例如，IBM的经营主旨是"IBM就是最佳服务的象征"，企业坚信争取订单其实是最容易的一个步骤，售后服务才是真正的关键所在。

（3）创新服务。企业可以通过服务创新，向消费者提供超乎预期的、更周到的服务。其一，提供个性化服务。随着生产技术的进步，柔性制造系统已能按客户的个性化需求生产个性化产品。例如，DELL通过客户定制化满足了不同客户的个性化需求，使企业一跃成为排名靠前的IT供应商和服务商。其二，构建网络服务平台。企业可以充分利用网络优势，发布和获取信息，在网上帮助客户解决问题，并提供服务。例如，海信集团第一个在家电行业推出了自己的服务品牌"天天服务系统"，该系统超越了传统的维修服务，把服务当作贯穿企业经营全过程的理念。

（4）爱心服务。企业营销人员应在售后持续不断地关心消费者，了解他们对商品的满意程度，虚心听取他们的意见；对于商品和推销过程中存在的问题，采取积极的补救措施，满足消费者的合理要求。与消费者保持密切联系，可以赢得他们的信任，战胜竞争对手。例如，"推销大王"乔·吉拉德每月要给他的13000名顾客每人寄去一封不同大小、格式、颜色的信件，以保持与顾客的联系。他的做法赢得了顾客的信赖，他因此取得了骄人的销售业绩。

> **与相关课程的联系**
>
> 营销服务在企业战略管理、推销技术、网络营销和销售管理等课程中都被广泛重视。有的高职院校还专门开设了服务营销课程。

任务2 熟悉营销关系与消费心理

10.2.1 公共关系心理

公共关系是企业经营与发展的重要战略内容，是指企业或组织为促进其产品的销售，使用信息传播手段与企业内外公众进行双向信息沟通，寻求消费者对其产品的了解、信任、支持和合作，以树立企业及产品良好的形象和信誉而采取的有计划的公关活动。公共关系之所以引起企业的重视，主要是因为公共关系除了具有与其他促销方式相同的沟通作用，还具有其他促销方式所不能替代的功能，是现代企业的重要管理职能。

1. 公共关系心理的概念

公共关系心理是指与公共关系行为及公共关系活动相关的心理现象。它由公众的心理、公共关系活动中的心理、组织团体的心理3个部分构成，具有4个特点，即可知性、情感性、自利性和广泛性。通过对公共关系心理的研究与学习，营销人员可以掌握必需的公共关系心理学的基础知识，提高分析和解决公共关系工作实际问题的能力，了解社会组织与其公众对象在公共关系活动过程中特有的心理状态和心理活动规律。

2. 消费者公众的心理特征

（1）信誉和形象是企业生存之根基。企业形象是指社会公众和企业职工对企业整体的印象和评价。现代企业都十分重视企业形象，因为良好的企业形象是企业无形的资产和财富。当企业树立了良好的信誉和形象之后，又反作用于消费者公众的心理，促进其对企业的信任和依赖；或者，通过消费者相关群体传播这方面的信息，取得广大消费者对企业的良好信誉和形象认同。这样，广大消费者就会成为企业的忠实消费者，他们通过购买企业商品可以满足心理上的需求。

（2）信息和沟通是企业发展之道。信息对于现代企业来说是至关重要的，没有信息，企业会寸步难行。在现代企业经营管理中，企业要建立自己的信息系统和信息网络，有计划、长期地向公众传递企业的真实信息，并随时监测环境变化，对外界的信息及时作出反应，做好危机处理。企业在信息的收集、传播过程中，既要报喜，又要报忧；既不能文过饰非，又不能哗众取宠，最终要取得消费者的信任，打造产品和企业的知名度，从而树立企业形象。

（3）承诺和保证是企业成功之要。承诺和保证是企业的权利，也是消除消费者公众各种疑虑的手段。例如，保证商品的质量完全符合说明书所表明的功能和效果，则能消除消费者对商品质量的疑虑；保证商品的售价在区域内是最低的，则能消除消费者担心上当受骗的疑虑等。在商品营销过程中，要根据消费者公众的心理疑虑采取多种形式的保证措施，废除虚假的所谓"保证"和毫无意义的诺言，做到言必信、行必果。

3. 公共关系心理的策略

公共关系心理的策略是企业公共关系策略的重要组成部分，对现代企业来说，采取一系列促进消费者公众认知的策略，有利于树立良好的企业信誉。

（1）增加企业的透明度。企业的透明度是指企业各项决策和行为能被公众感知和理解的清晰程度。公众只有对企业看得清，才能看得准；只有看得准，才能同企业建立良好的关系。企业应当注意增加透明度，开诚布公。为了增加企业的透明度，让公众更多地了解企业，可以考虑采取以下3种策略。

①"敞门"。国外不少企业为了搞好社区关系和员工关系，实行一种"开放日"政策，有计划地组织社区居民和员工家属参观企业，以增进这些公众对企业的理解和感情。我国的一些企业组织公众参观企业并举行座谈，听取公众的合理化建议，加深了公众对企业的印象，增进了公众的信任。

②"对话"。我国不少企业近年来在企业内外广泛开展了"对话"活动，并逐步形成了制度。企业通过与公众对话，可以清楚地解释企业的经营方针、经营决策、发展规划和企业面临的困难等，从而求得公众的谅解和支持。例如，某日化企业就一种洗头膏的含铅量问题同电视台记者对话，通过一问一答，只花几分钟就把问题解释清楚了，消除了公众的疑虑，维护了产品的声誉。

③"安民告示"。企业可以经常主动地向公众发布企业的情况，以求得公众的理解和信任。例如，广东大亚湾核电站为了消除公众对这个项目的疑虑，坚持向居民公布工程建设的质量情况。有一次施工中少放了几根钢筋，虽然当时不公布外界也不会知道，但大亚湾核电站仍然坚持公布，并坦率地做了检讨、提出了措施。这种做法得到当地各界人士的称赞。

（2）培养企业的特色。根据认知规律可知，人们对事物的认知具有选择性，一家企业越有特色，就越能引起公众的注意，也就越能在公众心中留下难忘的印象。因此，培养企业特色是提高公众认知的一项重要策略。

① 产品特色。产品特色包括质量、原材料、技术性能、外观、寿命、使用、维修、产品包装、规格和组合等方面的特色。设计开发产品的活动，既要有技术开发人员参与，又要有消费者公众参与，以便将技术上的考虑同公众心理有机地结合起来。

② 广告特色。有特色的广告，能给公众留下深刻的印象。例如，"金狮足球"广告就体现了较好的创意。"狮子滚绣球"是中国优秀民间艺术舞狮的一个动作，但将"绣球"换成足球，就产生了奇特的创意：金狮象征着中华民族，金狮踩足球象征着睡狮猛醒的中国足球健儿走向世界的气魄，总体象征着金狮足球"愿为中华足球的腾飞贡献力量"。看到这样有创意、有气势的广告，人们自然不会怀疑生产"金狮足球"的企业的创造力。

③ 企业外观或环境特色。例如，国外一家企业经营成功的秘诀之一就是工厂环境的艺术化。该企业认为，能懂得真正的艺术，才能成为有独立创造经营能力的经营者。如果工厂脏，工人就只能做与其相称的脏工作。如果工厂里摆设了罗丹的雕塑作品、挂上毕加索的油画，工人走起路来也许就不一样。

④ 企业命名（或产品命名）特色。企业的名字要引起公众对企业历史、传统、个性、精神和威望等的兴趣、回忆和联想。例如，当人们听到福特汽车公司的名字，就容易联想起当年亨利·福特创建流水线作业的情景；"四通"是英语单词"stone"的谐音，它象征着四通集团公司为发展我国高新技术产业甘当铺路石的坚忍不拔的精神。

（3）重视公众的形象。企业形象可以从主体形象要素、客体形象要素和延伸形象要素3个方面进行塑造。它是一个组织各个环节运行状况的综合反映，若想树立良好的组织形象，就必须合理安排人员、产品、服务、环境等各个要素的公共关系策略，以提高组织在公众心中的知名度和美誉度。

（4）增进公众的交往。企业与公众之间交往的面越广，交往的频率越高，交往的时间越长，公众对企业的印象自然就越深。企业不仅要加强同公众的直接交往，如举办赞助活动、开放参观活动等，而且要增加间接接触的机会，如向公众邮寄广告、贺年卡、征询表等。对公众来信、来电，企业应当十分重视，并及时处理和予以答复。

（5）加强信息的沟通。企业可设立消费者来访接待室，欢迎消费者上门反映他们对企业产品、服务的意见。企业也可派人直接走访消费者，或者派人到经销商处征求意见，向消费者宣传企业的宗旨、政策和历史，以及产品的性能及使用方法。为了建立良好的消费者关系，企业应该实行开放政策，热情欢迎消费者公众到企业参观、参加座谈会，甚至公开征求消费者的意见。这样做不仅可以搜集到有价值的信息，而且能促使消费者建立对企业的信任感，有效地联络消费者与企业的感情。

与相关课程的联系

公共关系是市场营销专业的必修课之一，也是促销常用的手段之一。

10.2.2 营销人员与消费者的冲突

所谓冲突，就是两种目标的互不相容和互相排斥，是矛盾激化的一种表现。冲突有些是有害的，有些是有益和有建设性的，不能一概否定。在营销过程中，营销人员难免与消费者发生冲突，要分清是非，公正解决冲突，杜绝、消除破坏性和有害性的冲突。

1. 冲突产生的原因

影响营销人员与消费者发生冲突的因素很多，所以双方发生冲突的原因也多种多样，既有主观因素，又有客观因素。

（1）买卖关系的不对等。营销人员期望把手中的商品卖出去，而不在乎谁是买主；而消费者追求的是称心如意的商品，在某种程度上说并不管谁是卖主。当卖方竭力推销的商品并不被它的买主欣赏时，买卖不成怨恨生，冲突就有可能爆发。利益的差距也会导致冲突，营销人员希望多销售商品，卖高价多赚钱，而消费者则希望以最低价格购买最满意的商品。生产商、经销商和营销人员对商品或同类商品的生产、销售有较全面的了解，熟知商品的性能、操作或维修，而消费者大多数对商品的销售状况、质量好坏并不十分了解，双方由于信息的不对等，容易发生冲突。

（2）文化背景的不同。营销人员与消费者存在文化差异，价值观也不一样，特别是在国际交往中，双方还存在语言障碍，就可能引起冲突。

（3）心理因素的不信任。消费者和营销人员在个人利益上具有不一致性，使得双方在商业来往的过程中会产生不信任的心理定式。有的营销人员往往认为消费者都是"斤斤计较"或"缺少公德"的，这实际上是一种常见的"职业病"，而有些消费者则会认为营销人员都是态度生硬、蛮不讲理或硬性推销商品等。

（4）销售工作的原因。有的是由于商品质量不过硬，价高质低；有的是由于节假日人群拥挤，营销人员人手不足，消费者等待时间较长；有的是由于消费者要求退换产品，营销人员不愿接受；也有的是由于营销人员违背职业道德，服务态度恶劣，以次充好，引起冲突。

（5）现象预测的差异。无论是消费者还是营销人员，都希望愉快地成交，但买卖双方对交易过程中可能出现现象的预测是不同的，所以对情境的估计程度也不同，如双方的预测结果能否优化实现等。

2. 避免或解除冲突的措施

冲突是商品销售过程中十分不利的影响因素，不仅会影响购买行为的完成，而且会对冲突双方当事人的心理、情绪、行为产生长久的不良影响，同时也会影响企业的形象。因此，必须采取措施，尽量避免或消除购买行为中的冲突。

（1）双方互相体谅。营销人员要发挥吃苦耐劳的精神，处处为消费者着想，树立长远的经营理念，不要为了眼前利益而放弃长远利益。消费者也要"角色互换"，只有尊重别人，才能得到别人的尊重。

（2）隔离冲突双方。当买卖双方有冲突迹象时，可以暂时更换当事营销人员，由另一名营销人员接替其工作；也可以把消费者请到办公室，耐心听取意见。在规劝冲突双方离开时，要注意讲究艺术，避免冲突双方认为自己是祸端而不愿离开。

（3）提高业务能力。营销人员要提高自己的思想修养，提高自我控制能力，在任何情况下都要保持冷静的头脑，即使遇到消费者的无理指责和刻意刁难，也需要平静对待、语言和气，还需要提高自己的业务知识，更好地解决消费者提出的问题，避免冲突发生。

（4）承诺补偿措施。商家做出的保证消费者售后利益的承诺，当商品未达到要求或有其他约定时，经营者要依法维护消费者的合法权益，对于消费者的损失要及时合理地给予补偿、赔偿，不能因小失大，使双方冲突升级。

（5）权威解决。由上级或权威部门在调查研究的基础上，采取强制性措施解决问题，维护消费者的合法权益，树立良好的企业信誉。

（6）仲裁、诉讼解决。由上级或第三方机构（如仲裁、诉讼）调停解决问题，确保公平公正，合理维护双方的权益。

10.2.3 营销人员与消费者的沟通

营销沟通就是企业或营销人员通过一定的媒介向消费者传递和交流消费观念、情感、意向、信息的过程。营销沟通有多种渠道，主要体现为店容店貌、商品陈列、营销服务、导购与咨询、广告宣传等。营销沟通的任务就是促进消费者对企业及其产品的了解，达成交易，取得经济效益与社会效益双赢。

1. 营销人员对消费者心理的影响

营销人员在从事经营过程中所开展的以消费者为中心的活动，并不是一个消极被动地适应消费者需求的行为，而是一个积极主动地创造良好经营环境、满足不同消费者心理活动需求的能动过程。

（1）仪表形象与消费者的心理。消费者对企业的判断和评价往往是从直观形象开始的，规范的着装、端庄的仪容会给消费者以安全、信任、愉快的感觉，对其购买行为具有积极的影响；反之，如果营销人员萎靡不振、蓬头垢面，则难以给消费者留下良好的印象，而只能给使其不快。形象就是宣传，形象就是效益，形象就是生命，营销人员的仪表形象犹如企业的"门脸"，不仅体现了个人精神面貌，而且反映了企业文明经商的公众形象。

（2）言谈举止与消费者的心理。营销人员的言谈举止主要是指在接待消费者的过程中语言的声调、音量、语速，语句的恰当、准确，以及站立、行走、表情、动作等。良好的言谈举止能够给消费者以亲切的感觉，有利于缩小与消费者之间的距离感。在接待消费者的过程中，营销人员的言谈举止往往会直接影响消费者的心理活动。一般来说，营销人员言谈清新文雅、举止落落大方、态度热情持重、动作干脆利落，会给消费者以亲切、愉快、轻松、舒适的感觉；反之，营销人员举止轻浮、言谈粗鲁，或者动作拖拉、漫不经心，则会使消费者产生厌烦心理。

（3）服务方式与消费者的心理。在营销活动中，营销人员应关心、热爱、尊重顾客，一切为消费者着想，真正从职业素养上认识到"消费者永远是对的"。他们需要根据消费者的不同个性特点及需求，适时地向消费者展示商品，有针对性地进行现场演示，更多地向消费者传递有关商品的信息，诱发消费者产生积极联想，必要时还可以帮助消费者进行决策，主动做好消费者的参谋。主动、热情、方便、周到、优质的服务不仅可以吸引更多的消费者，而且能有效地消除消费者的各种疑虑，从而使消费者对企业进行积极的评价，提高企业的竞争能力，对实现重复购买起到积极的促进作用。

2. 消费者对营销人员心理的影响

消费者需求的多样性、层次性、伸缩性、发展性等特点，直接影响营销人员的个性心理特征和情感发展，营销人员要与时俱进，不断提高自身业务素质、专业能力，以便适应新的消费模式。

（1）明确需求与指导的能力。营销人员应能分辨不同消费者群体的不同需求，善于根据消费者的穿着打扮判断其身份和爱好，从消费者的言谈举止上分析、判断其个性心理特征，全面综合地观察消费者，确定其购买意图，从而根据这些不同的特点采取有针对性的服务。大部分消费者在购买活动中表现出的非理智性特点，要求营销人员具有充分的商品知识来应对，营销人员不仅要了解商品的一般性知识，而且要了解其专业知识，懂得识别、挑选、使用商品及简单的维修常识。

（2）提高适应能力与修养水平。在经营活动过程中，消费者在态度、兴趣、能力、气质与性格等个性方面存在一定的差异性，而营销人员也有自身的个性特征。这就要求营销人员一方面要以消费者为中心，处处体现企业的经营观念，努力提高自身的适应能力，适应不同个性消费者的心理特点，尽可能地减少与消费者之间的冲突；另一方面，要努力在经营活动的实践中，规范自己的职业行为，树立营销人员良好的职业道德。

（3）加强注意力与沟通能力。营销人员经常同时面对数名具有不同购买动机的消费者，为了节省消费者的等待时间、提高接待消费者的效率，营销人员必须具有较强的注意力，做到在没有差错的前提下至少同时接待3名消费者。另外，由于动机存在的内隐性，营销人员难以正确判断消费者的真实购买动机，这就要求他们具有较强的语言表达能力，善于通过与消费者的语言交流，引导消费者流露出真实的购买动机，以便有针对性地采取措施，为消费者提供满意的服务。

（4）摆正位置与改进、创新服务。在消费者与营销人员的互动过程中，消费者的一言一行都对营销人员的情感过程产生明显的影响。消费者对购物的认真与执着，以及对商品知识的研究与掌握，可能有助于强化营销人员的敬业精神和岗位责任感；消费者的文明、热情、礼貌，可能使营销人员心情愉悦，获得尊重心理需求的满足；交易的成功和消费者对营销人员的尊重和感谢，可能使营销人员受到激励，获得一种成功感。而消费者的反复挑选，可能使营销人员出现厌烦感；消费者的挑剔或出言不逊，可能使营销人员感到心中不快，甚至恼羞成怒，无端与消费者发生冲突。这就要求营销人员能摆正位置，消费者的需求和期望不是一成不变的，要根据消费者的动态变化去不断改进、创新服务方式，使其转变为现实的忠诚消费者。

3. 营销人员与消费者的沟通技巧

营销人员与消费者的心理沟通直接影响企业经营优劣。如果双方情感融洽、心情愉快，一方面能够促进成交，提高消费者的满意度；另一方面，即使没有成交，也会使消费者对企业产生良好的印象，为以后实现购买创造了条件。

（1）技巧性。商品介绍要清楚、准确，语言要清晰、准确无误，使消费者易于理解，并应当用消费者易懂的语言介绍。若营销人员对一名不懂行的消费者谈论技术细节，满口技术名词，会使消费者不知所云、印象模糊、兴趣全无。在回答消费者的异议时，应避免使用"大概如此""也许""可能"等模棱两可的词，以免引起消费者的不信任。

（2）针对性。营销人员应当根据消费者的不同性格和需求心理"对症下药"，只有针对性地说服，才能诱发消费者的购买动机。

（3）参与性。销售是买卖双方的事，应引导、鼓励消费者发表自己的意见，请消费者动手试用商品。相关调查显示，若营销人员只是单方面地讲述，而消费者只是单方面地"耳听"，事后讲述内容在消费者的脑海中只能留下10%的印象，而让消费者发表意见，给消费者的印象则会深刻得多。

（4）情理性。晓之以理，就是理智地帮助消费者算细账，向消费者详细指出使用所购商品能够得到多少益处，从而确信自己的决策是合理的。动之以情，就是营销人员努力渲染气氛来打动消费者，激发其购买欲望，从而采取购买行动。相关研究表明，消费者的购买习惯遵循一个"90：10"的规律，即感情的分量与理智的分量分别占90%和10%，消费者的许多购买行动绝非深思熟虑的结果。

10.2.4 营销人员接待消费者的技巧

营销人员接待消费者的技巧与消费者的购买心理活动是密切联系的，针对消费者的心理需求，他们应掌握各阶段的接待技巧。

1. 消费者进店购买动机的类型

消费者到商店购买商品，从观察店容到感受商品、询问、挑选直至成交，在这个过程中的表现多种多样。消费者进店购买动机大致有以下 3 种类型。

（1）有明确购买动机的消费者。消费者事先有确定的购买目标，临近柜台眼光集中，或明确表示来意，指定品名购买。对于这类消费者，营销人员要主动招呼先行接待，尽量让他们减少等候的时间。

（2）无明确购买动机的消费者。消费者无具体的购买计划，也无确定的购买目标，只是抱着碰运气、希望能买到某种商品的想法进店，主要表现为神情自若，东瞧西看环视商品，临近柜台也无明确购买要求。对于这类消费者，营销人员应让其任意观看，把握接近良机，伺机向其介绍商品，加强其购买欲望，使其由潜在购买者变为现实购买者。

（3）无购买动机的潜在消费者。消费者根本没有打算购买任何商品，进店后缓步浏览商品，甚至对商店工作加以评论。对于这类消费者，如果他们不临柜，就不必急于接触，但应随时注意其动向。当其突然停步查看商品或在柜台前缓慢地观察商品时，营销人员就应适时地与其接触，主动打招呼，并询问其要买什么东西，这样做有可能使他们转变为潜在购买者或现实购买者。

2. 营销人员接待消费者的技巧与方法

（1）正确判断消费者进店意图，抓住时机接近。首先，要判断消费者的来意，抓住与消费者搭话的时机，这些时间包括：消费者长时间地凝视某一商品的时候；消费者目光离开商品抬起头的时候；消费者突然止住脚步，盯着某一商品的时候；消费者用手触摸商品的时候；消费者在四处搜寻什么的时候；消费者与营销人员迎面相视的时候；消费者欲向营销人员询问的时候。"接近客户的最初 30s，决定了销售的成败"，这是成功的营销人员共同的体验。其次，要推销自己，让消费者信任你、尊重你、接受你。营销人员若要让消费者产生好感，就要注意服饰、言谈举止、礼节。营销人员获得了消费者的信赖和认同，就会拉近与消费者的距离，便于沟通和交流，为接待工作奠定基础。

（2）适时展示商品，激发消费者的购买兴趣。营销人员在与消费者接触，了解到消费者的购买指向后，就应及时向他们展示并介绍商品。展示商品可以引起消费者的联想，刺激其购买欲望。展示商品要遵循 4 条原则：一是使用状态示范，根据消费者的意愿展示商品，通过实际使用商品，激发其浓厚的兴趣，给其留下较深刻的印象；二是感受体验商品，如试驾、试穿、亲自品尝等；三是陈列多样化，如醒目陈列、重点陈列、专题陈列、连带陈列、艺术陈列法等；四是展示举止规范，营销人员在展示商品时，要注意展示的动作、语调与神态，给消费者创造融洽的气氛，激发其购买欲望。

（3）正确启迪与诱导，刺激消费者购买欲望。在购买过程中，消费者对商品有满意与不满意、喜欢与讨厌、默许与怀疑等不同的感情态度。营销人员给予消费者正确的启迪与诱导，可以采取以下方法：一是强调优点，为了满足消费者反复权衡利弊的心理需求，要站在消费者的立场委婉、如实地解释商品的优缺点；二是产品知识，重点介绍商品的有关知识，消除消费者的疑虑，增强消费者的购买信心；三是优势比较，让消费者对同类产品进行比较，给予其较多的思考机会，避免其产生价格上的心理阻碍，满足其求方便、求实惠的心理；四是感受体验商品，尽可能让消费者体验目标商品的好处，如进行试听、试穿、试戴、试尝等，满足消费者对商品实际使用效果的深入理解；五是个性化需求，根据不同购买对象的购买心理，在启迪与诱导购买过程中，消费者会产生这样那样的抱怨，营销人员要正确处理好消费者的抱怨。

处理消费者抱怨可以采取以下措施：消费者并非总是正确的，但让消费者认为他们是正确的往往很有必要，也值得去做；要以真诚、友好的态度对待消费者的抱怨，不要视为对自己工作的指责与刁难，注意收集信息；认真听取消费者的抱怨，让消费者把怨气不满发泄出来，对不合理之处最好用婉转的语言解答，待消费者理智平静后再商谈；站在消费者的立场来看待消费者的抱怨，以便做出正确的判断、处理。

（4）加深消费者对商品的印象，促进其购买行为。消费者感知商品、比较选择之后，营销人员就应帮助其确立购买信心，促进其采取实际的购买行动。这一步通常是在消费者购买过程中"比较评价"和"采取行动"两个阶段之间进行的。营销人员必须抓住机会加深消费者对欲购商品的信任，坚定其购买决心。促使消费者购买商品的动力多种多样，有来自内部的动力，也有来自外部的动力。当消费者购买心理上产生矛盾冲突，下不了购买决心时，营销人员应有意识地促进购买行为，善于向消费者提供诱发需求的引导，强化商品的综合吸引力，促进其购买行动。例如，营销人员将商品在社会流行和畅销的状况、其他消费者对商品的评价意见、自身试用和观察获得的资料等信息传递给消费者，或者将商品售后服务的有关项目与方法、商店的经营传统、服务精神和信誉保证等方面的要点反映给消费者，也可以向消费者身旁的陪同人士征求意见，让他们也发表见解。在柜台服务中，要注意了解消费者家庭成员或有关人员对购买决策的影响力，这对促进销售是很有帮助的。要确切地分辨出多名消费者中谁对购买决策的影响力最大并不容易，一般情况下，购买家电类商品时，男性的意见影响力大些；青年伴侣消费时，女性的意见影响力大些。诸如此类的外部动力，往往对消费者购买行为产生很大甚至决定性的影响。

（5）办妥成交手续，话别送行消费者。消费者购买信心的确立，表现为将购买的决定转化为现实。一般来说，这是柜台接待的最后一步，主要工作就是包装结算，往往在消费者购买过程中"采取行动"和"购后感受"两个阶段之间进行。

消费者选定商品并决定购买后，营销人员首先应表达谢意，对其明智的选择给予恰当的赞许、夸奖，增添达成交易带给双方的喜悦气氛。然后进行商品的结算和包装工作，结算必须严肃认真、清楚准确，包装商品要力求安全牢固、整齐美观、便于携带、快捷妥当。包装前还要注意对商品进行严格的检查，如有破损或脏污，应另换商品给消费者重选；同时，还应当主动征求消费者对商品包装的要求，采取适应消费者的携带习惯、使用习惯、购买目的和某些心理需求的包装方法。包装时要小心轻放、不错包、不漏包，尽可能在消费者的面前包装，使其更为放心；交付商品时应稳当慎重、亲切文雅，并关照注意事项，表达感谢光顾与欢迎惠顾的情感言语。

这一步虽然是服务的最后一步，但如果做得不好，会前功尽弃，破坏购买行为的完成，甚至给消费者留下不良的印象。因此，营销人员应以温和的态度和高超的技术来接待消费者，使消费者自始至终在融洽和谐的交易氛围中满足购买的欲望。

与相关课程的联系

商务谈判、谈判与沟通、谈判技巧等课程关键就是如何提高沟通技巧、化解障碍和异议、达成交易。

任务3 掌握拒绝购买态度的分析与转化

10.3.1 拒绝购买态度的形成

1. 拒绝购买态度的概念

拒绝购买态度是指消费者在接受外部刺激后，会逆刺激方向和强度，改变行为方向，做出相反决策，引起反感、抵触、排斥的心理。在一般情况下，消费者在购买过程中经过对商品的观察和了解，特别是对商品进行接触、比较和选择后，以及在营销人员的介绍、启发下，会不断加深对商品的认识程度，从而产生一定的购买欲望，进入"选择评价"阶段直至购买行为的完成。然而，有时消费者尽管已对商品有心理需求与购买动机，但在多因素综合作用下，最终改变行为方向，终止购买行为。

消费者拒绝购买主要由认知、感情和行动构成心理表现。例如，消费者对某一商品有看法（认知性因素），认为商品质量不好、价格又高，便感到很不满意（情感性因素），由此对商店提出意见，不买就离开（行为性因素）。

2. 拒绝购买态度形成的原因

从消费者的心理特性和经营活动中的客观情况来分析，消费者拒绝购买的原因，既有来自外在的刺激因素，也有来自内在的刺激因素。在购买活动中，引起消费者拒绝购买的因素是复杂多样的：一是个人因素，如个性心理特征、需要、动机、情感和意志，以及消费习惯、消费水平、消费观念等；二是社会因素，如政治、经济、文化、伦理道德、价值观等；三是产品因素，如性能、价格、款式设计、色彩、使用方法、整体风格等；四是营销因素，如环境气氛、销售方式、服务态度、广告宣传、售后服务等；五是其他因素。在多种因素中，商品品质的影响力是最主要的。

10.3.2 拒绝购买态度的类型

消费者拒绝购买的态度，根据强弱、深浅的程度不同，可以分为不同的类型。而从购买心理的角度分析，拒绝购买态度的类型主要有一般的拒绝、真正的拒绝和隐蔽的拒绝3种，下面重点介绍。

1. 一般的拒绝

一般的拒绝是指消费者虽然拒绝购买某一商品，但不是经过深思熟虑做出的决定，而是随意性地做出初步决定。在购买活动中，有的消费者对某一商品虽有一定的购买欲望，但没有明确的购买目标，购买信心不足；有的消费者通过认知活动和感情活动，对商品的质量、性能、款式等不太认可，不能完全满足其需求；有的消费者购买需求不紧迫，因而在买与不买的心理状态之间徘徊，由此做出拒绝购买的一般决定。但是，由于产生这种态度的消费者已具有一定的购买欲望，对商品也有一定的认知，如能采取适当的心理方法，促成其购买态度的转变是有可能的。

2. 真正的拒绝

真正的拒绝是指消费者拒绝购买某一商品，经过认知、比较、评价、决策等心理活动而采取的最后决定。在购买活动中，有的消费者对某一商品根本没有需求；有的消费者由于对商品认知产生偏见，对其安全、效能等极不信任等，自然会采取真正的拒绝行为。要转化这种拒绝购买的态度一般比较困难，但也不是完全没有转化的可能性。

3. 隐蔽的拒绝

隐蔽的拒绝是指消费者拒绝购买某一商品，但出于某种心理需求不把真正的原因说出来，其拒绝购买的理由是不真实的，甚至有时是违心的。消费者隐蔽的拒绝的理由大致有5种：一是购买能力不足，出于自尊心理不愿意说出是价格的原因；二是对商品的认知程度低；三是购买的欲求不强；四是对商品或服务的某个方面印象不好；五是购买者或使用者之间意见不一致，难以做出购买决定等。可见，隐蔽的拒绝的理由也是多种多样的，对于这类拒绝行为，营销人员若能迅速、准确地判断其拒绝购买的真正原因，因势利导，是有可能转变的。

10.3.3 拒绝购买态度的转化

在营销服务中,遇到消费者拒绝购买时,关键的问题在于转化消费者的购买态度。转化消费者的购买态度一般遵循两个基本指导原则:一是转变购买态度的方向,使拒绝购买的态度转变为实行购买的态度,如以信任感取代疑虑心理、以满意感取代厌恶情感、以赞同行为取代反对行为等,由此促成购买态度的根本性转变,实现促销的目的;二是转变购买态度的强度,使拒绝购买态度由强向弱转化,如由强烈反对变为稍微反对、由极不满意变为不太满意等,这种购买态度的转变,虽然大体方向没变,但对消费者的心理有影响,对延期实现购买也会产生一定的效应。

1. 一般的拒绝购买态度的转化

一般的拒绝购买的消费者往往对商品缺乏全面、深入的认知,采取的是初步决定,其拒绝的态度还不是很坚决。因此,营销人员应着重向这类消费者多提供商品的新知识,改变他们对商品的心理印象,使其转化拒绝购买态度。对于这类消费者采取的方法:一是加强对消费者的教育与指导,灌输商品新知识,提高商品吸引力;二是帮助消费者确认需求;三是积极充当消费者的参谋。这些工作如果做得好,即使不能实现立即的行动转化,也可能实现延期购买。

2. 真正的拒绝购买态度的转化

真正的拒绝购买的消费者通常做出的是最后的决定,要转化这种态度不太容易。如果这类消费者对某一商品根本没有需求,或商品由于款式过时、花色老套、质量低劣而引起他们的反感与抵制,要改变他们的行动倾向,使其由对商品的不喜欢转变为喜欢,是难以实现的。对于这类消费者采取的方法:一是转移其注意目标,创造新需求与兴趣,介绍其希望了解的商品;二是创造宽松的环境,减轻其心理压力;三是耐心细致地服务,给其留下良好的印象。如果营销人员认为还有转变态度的可能,则应尽力消除其心理障碍;如果发现不可能转变其态度,可以与其交谈他们乐意谈及的话题,以避免形成僵局,不欢而散,进而产生负面效应。

3. 隐蔽的拒绝购买态度的转化

对于隐蔽的拒绝购买的消费者,应尊重其心理需求,强化商品的物理性能与心理功能,增强其购买意愿。这种原因复杂多样,在处理时应更为慎重,不宜乱猜测、硬说服,因为有些心理现象也难以了解和解释。但应看到,这类消费者都具有一定的购买需求,只要正确引导,加强其购买意愿,也有可能转变其拒绝购买的态度。对于这类消费者采取的方法:一是对消费者拒绝购买的隐蔽理由不应当面指出,买与不买是消费者的权利,更不应讽刺、嘲笑和挖苦;二是对消费者以某种不恰当理由而拒绝购买的情况,不应与其发生争吵,也不要盲目附和,以免造成消费者对商品的不良印象;三是要信心十足地展示商品的物理性能与心理功能,增强消费者购买信心、意愿,只有信心十足而准确地解答消费者的疑难问题,才能使其比较全面、正确地认知商品的物理性能;四是营销人员应从情感与形象塑造方面去介绍商品,运用易于消费者理解、引起联想的说明方法,明示或暗示商品的心理功能,满足消费者的心理需求,逐渐转变消费者不信任或不太信任的态度。

总之,消费者一次拒绝购买不是永远的拒绝,要动态、辩证地看待,一次接待不成功,要为下一次接待的成功打好基础。对消费者拒绝购买态度的转化与排除是一项非常复杂的工作,营销人员要学会运用恰当的心理方法,不断提高接待艺术,努力满足消费者的需求,争取更大的经济效益与社会效益。

自测试题

一、单项选择题

1. ( )是营销人员针对消费者购买主导动机指向,运用各种手段和方法,向消费者提供商品信息,使消费者购买动机强化,进而采取购买的过程。
   A. 热情接待　　　　　　　　　　B. 诱导
   C. 信息　　　　　　　　　　　　D. 展示

2. 以下选项不是影响消费者情绪的因素是( )。
   A. 营业环境的物理条件　　　　　B. 国庆放假
   C. 消费者的心理准备　　　　　　D. 服务人员

3. 如果你在购买牙膏、牙刷等生活必需品时的购买决策主要依据经验和习惯,较少受广告宣传和时尚的影响,在购买过程中也很少受周围气氛、他人意见的影响,那么你的购买类型属于( )。
   A. 习惯型　　　　　　　　　　　B. 冲动型
   C. 疑虑型　　　　　　　　　　　D. 理智型

4. 对于消费者满意表现叙述错误的是( )。
   A. 消费者满意是消费流行的方式
   B. 消费者满意是提高企业获利能力的重要途径
   C. 消费者满意有利于形成良好的口碑
   D. 消费者满意是消费者重购的基础

二、多项选择题

1. 营销服务是指商品在销售前后为最大限度地满足消费者需求而采取的各种措施,按照服务时间分为( )。
   A. 售前服务　　　　　　　　　　B. 售中服务
   C. 售后服务　　　　　　　　　　D. 个性化服务

2. 售中服务是在商品销售成交过程中所提供的各种服务工作,其主要内容包括( )。
   A. 介绍商品　　　　　　　　　　B. 充当参谋
   C. 付货与结算　　　　　　　　　D. 柜台服务

3. 公共关系心理是指与公共关系行为及公共关系活动相关的心理现象,其基本特征是( )。
   A. 可知性　　　　　　　　　　　B. 情感性
   C. 自利性　　　　　　　　　　　D. 广泛性

4. 从购买心理的角度分析,拒绝购买态度的类型主要有( )。
   A. 一般拒绝　　　　　　　　　　B. 真正拒绝
   C. 隐蔽拒绝　　　　　　　　　　D. 无理拒绝

三、简答题

1. 售前、售中、售后服务的策略有哪些?
2. 怎样从心理学的角度去解决营销人员与消费者的冲突?
3. 营销人员应该怎样接待消费者?

四、论述题

1. 举例说明公共关系心理策略的运用。
2. 论述消费者拒绝购买态度的类型有几种,以及如何进行转化。

五、案例分析题

推销员小李曾经是一家报社的职员。他刚到报社当广告业务员时,不要薪水,只按广告费抽取佣金。他列出一份名单,准备去拜访一些很特别的客户。

在去拜访这些客户之前,小李走到公园,把名单上的客户念了100遍,然后对自己说:"在本月之前,你们将向我购买广告版面。"

在第一个星期里,他和12位"不可能的客户"中的3人谈成了交易;在第二个星期里,他又成交了其中的5笔交易;到第一个月的月底,这12位客户中只有1位还不买他的广告。

在第二个月里，小李没有去拜访新客户，每天早晨只要那位拒绝买他广告客户的商店一开门，他就进去营销，而这位客户每次却回答"不！"每一次当这位客户说"不"时，小李假装没有听到，然后继续前去拜访。直到那个月的最后一天。对小李已经连着说了30天"不"的客户说："你已经浪费了1个月的时间来请求我买你的广告，我现在想知道你为何要这样做？"小李说："我并没浪费时间，我等于在上学，而您就是我的老师，我一直在训练自己的自信。"这位客户点点头，接着小李的话说："我也要向你承认，我也等于在上学，而您就是我的老师。你已经教会了我坚持到底这一课。对我来说，这比金钱更有价值，为了向你表示感激，我要买你的一个广告版面，当作我付给你的学费。"

分析：

1. 营销人员应怎样对待顾客的拒绝意见？
2. 联系实际，谈谈营销人员应具备哪些素质。

项目实训

1. 以3～5人为一组，到商场的某一柜台附近观察，注意隐蔽性和不要影响他人，总结营销人员的售前、售中、售后服务的策略有哪些优缺点。
2. 调查同学最近的消费活动中是否有拒绝购买行为，分别属于什么类型？原因是什么？营销人员采取什么方法可能转化或降低拒绝购买态度？

课后拓展

1. 上网收集营销人员与消费者沟通技巧方面的内容，进行学习和练习，提高沟通能力。
2. 结合党的二十大报告中"治国有常，利民为本。为民造福是立党为公、执政为民的本质要求"精神，谈谈如何提高服务意识和能力，更好地为顾客服务。

项目 11 跟上消费心理学的发展步伐

【学习指导】

学习重难点	学习重点	消费心理的发展变化、电子商务消费心理策略、绿色消费心理策略和消费者心理保护
	学习难点	
学习目标	知识目标	掌握消费者消费心理和行为的变化、电子商务消费心理特征、绿色消费及"5R"原则、影响绿色消费的因素,以及消费者权益及保护方法
	能力目标	运用消费者的心理变化、电子商务消费心理策略和绿色消费心理策略进行有效营销,并掌握消费者心理保护的具体措施

【思维导图】

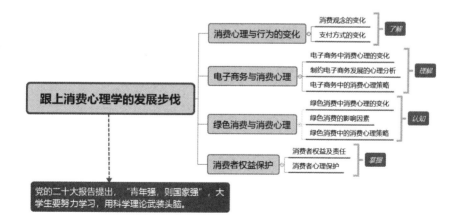

> **【导入案例】**
>
> 一项调查研究表明,当前消费者的消费心理出现了很大的变化,人们在购买行为上出现了"十买、十不买"的现象。
>
> "十买":名牌、质高、价格适中的商品买;新潮、时代感强的商品买;新颖别致、有特色的商品买;迎合消费者喜庆、吉祥心理的商品买;名优土特商品买;拾遗补缺商品买;卫生、方便、节省时间的商品买;落实保修的商品买;价廉物美的商品买;日用小商品买。
>
> 十不买:削价拍卖商品不买;宣传介绍摆"噱头"的商品不买;不配套服务的商品不买;无特色的商品不买;缺乏安全感的商品不买;一次性消费的商品不买;无厂家、产地、保质期的"三无"商品不买;监制联营商品不买;粗制滥造商品不买;不符合卫生要求的商品不买。
>
> 由此可见,近年来人们的消费心理和行为明显更加理性化。
>
> **思考:**
>
> 消费者在购买行为中出现"十买、十不买"的原因何在?请运用自我观察法剖析个人消费心理的特点。

党的二十大报告指出,"必须坚持在发展中保障和改善民生,鼓励共同奋斗创造美好生活,不断实现人民对美好生活的向往"。在不同社会时期,人们的消费心理与行为具有不同的特点。随着我国经济水平的提高、家庭结构的变化、人们需求的多样化,消费心理与行为与以前相比发生了很大的变化。

任务 1　了解消费心理与行为的变化

11.1.1　消费观念的变化

随着我国经济的发展,居民收入大幅度增长,市场商品供应充足,商品短缺现象已成为历史,市场形势由此发生了重大的变化,买方市场基本形成。当消费者面对琳琅满目的商品时,消费心态、消费价值观和消费行为都发生了巨大的变化。

1. 消费热点的变化

对于消费热点,有专家分析指出,居民消费将逐步进入新一轮消费周期。其主要标志是家电在农村普及,住房、轿车、计算机逐步进入普通居民家庭,即农村从百元级向千元级、万元级消费发展;城镇居民消费从千元级向万元级、十万元级消费发展;消费倾向从吃与穿到住与行,从商品类到服务类。

2. 消费心理的变化

(1)面子心理。很多消费者有极强的面子情结,在面子心理的驱动下,他们的消费会超过甚至大大超过自己的购买或支付能力。营销人员可以利用消费者的这种面子心理,找到市场、获取溢价,从而达成销售。例如,营销人员往往通过夸奖消费者的眼光独到或赞美消费者所选商品与其非常相配,让消费者感觉大有脸面,从而达成销售。

(2)从众心理。从众是指个人的观念与行为由于受群体的引导或压力而趋向于与大多数人相一致的现象。消费者在很多购买决策上,会表现出从众心理。例如,购物时喜欢到人多的商场;在选择品牌时,偏向那些市场占有率高的品牌;在选择旅游景点时,偏向热点城市和热点线路。

(3)推崇权威。消费者推崇权威的心理,在消费形态上,多表现为决策的情感成分远远超过理智。这种对权威的推崇往往引诱消费者无理由地选用权威所消费同款商品,进而把消费对象人格化，从而促成商品销售。在现实中，营销人员对消费者推崇权威心理的利用比较多见，如利用消费者对名人的推崇，找名人代言做广告。

（4）爱占便宜。"便宜"与"占便宜"不一样：价值超过50元的东西50元买回来，那叫便宜；标价100元的东西50元买回来，那叫占便宜。很多消费者不仅想占便宜，而且希望"独占"，这就给了商家可乘之机。例如，营销人员所说的"马上要下班了，一分钱不赚卖给你！"这种话隐含如下信息：只有你一人享受这样的低价，便宜让你一人独占了。面对这种情况，消费者鲜有不成交的。其实，消费者并非想买便宜的商品，而是想买占便宜的商品，这就是买赠与降价促销的关键区别。

（5）害怕后悔。有的人在做决定的时候会有恐惧感，生怕做错决定，生怕花钱是错误的。消费者购物之后出现的怀疑、不安、后悔等负面心理情绪，会引发不满的行为。例如，国美电器针对消费者的这种心理，提出了"买电器，到国美，花钱不后悔"的口号，并将其作为店外销售语。

（6）心理价位。任何商品都有一个心理价位，高于心理价位就超出了消费者的预算范围，低于心理价位就会让消费者对商品的品质产生怀疑。了解消费者的心理价位，有助于营销人员为商品制定合适的价格，有助于达成交易。以服装销售为例，消费者在一番讨价还价之后，如果最终价格还是高于其心理价位，可能不会达成交易；消费者初次询问价格时，如果营销人员报价远高于其心理价位，消费者可能懒得再问扭头就走。

（7）炫耀心理。消费者的炫耀心理，在消费形态上，多表现为商品带给消费者的心理成分远远超过实用的成分。正是这种炫耀心理，催生了所谓的高端市场，如一些非常有钱的人为了炫耀其极强的支付能力，往往会购买价值几千甚至上万的名牌手袋。

（8）攀比心理。消费者的攀比心理是指消费者基于对自己所处的阶层、身份及地位的认同，选择以所处阶层人群为参照而表现出来的消费心理。相比炫耀心理，消费者的攀比心理更在乎"有"，即你有我也有。例如，在购买手机的时候，有的同学看见其他同学购买高端手机，也要求自己的父母给自己购买高端手机。营销人员可以利用消费者的攀比心理，有意强调消费者的参照群体的消费行为来达成销售。

（9）投机心理。投机心理也称赌博心理，是一种凭着侥幸、运气，期望在尽可能短的时间内获取尽可能大的收益的心理。例如，在经济条件允许的情况下，很多人都进行投资理财，以期获取更多的经济利益。而在利益的驱使下，不少人开始了非理性投资理财，投机心理逐渐膨胀，时刻梦想"一夜暴富"。

（10）占有心理。商品价值的大小主要体现在商品的使用价值上。有些消费者购买商品，并不关注商品的使用价值，而是在乎能否拥有或占有商品。例如，房子本来就是用来居住的，但很多能力有限的消费者不愿意少花钱租赁住房，宁可当"房奴"也要贷款购买，其目的主要是拥有，这是消费者的占有心理在作怪。

11.1.2 支付方式的变化

1. 电子货币异军突起

在传统交易中，一般"一手交钱，一手交货"，使用的是传统意义上的货币。随着互联网和电子商务的快速发展，传统意义上的货币的使用频率在逐步降低，电子货币作为新的支付手段，越来越被消费者广泛接受和使用。

电子货币是指用一定金额的现金或存款从发行者处兑换并获得代表同等金额的数据，通过使用某些电子化方法将该数据直接转移给支付对象，从而清偿债务的支付方式。电子货币以计算机技术为依托，可以进行储存、支付和流通。

如今，小到购买日用品，大到买房、购车，消费者携带纸币的数量越来越少，网上支付或刷卡消费被广泛使用。

2. 移动支付发展迅猛

2012年，以"金融移动支付标准正式确立"为重要标志事件，被业界认定为移动支付发展的"新元年"，商业银行、支付机构、电信运营商和终端提供商等各路大军均加大投入力度，争抢和拓展移动支付市场。

移动支付也称手机支付，是指交易双方为了某种商品或服务，以移动终端设备为载体，通过移动通信网络实现商品交易。移动支付所使用的移动终端一般是手机、平板电脑等终端设备。

移动支付主要分为近场支付和远程支付两种。近场支付是指用手机刷卡的方式支付，如坐公交车、买东西等，非常便利。远程支付是指通过发送支付指令（如网银、电话银行、手机支付等）或借助支付工具（如通过银行卡、红包等进行转账汇款）进行的支付方式。

随着手机用户的激增，各种移动支付平台不断建设和发展，预计在不远的将来，移动支付将成为新一代的支付领军手段。

消费者的消费心理和行为除了上述一些变化，消费习惯也发生着变化，先花钱后还款，贷款、按揭消费的现象越来越多；而且，随着电子商务的发展，消费者更加追求便利性消费，在绿色浪潮的冲击下，更加重视自身健康，自我保护意识也越来越强。

课堂互动

很多人都有网购的经历，也都进行过网上支付。电子支付在给我们带来便利的同时，也存在一定的风险，请大家归纳一下这些"便利"和"风险"。

与相关课程的联系

电子商务概论、电子商务支付等课程将介绍电子支付的具体方法。

任务2　理解电子商务与消费心理

人们通常把基于互联网平台进行的商务活动统称电子商务，"电子商务"的英文为"Electronic Commerce"，一般简称"E-commerce"或"EC"。由于互联网具有全球性、开放性、即时性、全天候、虚拟性等特征，消费者面对迅速发展的电子商务，相比传统的商务活动，其消费行为和心理也在发生剧烈的变化。

11.2.1　电子商务中消费心理的变化

电子商务有广义和狭义之分。广义的电子商务是指使用各种电子工具从事商务活动；狭义的电子商务是指主要利用互联网从事商务或活动。

电子商务的范围涉及人们生活的各个领域，可应用于小到家庭理财、个人购物，大到企业经营、国际贸易等诸多方面。那么，消费者为什么选择网上购物？网上购物的行为特征是什么？

网上购物的消费心理如何？企业有哪些服务利器，怎样才能满足消费者的需求并赢得消费者的青睐？

1. 电子商务消费心理的变化

营销发生变革的根本原因在于消费者，尤其是随着市场由卖方垄断向买方垄断转变，消费者主导市场的时代已然来临。面对更加丰富的商品选择，消费者的心理与以往相比呈现出新的特点和发展趋势，这些特点和趋势在电子商务中表现得更为突出。

（1）追求文化品位的消费心理。消费动机的形成受制于一定的文化和社会传统，一般具有不同文化背景的人会选择不同的生活方式与商品。国外有人认为，人们将来用的是瑞典的家具，吃的是美国的汉堡，喝的是意大利的咖啡，听的是英国的摇滚乐，开的是韩国的汽车。尽管这些描述过于偏激，不为大多数人所理解和接受，但无疑在互联网时代，这些描述揭示了文化的全球性和地方性并存。文化的多样性带来消费品位的强烈融合，使人们的消费观念受到强烈的冲击，尤其青年人对以文化为导向的商品有着强烈的购买动机，而电子商务恰好能满足这一需求。

（2）追求个性化的消费心理。今天，大多数商品无论在数量上还是在质量上都极为丰富，消费者一般都能根据个人心理挑选和购买商品或服务。现代消费者往往富于想象力、渴望变化、喜欢创新、具有强烈的好奇心，对个性化消费提出了更高的要求。他们所选择的已不再单是商品的使用价值，更希望自己所选商品与众不同，能充分体现个体的价值，这甚至成为他们消费的首要标准。可见，个性化消费俨然成为现代消费的主流，如消费者可以很方便地在海尔的网站上订购定制的家电产品，在联想的网站上订购自己选配的笔记本电脑。

（3）追求自主、独立的消费心理。无论是在对商品或服务需求的表达上，还是在信息的搜集或售后的反馈上，在网络环境下消费者的主动性都大大增强。消费者不再被动接受厂商提供的商品，对传统的单项"填鸭式""病毒式"营销也感到厌倦和不信任，而且会根据自己的需求主动上网搜索，甚至通过网络联络厂商根据自己的需求或准则量身定做商品，从而满足自己的个性化需求。

（4）追求表现自我的消费心理。网上购物是出自个人消费意向的积极行动，消费者通常会花费较多的时间到网上的虚拟商店去浏览、比较和选择。网上购物独特的购物环境和与传统的交易过程截然不同的购买方式，会引起消费者的好奇和个人情感变化。这样，消费者完全可以按照自己的意愿向商家提出挑战，以自我为中心，甚至根据自己的想法行事，在消费过程中充分表现自我。

（5）追求方便、快捷的消费心理。对于惜时如金的现代人来说，购物时的即时、便利、随性显得尤为重要。传统的商品选择过程短则几分钟，长则几小时，再加上往返路途的时间，消耗了消费者大量的时间和精力，而网上购物则弥补了这个缺陷。相关调查数据表明，基于节省时间进行网上购物的人数占网络消费总人数的一半以上。

（6）追求躲避干扰的消费心理。现代消费者更加注重精神的愉悦、个性的实现、情感的满足等高层次的需求，希望在购物时能随便看、随便选，保持心理状态的轻松、自由，最大限度地满足自尊心。但是，店铺式的购物环境提供的销售服务常常对消费者构成干扰和妨碍，有时过于热情的服务甚至会吓跑消费者。

（7）追求物美价廉的消费心理。尽管营销人员倾向于通过差别营销来降低消费者对价格的敏感度，但价格始终是消费者最关注的因素。网络店铺比起传统商店来说，能使消费者更加直观地了解商品，消费者能够精心挑选和货比三家，而且价格也比传统商店便宜。

（8）追求时尚商品的消费心理。现代社会新生事物不断涌现，消费心理受到这种趋势带动,稳定性不断降低,在心理转换速度上与社会发展同步,往往在消费行为上表现为需要及时了解和购买最新商品,致使产品生命周期不断缩短。产品生命周期的不断缩短反过来又会促使消费者的心理转换速度进一步加快,而传统购物方式已不能满足这种心理需求。

2. 电子商务消费心理的特征

电子商务由于网络媒介的特殊性,除了具备一般的购买特征,还具有以下6个特点。

(1) 自主选择权——我的地盘我做主。电子商务消费者主要是年轻一代,他们个性鲜明,追求时尚,习惯于主动选择。这种选择权源自媒体从单向传播的电视向双向互动的互联网的转变。在电视时代,限于传播内容和传播方式的单向,人们缺乏足够的选择权,往往只能在几个电视频道之间徘徊,而互联网时代的情形则大不相同。从某种意义上讲,网络提供了一个无限选择的世界,人们可以根据各自的兴趣主动搜索并选择信息。消费者可以对不感兴趣的信息视而不见,那些"地毯式"的营销宣传策略在互联网时代未必奏效。

(2) 量身定制——柔性化消费。在互联网时代,借助于网络的交互式功能,消费者对定制化的要求更为强烈,消费观念也从刚性化向柔性化转变。他们会把自己对产品外形、颜色、尺寸、材料、性能等多方面的要求直接传递给厂商,而不再愿意接受商店内有限范围内的选择。在电子商务过程中,由于消费者亲身参与生产设计,因此有人把电子商务消费者称为"产消者"。电子商务量身定做的要求将对现有的营销模式产生冲击,相应来说,一对一营销、数据库营销、互联网营销等新的电子商务营销模式正在风行。

(3) 消费多样化——品牌忠诚度下降。电子商务消费者虽然追求品牌,但往往不会死守一个品牌,而渴望经常更换品牌,以体验不同的感受。互联网为这种改变提供了方便,在网络环境下,选择错误可以通过轻点鼠标立即改正。网络的这种"宽容性"使得电子商务消费可以随意改变心意,这种心意的随意改变使得网络成为一个自由轻松的购物空间,也使得消费者逐渐缺乏传统的品牌忠诚感。

(4) 渴望体验的感觉——先试后买。对于网上购物,消费者一般希望能像在实体店一样进行消费体验,因为体验是电子商务消费者非常注重的一种消费权益,消费体验也是他们非常渴望的感觉。先试后买,简而言之,就是"可以无须付款,待收到货物先行试用后,再确定是否要购买",如对商品不满意,收货后7天内若商品完好便可以退换。传统的营销宣传策略很难在电子商务消费者身上奏效,但其中有一种有效的策略就是样品试用。试用策略的本质是让商品自己说话,让消费者自己判断价值,以满足他们独立自主的个性需求。

(5) 选择的效用性——注重功能而非形式。以往的消费者会把高新技术看得高高在上,对披着高新技术外衣的商品也奉若神明。相比之下,电子商务消费者更关心商品的功能而非形式。他们大多数在计算机的陪伴下成长,视计算机为家用电器之一,对高新技术天生缺乏畏惧感,更不会被高新技术的时髦外表迷惑。他们也是非常现实的一代,只在乎商品提供的价值与利益。

(6) 降低总成本——追求方便、快捷、实惠的消费心理。电子商务消费者可以在任何时间、地点浏览网店、进行购物,也可以买到国内外很多购物网站选购商品,从搜索、选择商品到订货、交易和收货,都无须亲临现场,省时又省力。而且,网购商品通过物流可以直接送到消费者手中,减少了商品运输的风险和携带的麻烦。一般网购商品比实体店商品价格低,也是吸引消费者购买的一个重要因素。

11.2.2 制约电子商务发展的心理分析

虽然网上购物具有形式方便、信息快捷、节省时间等诸多优势,但是有些消费者对网络消费仍存有一定的担忧,除了对支付手段、购物安全等心存介怀,心理因素的影响也使这些消费者对这种购物方式敬而远之,从而制约了电子商务的发展。一般来说,制约电子商务发展的心理因素主要表现在以下 4 个方面。

1. 受到传统购物观念束缚

长期以来,消费者形成的"眼看、手摸、耳听"的传统购物习惯在网上受到束缚,网络消费不能满足消费者的某些特定心理,也很难满足消费者的个人社交动机。例如,消费者在购买服装时,不仅要看衣服的花色、式样,而且要用手摸一摸面料的质地,设置进行试穿,感受一下尺寸是否合适等,而这些需求电子商务消费很难满足。

2. 价格预期心理得不到满足

据相关统计,消费者对网上商品的预期心理价格比实体商场的价格低 30%~40%,而当前网上商品的价格仅比实体商场商品的价格低 20% 左右,再加上配送费用,消费者所享受到的价格优惠是有限的。另外,网上商品鱼龙混杂、假冒伪劣商品多,也增加了消费者购物的心理负担。

3. 个人隐私权受到威胁

网络的许多服务都是免费的,如免费电子邮箱、免费下载软件、免费会员等,消费者可以接受一些免费的咨询服务等。然而,在接受这些免费服务时,往往必经的一道程序就是注册会员,登记个人的一些资料,如姓名、地址、工作、兴趣爱好等,登记这些资料虽然方便商家管理,但不排除商家将这些资料挪作他用甚至出卖。随着电子商务的发展,商家不仅要抢夺他人的客户,而且要挖掘潜在的客户,而现有技术不能保障网上购物的绝对安全、保密。因为个人隐私不能得到保障,所以一些消费者担心自己的个人信息被泄露,不愿网上购物。

4. 对虚拟的购物环境缺乏安全感

在电子商务环境下,企业形态在网上均表现为网址和虚拟环境,网络商店很容易建立,也容易作假,很多消费者担心的问题是商品质量、售后服务、厂商信用和账户安全等得不到保障,不免心存疑虑。另外,互联网是一个开放和自由的系统,目前仍缺乏适当的法律和有效的规范手段,如果发生网上交易纠纷,消费者举证困难,权益便不能得到保障。

11.2.3 电子商务中的消费心理策略

在电子商务中,消费者的特殊心理给企业的经营理念带来了新的挑战,企业必须摆脱传统的经营思维局限,在营销策略、方式、手段上有所突破,建立一套适合电子商务的运作机制。

1. 电子商务营销策略

(1)建立品牌知名度。在网上,要尽可能使消费者了解商品或服务,了解的人数越多,企业的知名度就越大,成功的希望也就越大。一般可以通过热门网站的广告作用,增加品牌的曝光率,吸引相关社会群体的注意力;还可以通过热门网站将企业网站宣传出去,诱导消费者前来浏览商品和服务。

(2)激发浏览者的直接反应。除了建立品牌知名度,企业在网上更希望唤起浏览者的即时反应。即时反应包括鼓励消费者下订单,促使消费者进一步提出产品资讯需求。这就要求企业努力保证网络下单的便利性与安全性,一方面激发消费者直接上网购物,另一方面可以把网站作为一个传播媒体,宣传企业的促销活动,主动吸引消费者。

(3)用网站建立良好的企业形象。吸引消费者上网,在使消费者了解企业的产品品牌、服务内容的同时,也能在消费者中间尽快建立完美的企业形象。人们坚信,成功的网络营销建立在一个基本互惠的原则上，即企业必须提供免费的信息或服务，才能吸引消费者与之建立进一步的联系。其关键在于如何向目标市场提供真正有价值的东西，让消费者在学习与了解中对企业产生良好的印象。

（4）纸上谈兵不如实物展示。在网上，文字说明不如实物展示，只有图文并茂才能达到最佳展示效果，这是教育理念的实现。网络展示虽具有平面媒体的深度与资料保存的价值，但实物展示结合多维立体效果，将是最理想的商品展示媒介。企业不仅可以把商品或服务的信息传达到消费者那里，而且可以动态地展示商品的使用方法、特点和功能。网络营销可以经济实惠的方式向消费者提供试用品，如提供免费的软件试用版本等。

（5）利用网络做好市场调查。网络营销活动不仅成本低廉，更主要的是它具有时效性。通过网络向广大消费者进行市场调查，吸引受访者关注，不仅能够征求消费者的意见、了解消费者的需求，而且可以分析市场环境、人为因素，开阔企业的视野，增加企业与消费者之间的沟通与联系。

2. 电子商务消费心理策略

（1）坚持虚拟商店的便利性。便利性是消费者进行网络消费的主要因素之一。既然向消费者提供快捷、便利的服务是企业的宗旨，那么协调好企业与消费者之间的关系，坚持让消费者完成满意的购物活动，向消费者提供快捷、便利的服务，就是每家企业追求的目标。

（2）保持消费渠道的通畅。企业应该尽可能地在相关网站上增加通往购物消费网站的链接，保持消费者购物渠道的通畅。相关调查显示，图书、音乐、电影等网站是比较受欢迎的购物网站，有19%的消费者会顺道拜访百货公司的网站，有39%的消费者会同时拜访图书、音乐、电影等网站。

（3）重视女性消费群体。相关调查显示，女性的购物热情最终将从大街、商店里转移到互联网上，通过对人们在线购物情况的调查，发现女性的消费增长率是男性的消费增长率的6倍。

（4）维持良好的网站管理。维持良好的网站管理，遵守承诺，讲求信誉，提高售后服务质量，是企业良性经营的又一关键所在。网站有了良好的管理机制，统一指挥，统一调配，充足货源，售前、售后服务有机衔接，一定会给消费者带来良好的消费体验。

（5）保障客户交易的安全性。网上交易的安全性涉及相关的法律、政策、技术规范及网络安全，加速商品防伪保真、网络系统工程的建设和提高电子商务网站的信誉度，是网上交易的关键。企业必须通过电子支付制度、规约，使交易双方发生纠纷时做到有章可循、有法可依、有据可查。而且，建立完备的法律依据、权威的认证机构，有利于维护电子商务的交易秩序、保障网上交易安全，使消费者放心购物。

企业要认真贯彻落实党的二十大报告中提出的总体国家安全观，以网络安全为基础，大力发展网络强、数字中国。

与相关课程的联系

网络营销既是一门新兴的课程，又是目前企业采取的最广泛的营销模式之一。

任务3　认知绿色消费与消费心理

20世纪，工业化浪潮以前所未有的速度和效率为社会创造了巨大财富，为广大消费者提供了丰富多彩的物质生活，也给企业带来了巨额利润。与此同时，人类赖以生存的自然环境也遭受了严重破坏。面对这一"有增长、无发展"的困境，人类不得不重新审视自己的发展历程，寻觅一条新的可持续发展道路，绿色生产、绿色消费便应运而生了。党的二十大报告指出，要"推动绿色发展，促进人与自然和谐共生"。

11.3.1 绿色消费中消费心理的变化

1. 绿色消费的概念

绿色消费是指一种以"绿色、自然、和谐、健康"为宗旨，有益于人类健康和社会环境的新型消费方式。广大消费者意识到环境恶化已经影响其生活质量和生活方式，不断要求企业生产并销售有利于环保的绿色商品或提供绿色服务，以减少对环境的伤害。在国际上，绿色消费已经变成了一个"广义"的概念，即节约资源，减少污染，绿色生活，环保选购，重复使用，多次利用，分类回收，循环再生，保护自然，万物共存。中国消费者协会提出的"绿色消费"的概念包括3层含义：一是倡导消费者在消费时选择未被污染或有助于公共健康的绿色商品；二是在消费过程中注重对垃圾的处理，不造成环境污染；三是引导消费者转变消费观念，崇尚自然、追求健康，在追求生活舒适的同时，注重环保，节约资源和能源，实现可持续消费。

> **课堂互动**
>
> 每年的6月5日为"世界环境日"，环境恶化、气候突变、冰川消融、海面上升……这些并不只是少数人才应该担忧的问题，地球家园与我们每一个人都息息相关。那么，你认为怎样才算绿色消费呢？是乘坐公交、地铁出行、穿纯棉衣服、吃有机蔬菜，还是居住绿化小区？在日常生活中，我们又该如何践行绿色消费呢？

2. 绿色消费的"5R"原则

（1）节约资源，减少污染（Reduce）。地球的资源及污染容量是有限的，必须把消费方式限制在生态环境可以承受的范围内。因此，必须节制消费，降低消耗，减少废料的排放，以减少污染。首先，就是节约用水。虽然地球表面的70%被水覆盖，但其中96.5%是海水。而且，剩下的淡水中，一半以上是冰川，江、河、湖、泊等可直接利用的水资源仅占整个地表水量的极少部分。水是珍贵的资源，不能浪费。其次，要减少废水排放。应当加强废水管理，工业废水、城市污水都应及时处理，防止直接排入自然水体。最后，空气污染也应重视，要减少废气排放。大气所受的污染主要来自燃烧煤所产生的烟尘、机动车尾气等，应当采取治理措施，如污染物排放超过国家规定排放标准的汽车不得制造、销售或进口。

（2）绿色消费，环保选购（Re-evaluate）。每一个消费者都要带着环保的眼光去评价和选购商品，审视商品在生产过程中会不会给环境造成污染。消费者要用自己手中的"货币选票"，看哪种商品符合环保要求，就选购哪种商品；哪种商品不符合环保要求，就不选购哪种商品，同时也动员别人不选购它，这样它就会逐渐被淘汰，或被迫转产为符合环保要求的绿色商品。

（3）重复使用，多次利用（Reuse）。为了节约资源和减少污染，应当多使用耐用品，提倡对物品进行多次利用。20世纪80年代以来，一次性用品风靡一时，"一次性筷子""一次性包装袋""一次牙刷""一次性餐具"等被广泛消费。一次性用品虽然给消费者带来了短暂的便利，但给生态环境带来了高昂的代价。在一些国家，风靡一时的"一次性使用"风潮正在成为历史。许多人出门自备可重复使用的购物袋，以拒绝滥用不可降解的塑料制品；许多酒店已不再提供一次性牙刷,以鼓励客人自备牙刷以减少"一次性使用"给环境造成的灾难。我们应当借鉴这些经验,发扬中华民族艰苦朴素的优良传统,珍惜资源。

(4)垃圾分类,循环回收(Recycle)。垃圾是人类生产与生活的必然产物,人类每天都在制造垃圾,而垃圾中混杂着各种有害物质。随着城市规模的扩大,垃圾产生的规模越来越大,垃圾处理的任务也越来越重,现有的办法一般是将垃圾集中填埋,但这种做法侵占土地、污染环境,不是长久之策。如果将垃圾分类,循环回收,则可以变废为宝,既能减少环境污染,又增加了经济资源。

(5)救助物种,保护自然(Rescue)。地球生态是一个大系统,各种动物、植物互相依存,形成无形的生物链。任何一个物种的灭绝,都会影响整个生物链的平衡。人是地球上最高等的动物,实质上也是生物链中的一环,人类的生存也要依赖于其他生物的生存。因此,保护生物的多样性,就是保护人类自己。人类应当爱护树木,爱护野生动物,要将被破坏的生态环境重新建立起来。

3. 绿色消费的心理变化

经济发展到今天,绿色消费越来越引起人们的关注,绿色概念已经成为一个国家、一个民族的综合素质和文明程度的体现。绿色消费者也作为一个新兴的群体茁壮成长和成熟起来。绿色消费者也可称为环保主义者,他们具有较高的知识文化水平,在日常生活中对绿色消费的概念理解得全面而透彻,并且在行动中坚持绿色消费的理念,体现出较高的环保意识,消费行为也具有较高的理性特质。

(1)绿色消费就是无污染消费。绿色消费者绝不会认为到菜场上去挑几根有虫眼的青菜或吃几服中药就是绿色消费,他们对绿色消费有正确的认知。他们选择绿色商品,即选择了无公害、无污染的安全、健康、优质、科学的商品;同时,特别注意环境建设,在绿色消费过程中不污染环境。

(2)绿色消费就是健康消费。随着人们生活水平的提高,人们越来越关注自己的健康问题,对安全、无污染、高品质绿色商品的需求日益强烈。绿色消费者认为,健康的需求不仅仅包括物质需求和精神文化需求,更包括生态需求。绿色消费不仅是个人的健康需求,更是整个人类的健康需求,表明了人们消费质量的不断提高。绿色消费就是要关注生产发展、生活提高、生态保护等问题。

(3)绿色消费就是科学消费。绿色消费者崇尚科学,他们认为只有当绿色消费是科学消费的时候,才能从科学意义上提升健康消费的水平和档次。绿色商品只有不断加大科技含量,才可能从根本上增强市场竞争力。绿色消费也是一样,是一个系统的消费过程,而不是几句口号就能解决的。绿色消费者非常关注绿色商品的动态和新闻,并在选购商品时尽可能选择绿色商品。

(4)绿色消费要关注消费环境。人们的消费总是在一定的环境中进行的,任何消费活动都必须具备3个基本要素,即消费主体(消费者)、消费客体(消费品和劳务)和消费环境。这就是说,消费的自然环境好,天蓝水清地绿,生态环境优美,消费质量就高;消费的社会环境好,人文生态上乘,社会治安良好,消费结构得到优化,人人争当文明人,消费质量就高;消费的文化环境好,文化质量就高。绿色消费者也是环保主义者,在绿色消费的同时,更注重周围的环境。

4. 绿色消费的心理特征

(1)绿色消费者的行为更趋于理性化。在日常生活中,消费者的行为往往感情重于理智,心理因素在消费者行为中起到极为重要的作用。很多消费者对某种商品感兴趣,对某个品牌偏爱,而实际上并不能真正地对该商品或品牌的性能、质量和服务上的优势加以区别,更多的还是受广告和营销人员的诱导或潮流的带动。绿色消费更强调理性,不能只考虑个人感受,还要考虑社会后果和生态后果;与传统经济学中的经济人消费行为相比,绿色消费从个人价值取向转为个人价值与社会价值取向并重。绿色消费认知比例随消费者学历层次的提高而提高,反映出部分消费者的消费理念日趋理性化、成熟化。

(2)注重产品的"绿色"价值。亚伯拉罕·马斯洛的需求理论阐述了人类社会需求的层次性,当人们已经不再为基本的需求而奔波的时候,就开始追求生存质量和生活质量了。生存质量的追求表现在更加注重生态环保,生活质量的追求表现在倾向于消费无公害商品、绿色商品。由于这些商品本身所包含的特性,使人们在消费过程中得到品质的满足和品位的提升。例如,人们在购买汽车时已经在考虑排放标准,无氟冰箱已经进入千家万户,人们开始关注服装对人体的健康等方面的问题,这些都显示出消费者对商品"绿色"价值的重视。

(3)绿色消费行为呈现出个性化的色彩。消费者能以个人心理愿望为基础挑选和购买商品或服务,他们不仅能做出选择,而且渴望选择,所选择的已不单纯是商品的使用价值,还包括其他"延伸物"。例如,北京物资学院在北京16个市辖区近40家大中型商场开展了一次主题为"发展绿色流通、倡导绿色消费"的专题宣传和调研活动,结果表明89.2%的受访者实际购买过绿色商品,类别依次是食品、日用品、保健品、家电、建材等。至于购买绿色商品的原因,出于个人保健所需而购买的消费者占48.3%;出于社会责任感、支持环保而购买的消费者占28.0%;符合个人消费品位和层次的消费者占13.2%;其余的消费者则是无意识购买、为送礼而购买、顺应时尚而购买等。

(4)消费主流性增强。这表现在:一方面,消费者不再被动地接受厂商单方面提供的信息,他们会主动地了解有关绿色商品、绿色消费方面的信息,当得到足够的商品知识时,就会对绿色商品和服务进行鉴别和评估;另一方面,消费者对环境保护也不再是被动与无能为力,他们对真正能够带来环保的商品持积极主动的态度,在众多同类商品中,往往会选择对环境危害最小的商品。因此,厂商应适应消费者主动性增强的趋势,提供消费者需要的多种商品信息,供消费者选择比较。

(5)产品的期望值更高、更挑剔。有些国家对绿色商品的需求非常广泛,而有些国家由于资金和消费导向和消费质量等原因,还无法真正实现对所有消费需求的绿化。例如,有的国家当前只能对部分食品、家电产品、通信产品等进行部分绿化;而有的国家已经通过包括立法在内的各种途径和手段,来推行和实现全部产品的绿色消费。又如,以绿色食品为例,英国、德国绿色食品的需求完全不能自给,每年消费的绿色食品占食品消费总量的比例非常高。

(6)价格仍是消费者选择的重要因素。绿色商品具有较高的附加值,拥有优良的品质,在健康、安全、环保等方面具有普通商品无法比拟的优势。因此,绿色商品的定价策略往往采取撇脂定价,价格较高。在一些发达国家,即使是普通消费者,也都倾向于绿色消费;但在一些发展中国家,绿色商品对于普通消费者来说还是奢侈品,消费量很小,因为价格仍是限制他们绿色消费的瓶颈。

(7)性别差异及儿童影响。相关调查表明,46%的女性和31%的男性在购物时会主动寻找绿色替代品,有孩子的家庭通常是倾向于绿色消费的群体。由于教育和传媒为儿童提供了大量的绿色环保信息,引起了儿童对环保问题的重视,使得孩子经常成为家庭中绿色商品购买的提议者和影响者,这无疑是绿色购买行为的重要模式。

11.3.2 绿色消费的影响因素

由于外在因素和消费者自身因素的影响，每个消费者的绿色意识程度和消费行为模式之间会有很大的差异，年龄、收入、教育水平、生活方式、观念和爱好等诸多方面都会影响绿色消费行为，其中影响最大的有以下4个方面。

1. 社会文化因素

一个社会及其文化的绿色程度，会直接影响相应文化群体的环境意识和绿色思想，进而影响绿色消费行为的模式。绿色消费也可以说是一种社会性的消费文化和消费习惯。绿色消费行为一般容易形成社会性的潮流趋势，其具体的消耗模式会被绿色社会文化带动，或者说被绿色时尚带动。一个社会的绿色文化和环境意识强烈，其中社会群体的绿色消费行为一般就会越成熟。

例如，绿色食品的安全健康和生态环保的观念不是每个人都能主动学习和接受的，即使接受也会有不同的看法和态度。据相关调查，有20.8%的居民知道绿色食品的标志但不知其含义，另有79.2%的居民表示对此不了解。改传统观念为现代观念是一项艰巨的任务，尤其在经济发展不平衡、受教育程度不一、生活习惯和消费习惯各异的地区，更需要进行长期的和有力度的宣传教育，而这方面恰恰是绿色食品发展中的薄弱环节。

2. 绿色教育

绿色教育是指对公众进行的生态环境意识普及和教育，也包括通过公共关系，如广告、产品说明等方式，对消费者进行环保观念的灌输。

绿色商品大多采用高新技术和材料制成，成本、生产工艺和市场开拓费用相对高昂，具有较高的附加值，所以价位也较高。对于一般消费者来说，初次接触绿色商品时可能感到难以接受，因此必须通过一定的教育手段，使他们了解绿色商品的实质，即为什么是绿色、有什么优点。从社会层面看，绿色教育有利于提高人们的环境意识，促进社会自然环境的改善；从企业层面看，绿色教育积极引导了绿色消费，为绿色营销创造了更好的环境。绿色教育重在观念的灌输，而人的行为是受观念指导的，可以说绿色教育是绿色消费和绿色营销的先导。

政府、环保机构和行业协会等组织要承担起消费者教育、生产经营者教育、经销商教育等对人们进行绿色教育的责任，生产和销售企业也应积极参与其中并成为中坚力量。例如，可以利用各种宣传工具和宣传方式，如公益广告、专题活动等，积极传播环境保护和绿色消费知识，提高人们的绿色意识，推动绿色消费运动的发展，形成绿色消费的良好气氛和环境，促进绿色消费需求的增长，进而促进绿色消费市场的快速发展。

3. 绿色商品的质量

绿色消费市场上遇到的最棘手的问题就是假冒伪劣商品的横行，消费者对冒伪劣商品难以辨别，往往在上当受骗后对绿色商品失去信任，他们从本能地规避风险和简化购买决策过程的消费心理出发，必然会对绿色商品敬而远之甚至全盘否定。

绿色商品的检验难度大，认证过程复杂，一些不法企业为了追求高额利润而不按照绿色标准生产，甚至把假冒伪劣商品当作绿色商品销售，形成了所谓劣币驱逐良币的"柠檬市场"现象。这样一来，市场上到处都是"绿色"商品，真正的绿色商品可能得不到消费者的青睐，达不到应有的价格。例如，前些年出现的"红心鸭蛋"事件就是某食品公司昧心而为，它们私自仿印绿色食品标志，将标志贴在各大蔬菜批发市场分拨的普通蔬菜上，然后送往当地各大超市，以绿色蔬菜的名义进行销售，严重地影响了绿色消费的开展。

4. 消费者自身因素

绿色消费者的购买决策最主要还是受个人特征的影响，这些特征包括年龄、家庭、职业、收入、消费成本、生活方式、受教育程度、个性等，其中受收入、消费成本、生活方式和受教育程度的影响尤为突出。

（1）收入水平。收入水平在一定程度上代表了消费者的购买实力。一般来说，绿色商品中消费品的比重较大，同时成本和价格相对较高，所以绿色商品的消费需求严重受到居民收入水平的影响。很多人由于收入水平的限制，绿色消费意识普遍较低，收入在消费方面的分配对于这些人的绿色消费而言是一种制约。"实用主义"对大多数理性消费者来说是第一位的，尤其在居民整体收入水平还不算高的情况下，价格和效用仍是消费者购买商品的主要考虑因素。相关调查表明，"积极的绿色消费者"一般在大城市占40%，在中小城市占29%，在农村占8%，按人口数比重加权，"积极的绿色消费者"比重平均只有13.3%。

（2）消费成本。价格偏高是绿色商品得不到普及的重要原因，也是绿色商品生产企业面临的主要难题。消费者在购买绿色商品时不仅付出了货币成本，而且付出了时间成本、精力成本和体力成本。这些成本对于不同的消费者而言，所具有的意义是不一样的。调低价格只是减少了它们在购买绿色食品时付出的货币成本，在现实生活中，搜寻绿色食品信息及对绿色食品进行比较、鉴别、购买所花费的时间、精力、体力要比购买一般商品多得多，很多消费者即使有心购买绿色商品，也不知哪些商品是绿色的、哪里有售。由此可见，减少消费者的购买成本是企业应着重解决的问题之一。

（3）生活方式。根据阿诺德·米切尔的VALS（Values and Lifestyle Survey 的缩写，意为价值观和生活方式系统）划分法，分为9种生活方式群体：求生活、维持者、归属者、竞争者、有成就者、我行我素者、经验主义者、有社会意识者、综合者。在各种生活方式的人群中，求生者和维持者处于需求驱使阶段，他们缺乏经济资源，温饱问题尚未解决，所以不可能有实力关注环保、实施绿色消费。归属者、竞争者和有成就者处于符合客观外界标准的阶段，受客观外界影响颇大，所以其绿色消费行为与所处环境的绿色化程度有关。我行我素者、经验主义者、有社会意识者和综合者已进入具有自我看法的阶段，有明确的价值取向，假如是环保主义者，必定是积极的绿色消费者。

（4）受教育程度。开展全社会的绿色教育，会对绿色消费有很大的帮助，因为就消费者自身而言，一个人的观念、行为等大多是后天因素作用的结果，而教育则是其中非常重要的一个方面。受过良好教育的人，一方面对各方面知识有深入的了解和正确的认知，另一方面具有较高的素质，往往会采取明智的行为，所以教育在很大程度上会影响个人绿色消费观念和行为。

11.3.3 绿色消费中的消费心理策略

1. 提倡绿色消费意识

绿色商品有利于消费者的身心健康，也有利于改善生存环境，当前人们对绿色商品越来越青睐。自21世纪初，我国全面启动"开辟绿色通道，培育绿色市场，倡导绿色消费"的"三绿工程"。目前，我国消费者接触的绿色商品主要包括以下5类。

（1）绿色食品。绿色食品是指无公害、无污染、安全，经过有关部门认定，许可使用绿色食品标志的无污染的优质营养类食品。由于对绿色食品认知的误区，有的消费者把绿颜色的食品当作绿色食品，或误把"天然食品"和绿色食品等同，如每年因误食野生蘑菇中毒的事件屡有发生。

（2）绿色服装。绿色服装又称生态服装、环保服装，它可以保护人体健康，使其免受伤害，并具有无毒的优点。绿色服装会给人以舒适、松弛、回归自然、消除疲劳、心情舒畅的感觉。消费者不能只为追求美观而购买化学纺织品或颜色过于鲜艳、样式不适合人体生理要求的服装。

（3）绿色家电。绿色家电是指在质量合格前提下，高效节能，且在使用过程中不对人体和周围环境造成伤害、在报废后可回收利用的家电产品。例如，环保型微波炉、防辐射手机、附带视屏保护的笔记本电脑等一系列家电产品，广泛采用符合环保要求和保障人体健康的新技术，能够引起消费者极大的兴趣。

（4）绿色家居。绿色家居多选用经过放射性试验的石材、不含甲醛的环保型涂料和复合型环保地板等新型装饰材料，而且要求在室内设计中，选用色彩要具有纯天然的绿色创意和亲近大自然的美感。绿色家居一般追求健康、宜人、自然、亲和的目标。

（5）绿色包装。绿色包装是在绿色浪潮冲击下对包装行业实施的一种变革，不仅要求对现有包装不乱丢弃，而且要求对不符合环保要求的包装进行回收和处理，更要求按照绿色环保要求采用新包装和新技术。白色污染已经成为一大公害，世界各地都在提倡使用可重复利用和循环使用的包装。

2. 加强政府监管

由于绿色商品能满足消费者追求健康、安全、环保及高品质生活的要求，同时由于绿色商品生产的高技术性要求和成本偏高的特点，使得其价格要比一般商品高，因此绿色商品很容易成为假冒伪劣商品制售的目标。对于绿色商品市场鱼龙混杂的局面，政府的监管非常重要，要加强绿色标志的管理，严厉打击不法厂商的违法行为，切实维护消费者的权益，增强消费者对绿色商品的信心。同时，政府要从可持续发展战略的角度出发，采取相关政策，鼓励企业进行绿色生产，满足消费者的绿色需求，促进绿色消费市场的健康发展。

3. 实行绿色营销

绿色营销是指企业以环境保护作为经营哲学思想，以绿色文化为价值观念，以消费者的绿色需求为出发点，力求满足消费者绿色需求的营销策略。它强调消费者、企业、社会和生态环境四者利益的统一，以可持续发展为目标，注重经济与生态的协同发展，注重可再生资源的开发利用，减少资源浪费，防止环境污染。

目前，绿色的浪潮席卷全球，绿色消费意识得到了各国消费者的认同。党的二十大报告指出，推动绿色发展，促进人与自然和谐共生。尊重自然、顺应自然、保护自然，是全面建设社会主义现代化国家的内在要求。大学生必须牢固树立和践行绿水青山就是金山银山的理念，站在人与自然和谐共生的高度谋划发展。企业在获取自身利益的同时，必须考虑环境的代价，不能以破坏环境为代价来达到营利的目的。

任务4　掌握消费者权益保护

11.4.1　消费者权益及责任

1. 消费者权益

消费者权益又称消费者权利，是指消费者在购买、使用商品或接受服务时依法享有的权利，以及该权利受到保护时给消费者带来的应得利益。例如，消费者进行生活消费时，公平地获得基本的食物、衣物、住宅、医疗和教育的权利等，其实质是以生存权为主的基本人权。

消费者权益的特点：一是消费者权益是消费者享有的权利；二是消费者权益是消费者实施行为的具体表现；三是消费者权益是法律基于消费者的弱者地位而特别赋予的法定权利；四是消费者权益是基于消费者特殊的地位而享有的特定权利。

《消费者权益保护法》中规定了消费者的9项权利，具体是安全权、知情权、选择权、公平交易权、求偿权、结社权、获知权、受尊重权和监督权。

（1）安全权。安全权的全称是人身财产安全权，是指消费者在购买、使用商品或接受服务时享有的人身和财产安全不受损害的权利。安全权位居消费者九大基本权利之首，是消费者最主要的权利。消费者在购买、使用商品和接受服务时，享有保持身体各器官及其机能的完整及生命不受危害的权利。至于财产安全权，并不仅仅是指消费者购买、使用的商品或接受的服务本身的安全，还包括除购买、使用的商品或接受的服务之外的其他财产的安全。

（2）知情权。知情权是指消费者有权利了解其所购买的商品或服务的种种真实性能。按照《消费者权益保护法》的规定，消费者有权根据商品或者服务的不同情况，要求经营者提供商品的价格、产地、生产者、用途、性能、规格、等级、主要成分、生产日期、有效期限、检验合格证明、使用方法说明书、售后服务，或者服务的内容、规格、费用等有关情况。经营者有义务向消费者介绍商品或服务的真实情况，如若造成损害，消费者有权要求经营者予以赔偿。

（3）选择权。选择权是指消费者享有自主选择商品或服务的权利。消费者有权自主选择提供商品或服务的经营者；有权自主选择商品品种或服务方式；有权自主决定购买或不购买任何一种商品，接受或不接受任何一项服务；在选择商品或服务时，有权进行比较、鉴别和挑选。

（4）公平交易权。公平交易权是指消费者有权获得质量保障、价格合理、计量正确等公平交易条件。消费者有权拒绝经营者的强制交易行为。

（5）求偿权。求偿权是指消费者因购买、使用商品或接受服务而受到人身、财产损害，享有依法获得赔偿的权利。无论是生命健康还是精神方面的损害，均可要求人身损害赔偿。其中，财产损害的赔偿，包括直接损失和可得利益的损失的赔偿。

（6）结社权。结社权是指消费者享有依法成立维护自身合法权益的社会团体的权利，最具典型的例子就是中国消费者协会和地方各级消费者协会。

（7）获知权。获知权又称求教获知权，是指消费者享有的获得有关消费和消费者权益保护方面的知识的权利。消费知识主要是指有关商品和服务的知识，消费者权益保护知识主要是指有关消费权益保护方面及权益受到损害时如何有效解决方面的法律知识。

（8）受尊重权。受尊重权是消费者在购买、使用商品或接受服务时享有的人格尊严、民族风俗习惯得到尊重的权利。

（9）监督权。监督权是指消费者享有对商品或服务及保护消费者权益工作进行监督的权利。此外，消费者有权检举、控告侵犯消费者权益的行为和国家机关及其工作人员在保护消费者权益工作中的违法失职行为，有权对保护消费者权益工作提出批评、建议。

这9项权利是消费者进行消费活动必不可少的行为依据，前5项权利是基础和前提，与消费者的关系最为密切，后4项权利则由此派生出来。消费者权益是关系我们每个人生活工作的基本权益之一，对这一权益的有效保护，体现了公民权利的实现和市场经济的根本特点。我们讲保护消费者权益，不仅要从人的身心健康和全面发展的高度来看，而且要从扩大消费需求，以及消费需求与经济增长之间良性循环的高度来看，更要从社会主义市场经济的本质和客观要求的高度来看，这说明了保护消费者权益的必要性及重要意义。

与相关课程的联系

《消费者权益保护法》是经济法课程中的一部分。

拓展知识

消费者权益保护的提法最早可追溯到消费者权益保护组织先驱的消费者运动,产生于发达资本主义垄断阶段,而后波及世界各国并成为全球性运动。1898年,美国成立了世界上第一个全国性的消费者组织——全国消费者同盟。1960年,国际消费者组织联盟成立,它是由世界各国(地区)消费者组织参加的国际消费者问题议事中心,其宗旨是在全世界范围内做好消费者权益保护的一系列工作,在国际机构代表消费者说话。无论国内还是国外,消费者权益受到侵害的现象屡有发生,原因包括商品质量与安全漏洞、知识的不对称、虚假广告的误导、消费者的自我保护意识淡薄等。

2. 消费者责任

消费者在与商家进行交易时一般处于弱势地位,通常人们将消费者权益保护的要求主要集中在商家身上,如"只有错买的,没有错卖的""无商不奸"等说辞,都是在讨论商家的不道德行为。但这只是事情的一面,不能因为消费者处于弱势地位就认为其不会发生不道德的行为。表11-1列举了消费者的一些不道德行为。权利和义务是共生的,消费者在维护自身权益的同时,也要担负起应尽的责任和义务。

表11-1 消费者的一些不道德行为

(1)在商店扒窃	(6)从存储衣服处偷盗腰带
(2)转换价格标签	(7)从存储货物处割下纽扣
(3)退回已经穿过的衣服	(8)退回部分使用过的商品要求信誉赔偿
(4)滥用商品并将其作为损坏商品退回	(9)滥用担保或无条件地进行特免担保
(5)将降价买回来的产品退回并要求全价退款	(10)在商店损坏商品后要求降价,以及购买盗版

消费者既要知道其应享有的权利,又要知道其应该承担的义务。《消费者权益保护法》只是明确地提出了消费者应享有的权利,却没有提及其应承担的义务。例如,消费者权益受到损害后进行举报和投诉就应该是一项义务,只有这样才能避免更多的消费者遭受类似的损害。有些时候,一些消费者为了省钱或其他目的,到一些进行非法活动的场所去消费或进行其他活动,甚至阻碍执法部门的工作、袒护非法行为,一旦出现问题才反过来举报这种非法行为,甚至责怪监管部门。又如,有关一次性筷子、塑料袋的使用等,目前对消费者都没有义务方面的限制。国家应该建立起一套制约消费者消费行为的法律法规,保障消费行为的健康和可持续发展。

11.4.2 消费者心理保护

随着经济的不断发展和市场的不断繁荣,新的消费问题不断出现,如商品种类繁多,但良莠不齐;商家推陈出新,难免鱼目混珠;商家为争夺市场,利用"促销"等活动诱导消费者盲目购买;不法商人利用消费者的心理弱点,设置"陷阱"欺骗消费者等。消费者在遭遇假冒伪劣商品或不良服务后,一般会表现为愤怒、委屈、懊恼,一些人可能会自认倒霉,不断自责后悔;另一些人可能会情绪失控,与商家发生纠纷。不管是哪一种情况,消费者在遭受物质损害时,还会遭受到二次伤害,即心理影响。

1. 消费者权益受损后的心理

根据权益受损程度的不同，消费者心理变化的幅度高低不一。消费者权益受损后的心理变化状态主要有以下 3 种。

（1）焦虑—压抑。当消费者权益受到轻微的损害时，如受到营销人员的冷遇等，会选择忍受，这时在其意识中就会留下一定的"伤痕"。如果消费者权益一再受损，如对所购商品不满意，而商家又不给退换，这时在其意识中就会加上一个"不满"的印记。随着印记的加深，消费者开始感到焦虑，如果这种焦虑积累到一定程度就会产生压抑之感。压抑是对欲望及有关情感的抑制，可能起到暂时缓解焦虑的作用，但如果这种缓解失败，消费者又遭到欺骗，其压抑的情感可能会从潜意识中迸发出来。相关研究发现，消费者心理的压抑达到一定强度便形成一种攻击性内驱力，而这种攻击性内驱力可能导致攻击性行为的发生，且攻击内驱力的强度与攻击性行为发生的可能性是成正比的。

（2）挫折—逆反。挫折是指个人从事有目的的活动时，在相关环境中遇到障碍或干扰致使其动机不能得到满足时的情绪状态。个人对挫折的容忍力是有限的，但由于人的适应能力的差异，每个人的容忍力也有不同。一般来说，消费者权益在遭受接二连三的损害之后，即超越了其容忍力的阈限，会导致其心理失常。这种心理失常的情形复杂多变，在消费生活中突出的心理状态就是逆反，即有意识地脱离习惯的思维轨道，向相反的思维方向探索。例如，某消费者曾在某商店购买了以次充好的商品，发现后商店又不给退换，以后即使该商店销售货真价实的紧俏货，他也不会理睬，这就是逆反心理所致。

（3）失控—病变。如果上述两种心理进一步受到强刺激，即消费者心理受到异常紧张的刺激后，会导致心理失控，这种失控通常表现为消费者权益受到来自多方面的损害后情绪状态毫无目标地发作。例如，某消费者本来对某种商品持有疑虑，购买后给家庭经济或安全等带来威胁，要求修理或退换又遭遇冷言恶语，他可能会失去理智而迸发满腔怒火，以至于对厂商、商店等进行攻击，甚至还会产生报复性心理。

2. 消费者权益心理保护措施

企业要正确认知自己承担的社会责任，政府及消费者团体要加强监管消费者提高自己的消费知识和维权意识，保护消费者的心理免受伤害。

（1）加强沟通，了解消费者的实际感受。企业可邀请来自不同领域的消费者参加座谈会，让他们面对面地与企业交换意见和看法。企业通过这种方式，一方面可以了解消费者对企业、产品和经营活动的评价，另一方面可以就未来的一些具体政策、设想征求消费者的意见，以便更好地满足消费者的需求。

（2）及时处理投诉和进行补救。很多企业都有专门的人员或机构接受和处理消费者的投诉，一些企业还把消费者的投诉作为一种资源来开发。通过对消费者的投诉的分析，企业可以发现产品和营销策略中存在的问题，从而改进工作。对不满的消费者及时补救，不仅可以消除他们的怨气，而且可能使他们成为企业的忠诚客户。维护消费者的利益，实际上就是维护企业自身的利益。

（3）提供消费教育。企业可以通过发展消费教育项目帮助个体成为合格的或更加明智的消费者。这种做法的着眼点并不是为了促销企业的产品，而是侧重于提供有关消费方面的知识。例如，可口可乐公司曾经专门印制了一本《如何向一家公司投诉》的小册子，分发给消费者。这本小册子提供了大量消费者如何向各种公司投诉的消费知识，所以对消费者来说非常有用。拿到这本小册子的消费者对可口可乐公司的好感倍增，据说其中一半的人由此对可口可乐公司更有信心，并有很多人表示要更多地购买可口可乐公司的产品。

（4）完善法律法规。《消费者权益保护法》作为一部与人们日常生活密切相关的法律，自颁布实施以来，在完善社会维权机制、解决消费权益纠纷、打击侵害消费者权益违法行为、提高消费者依法维权意识及促进消费维权运动蓬勃发展等方面发挥了重大作用。但是，随着时间的推移，一些问题也逐渐显现出来，如消费者在购买假冒伪劣商品时，要自己举证，个人出钱进行质量鉴定，而在赔偿方面，顶多是"假一赔十"，在这种违法成本过低和维权成本过高的情况下，很多消费者采取了默认态度，从而降低了消费信心。

自测试题

【参考答案】

一、单项选择题

1. 人们对电子商务消费的最大担心是(　　)。
A. 不会上网　　　　　　　　　B. 看不到商品
C. 支付不安全　　　　　　　　D. 交易速度慢
2. 电子商务消费的心理策略要注重(　　)。
A. 注重女性群体　　　　　　　B. 多开网上店铺
C. 增加广告　　　　　　　　　D. 提高网速
3. 绿色消费就是(　　)。
A. 消费绿颜色的商品　　　　　B. 节约资源的消费
C. 不重复利用　　　　　　　　D. 吃野生动物
4. 绿色消费的心理变化体现在(　　)。
A. 科学消费　　　　　　　　　B. 追求时髦
C. 从众心理　　　　　　　　　D. 怕上当受骗
5. 消费者的不道德行为有(　　)。
A. 投诉　　　　　　　　　　　B. 购买盗版图书
C. 索赔　　　　　　　　　　　D. 反欺诈

二、多项选择题

1. 电子商务具有(　　)的特性。
A. 全球性　　　　　　　　　　B. 开放性
C. 即时性　　　　　　　　　　D. 全天候
2. 电子商务消费心理的变化包括(　　)。
A. 追求文化品位　　　　　　　B. 追求独立自主
C. 追求时尚　　　　　　　　　D. 追求物美价廉
3. 影响绿色消费的主要因素是(　　)。
A. 绿色产品质量　　　　　　　B. 收入
C. 教育水平　　　　　　　　　D. 便利性
4.《消费者权益保护法》规定消费者具有(　　)等权利。
A. 安全权　　　　　　　　　　B. 选择权
C. 公平交易权　　　　　　　　D. 监督权
5. 消费者权益保护的措施包括(　　)。
A. 及时处理投诉　　　　　　　B. 加强消费教育
C. 完善法规　　　　　　　　　D. 多一事不如少一事

三、简答题

1. 消费心理的变化主要体现在哪些方面？
2. 什么是电子商务？电子商务消费心理发生了哪些变化？有哪些特点？
3. 制约电子商务发展的心理因素主要表现在哪几个方面？
4. 什么是绿色消费？它应遵循哪些原则？
5. 影响绿色消费的主要因素是什么？如何解决？

6. 什么是消费者权益？具体包括哪些权利？
7. 如何保护消费者权益？

四、论述题
1. 论述电子商务中的消费心理策略。
2. 论述消费者应履行的义务。

五、案例分析题
消费者周女士看到某网站的宣传介绍，在网上订购了价值3000多元的超级减肥产品。商家在电话中口头承诺，服用后一定可减掉60斤，30天内无效可全额退款。周女士先后购买多次，共花费21000多元，服用后无效果。周女士要求退款时却遭拒，电话中的"专业瘦身顾问"反而责怪是周女士的个人体质原因导致无效。

工商部门调查后发现，该网站域名以个人名义备案，未取得网站增值服务经营许可证，网址IP显示位于境外，网页内容自称的公司名称、地址均属虚假。商家在接受电话调解时不承认曾作出无效退款的承诺，周女士也无法提供任何证据。最终商家同意退款18000元，由于无法查找到实际主体，周女士无奈只得接受。

分析：
1. 周女士的消费心理是什么？
2. 电商为什么不给周女士退款？
3. 你对周女士和这家电商都有哪些建议？

项目实训

1. 比较一下网上购物与传统消费心理的异同点。
2. 调查同学的消费行为有哪些是绿色消费、还存在哪些误区、有没有造成"绿色浪费"。请谈谈如何解决"绿色消费矛盾"。
3. 你在消费中受到过损害吗？采取了什么措施？讨论和分析同学正确的维权做法。

课后拓展

1. 上网收集数字（大数据）时代下消费者心理与行为变化的资料，把握消费者心理变化的趋势。
2. 组织一场有关"电子商务支付安全"的讨论，并探讨如何降低电子支付风险。
3. 收集消费者不道德行为的资料，写一篇《如何提高消费者消费责任》的短文，在班级进行交流。

参考文献

崔平，2019. 消费心理学［M］. 2版. 北京：高等教育出版社.

戴维·L.马瑟斯博，德尔·I.霍金斯，2018. 消费者行为学［M］. 13版. 陈荣，许销冰，译. 北京：机械工业出版社.

菲利普·科特勒，凯文·莱恩·凯勒，洪瑞云，等，2020. 营销管理：亚洲版［M］. 6版. 王永贵，金夏芳，王帅，等译. 北京：中国人民大学出版社.

江林，李志兰，2019. 消费者行为学［M］. 6版. 北京：首都经济贸易大学出版社.

利昂·G.希夫曼，莱斯利·拉扎尔·卡纽克，约瑟夫·维森布利特，2017. 消费者行为学：全球版［M］. 10版. 张政，译. 北京：清华大学出版社.

刘剑，2016. 现代消费者心理与行为学［M］. 北京：清华大学出版社.

刘军，邵晓明，2016. 消费心理学［M］. 2版. 北京：机械工业出版社.

荣晓华，2019. 消费者行为学［M］. 6版. 大连：东北财经大学出版社.

田义江，戢运丽，2021. 消费心理学［M］. 2版. 北京：科学出版社.

王德胜，2016. 消费者行为学［M］. 2版. 北京：电子工业出版社.

王曼，白玉苓，2018. 消费者行为学［M］. 4版. 北京：机械工业出版社.

肖涧松，2017. 消费心理学［M］. 北京：电子工业出版社.

谢明慧，2016. 消费者行为学［M］. 北京：经济管理出版社.

叶敏，张波，平宇伟，2016. 消费者行为学［M］. 2版. 北京：北京邮电大学出版社.

臧良运，2015. 消费心理学："理论·案例·实训"一体化教程［M］. 2版. 北京：电子工业出版社.

张延斌，2016. 消费者行为学［M］. 天津：南开大学出版社.

周斌，2021. 消费者行为学［M］. 2版. 北京：清华大学出版社.

朱惠文，2019. 现代消费心理学［M］. 4版. 杭州：浙江大学出版社.